DAS VW CAMPER KOCHBUCH – THE SOUL KITCHEN

DAS VW CAMPER KOCHBUCH – THE SOUL KITCHEN

MARTIN DOREY
REZEPTE VON SARAH RANDELL

REZEPTFOTOGRAFIE DAN JONES

HEEL

FÜR JOANNE, MAGGIE UND CHARLIE, DIE MICH AUF DER BESTEN REISE ALLER ZEITEN BEGLEITET HABEN UND FÜR MARTIN, CATH, JACK UND THOMAS, DIE COOLSTEN VW-BUS-CAMPER DER WELT.

„I'LL BE GOING WHERE I CAN IN MY BIG BLUE CAMPER VAN
AND THIS HAPPY, HAPPY FACE WILL POP UP ALL AROUND THE PLACE.
GIVE ME STRENGTH TO STAY AWAKE
FROM DAWN TILL DUSK, FROM DUSK TILL DAYBREAK."
„CAMPER VAN", The Adventure Babies

INHALT

Gulf

LEBEN AUF VIER RÄDERN

Was macht das Leben im VW Camper eigentlich zu etwas so Besonderem? Die Erinnerung an lange heiße Sommertage? Der Gedanke, jederzeit losfahren zu können? Einen Wagen zu fahren, der einem ein Lächeln auf das Gesicht zaubert? Wer weiß das schon so genau. Sicher ist, dass ein VW Camper Freiheit, Spaß und Abenteuer verheißt – einen Ausbruch aus dem Alltag. Es ist die Chance, einen Traum zu leben, draußen in der Natur, fern von der Hektik der Großstadt.

Zum Sonnenuntergang können Sie sich neben Ihrem Camper am Lagerfeuer entspannen, bis es Zeit ist, schlafen zu gehen – man muss ja nicht mehr nach Hause fahren. Man legt sich einfach ins Bett und wacht am nächsten Tag frisch und munter für neue Abenteuer auf. Selbst im Winter, wenn es draußen kalt ist, bietet Ihnen Ihr Heim auf vier Rädern einen gemütlichen, trockenen Ort zum Aufwärmen und Teetrinken.

Für ein erfolgreiches Leben im Campingbus – und sei es nur für ein Wochenende – braucht man jedoch vor allem Humor, Einfallsreichtum und ein bisschen Fantasie. In „Das VW Camper Kochbuch – The Soul Kitchen" finden Sie alles, was Sie für einen guten Start benötigen. Sie erhalten Tipps für die ganz einfache Nahrungssuche, die Regeln für das Leben auf der Straße, wie man die Campingbus-Etikette wahrt und noch vieles mehr. Sie erfahren, wie Sie mitten im Nichts zu einer warmen Dusche kommen und warum Sie sich niemals mit Flip-Flops ans Steuer setzen sollten. Und natürlich erhalten Sie viele köstliche Rezepte für Ihren Zweiflammenkocher.

Eine Dose Bohnen kann jeder aufwärmen, aber um im Campingbus richtig gut zu kochen, müssen Sie sich erst einmal von Ihrer schicken Küche zu Hause verabschieden. Es ist alles eine Frage der Organisation und der Nutzung von möglichst wenigen Töpfen. Das Letzte, was Sie nach einer köstlichen Mahlzeit vor grandioser Kulisse wollen, ist, sich um den Abwasch Sorgen machen zu müssen. Das heißt allerdings nicht, dass Sie nicht auch einmal experimentierfreudig sein sollen – deshalb haben wir auch einige Rezepte für besondere Gelegenheiten hinzugefügt. Wenn Rick Stein (englischer Starkoch) eine köstliche Mahlzeit mit einem einfachen Campingkocher auf einem Boot zaubern kann, wird Ihnen das in Ihrem Campingbus an Land erst recht gelingen.

Zudem müssen Sie sich beim Kochen keineswegs auf den Camper beschränken – auch Grillabende und Kochen über offenem Feuer sind Teil des Vergnügens. So finden Sie in diesem Buch auch köstliche Rezepte für jene Tage, die Sie nicht in der Camperküche verbringen möchten. Öffnen Sie die Tür, entzünden Sie ein Feuer und genießen Sie das Leben. Sie beginnen gerade DAS Abenteuer Ihres Lebens ...

RAC

FREITAGABEND

Das Wochenende kann beginnen

Die Arbeitswoche ist zu Ende – endlich ist es Freitag und die Natur ist nicht mehr weit entfernt! Bevor Sie jedoch den Wagen abstellen und die Weinflasche öffnen können, müssen Sie sich erst einmal auf den Weg machen und sich ein bisschen durch den Verkehr kämpfen. Los geht's, Sie haben keine Zeit zu verlieren!

EIN RASCHER AUFBRUCH

Wenn Sie im Voraus alles gut organisiert haben, können Sie sofort ins Wochenende starten. Gut organisiert sein heißt, dass Sie alles – und ich meine wirklich alles – Wesentliche für das Leben im VW Camper, bereits gepackt haben. Sogar die Extra-Zahnbürste, falls der Aufbruch vielleicht doch etwas zu rasch ausfällt ...

Im Grunde ist es ganz einfach: Achten Sie darauf, Ihren Camper stets komplett ausgerüstet und einsatzbereit zu halten. So ist der Aufbruch keine zeitaufwendige Angelegenheit mehr. Um das Ganze wirklich „idiotensicher" zu machen, habe ich eine Checkliste zusammengestellt. Ich garantiere Ihnen, damit stets zumindest die wichtigsten Dinge für das Leben unterwegs dabeizuhaben, selbst wenn Sie vor dem Aufbruch kaum Zeit haben und nur schnell nach Hause hetzen, um sich für das bevorstehende Wochenende umzuziehen. Im schlimmsten Fall können Sie frische Lebensmittel immer noch besorgen, wenn Sie bereits unterwegs sind.

Für mich hat das Ganze auch einen psychologischen Effekt. Ist der Bus bereit, bin ich es auch. Egal, was kommt, am Ende des Arbeitstages habe ich immer das Gefühl, jederzeit aufbrechen zu können, selbst wenn ich nur kurz in den Park fahre. Den Camper einsatzbereit zu halten, gibt mir die Illusion von Freiheit, und das fühlt sich wirklich gut an. Lassen Sie den letzten Termin ausfallen! Vergessen Sie die Hausarbeit! Los geht's!

Schnappen Sie sich im Laden an der Ecke einen Laib Brot und einen Liter Milch und zischen Sie los.

MUSIK FÜR UNTERWEGS

DAS BESTE VW-CAMPER-ALBUM ALLER ZEITEN!!!
(Volume 23.4)

Camper Van - THE ADVENTURE BABIES
Go Mr Sunshine - REMI NICOLE
Have you fed the fish? - BADLY DRAWN BOY
Seaside - THE KOOKS
Free - DONOVAN FRANKENREITER
Beercan - BECK
Smile - LILY ALLEN
Asleep on a Sunbeam - BELLE AND SEBASTIAN
Mr Blue Sky - ELO
Staying out for the summer - DODGY
Lost Weekend - LLOYD COLE AND THE COMMOTIONS
Supersonic - OASIS
We are the road crew - MOTORHEAD

Laden Sie „Camper Van" kostenlos auf www.adventurebabies.com herunter.

MINIMALISTISCH PACKEN

Die Vorbereitung einer Reise und das Packen sind immer eine spannende Angelegenheit. Falls es Ihnen jedoch noch nicht aufgefallen sein sollte – es gibt ein kleines Problem: Der Platz ist sehr begrenzt. Ihr armer alter VW Camper kann nur eine bestimmte Menge transportieren. Und wie lebt man überhaupt, wenn einem selbst nur so wenig Platz bleibt? Dabei haben Sie die Fahrräder und die Surfbretter noch gar nicht eingeladen ...

Jedes unnötige Kilo beeinträchtigt auch die Leistung und die Geschwindigkeit des Campers. Der Benzinverbrauch steigt, das Tempo sinkt – und Rückenwind hat man auch nicht immer. Also raus mit dem ganzen Kram und noch einmal von vorne anfangen! Fragen Sie sich bei jedem Stück: „Brauche ich das wirklich?" Wenn die Antwort kein eindeutiges „Ja" ist, bleibt der Gegenstand zu Hause. Abgesehen vom Reparaturhandbuch und dem Werkzeugkasten – diese zwei Dinge sollten Sie unbedingt mit sich führen.

Früher habe ich über die Geschichten meines Opas gelacht, wenn er erzählte, wie er Seifenstücke halbierte, um im Pfadfinderlager Gewicht zu sparen. Das war allerdings, bevor ich den VW Bus kaufte. Da verstand ich es auf einmal: Er wollte keinen halben Zentner auf den Mount Snowdon in Wales schleppen, und ich will keine halbe Tonne unnützes Zeug über die Autobahn transportieren.

GRUNDAUSRÜSTUNG FÜR DEN VW CAMPER

Kommen wir auf den Punkt: Die „Alles-was-in-den-Bus-gehört-damit-ich-jederzeit-losfahren-kann-Liste". Wir reden hier allerdings nicht von der Küchenliste (diese finden Sie auf den Seiten 16–17).

Einige Dinge auf der Liste werden Sie hoffentlich nie benötigen, z. B. das Reparaturhandbuch und den Werkzeugkasten. Aber wie wir alle wissen, wenn man etwas vergisst, braucht man es später garantiert ganz dringend. Sie sind auf den Äußeren Hebriden, es regnet und es ist kalt, und alles was Sie noch zu essen haben, ist eine Dose Bohnen. Wo ist der Dosenöffner? Er liegt zu Hause auf der Arbeitsplatte und wartet darauf, dass ihn jemand einpackt ... na toll. Die Lösung dieses Problems ist ganz einfach: Lassen Sie stets einen zweiten Dosenöffner im Bus liegen. Andernfalls müssen Sie am Ende versuchen, die Dosen mit einem Stein zu öffnen.

Die wichtigsten Ausrüstungsgegenstände

- Das VW Camper Kochbuch – The Soul Kitchen
- Campingstühle
- Eimer
- Ersatzhose
- Erste-Hilfe-Kasten
- Flip-Flops und Sonnenschutzmittel – wer weiß, vielleicht lässt sich die Sonne ja blicken.
- Geschirrhandtücher
- Geschirrspülmittel
- Handtücher
- Klapptisch
- Kühlbox
- Landkarten
- Musik zum Wohlfühlen
- Reparaturhandbuch für den Wagen
- Schlafsäcke und Kissen
- Taschenlampe
- Toilettenpapier
- Wasserbehälter mit Frischwasser
- Werkzeugkasten
- Zahnbürste

Falls Sie nicht alle Gegenstände besitzen, bekommen Sie den Rest – sowie alles, was Sie sonst noch für Ihren VW Bus gebrauchen könnten – bei www.justkampers.com. Die Seite wird in deutscher, englischer, spanischer, französischer oder auch holländischer Sprache angezeigt.

Oberschrank und kleine Fächer

Der Oberschrank befindet sich über dem Bett im hinteren Teil des Busses und ist in den meisten Umbauten vorhanden. Er bietet Platz für die angenehmen Dinge des Alltags, wie Gesellschaftsspiele, Spielzeug oder Bücher. Darin kann man alles verstauen, was nicht unbedingt nötig ist, aber Spaß macht. Ein bisschen Extravaganz ist durchaus erlaubt.

- Bücher
- Buntstifte
- iPod
- Dame/Mühle
- Domino
- Reiseausgabe von Scrabble
- Spielkarten
- tragbarer DVD-Player und DVDs (falls es gar nicht ohne geht)

Die kleinen Fächer bieten keinen Platz für die Campingausrüstung, das Geschirr oder Ähnliches, wohl aber für die kleinen praktischen Dinge, die man gern schnell zur Hand hat, z. B. eine Taschenlampe, ein Taschenmesser, Kopfschmerztabletten oder den „Notfall-Schokoriegel“.

WAS IN DEN KÜCHENSCHRANK GEHÖRT...

Platz ist Mangelware. Was braucht man in der Küche also wirklich? Sie sollten nicht zu viel Trockenware und Konserven einpacken, die Sie sowieso nie verwenden werden. Mit einigen klug gepackten Basics wird Ihnen das Essen allerdings niemals ausgehen und Sie können damit in wenigen Minuten ein Festmahl zaubern, wo auch immer Sie sich gerade befinden. Im gut ausgerüsteten Campingbus findet man z. B. stets Nudeln und Pesto.

Auf der unten aufgeführten Liste stehen die grundlegendsten Dinge. Sie können und sollten diese auch Ihren Vorlieben und Wünschen entsprechend anpassen. Werfen Sie vor der Fahrt unbedingt einmal einen Blick auf die Rezepte, damit Sie ggf. nachrüsten können.

Tipp: Um Platz zu sparen, sollten Sie große Zutaten in kleine Gefrierbeutel bzw. Töpfe umfüllen. Die Vorräte können Sie zwischen den Ausflügen auffüllen bzw. nachkaufen.

DIE GRUNDAUSSTATTUNG

- ein Glas Pesto
- eine Flasche Wein
- Marmelade und Erdnussbutter
- getrocknete Pilze
- Haferflocken
- je eine kleine Flasche Sonnenblumen- und Olivenöl
- Kekse
- Nudeln, Couscous und Reis
- Nüsse und Trockenfrüchte
- Oliven
- Teebeutel, Kaffee und haltbare Milch
- Tomatenmark

KONSERVEN

- Erbsen
- gebackene Bohnen
- gehackte Tomaten
- Kokosmilch
- Mais
- Thunfisch

FRISCHE ZUTATEN

- eine Ingwerknolle
- eine Knoblauchknolle
- ein Stück Parmesan
- Zitronen und/oder Limetten
- Zwiebeln

GEWÜRZE UND SAUCEN

- Brühwürfel
- Chiliflocken, Currypaste und andere Gewürze aus den Rezepten, die Sie zubereiten wollen
- dunkle Sojasauce
- Essig (Balsamico und/oder Weinessig)
- flüssiger Honig und/oder Zuckerrübensirup
- Mayonnaise
- Salz und Pfeffer
- Senf und Chutneys
- Würzsaucen (z. B. Tabasco, Worcestershire-Sauce, Ketchup, süße Chilisauce)
- Zucker

Unverzichtbare Küchenausrüstung

Viele Rezepte in diesem Buch wurden mit einem einfachen Set aus Töpfen und Pfannen zubereitet. Falls Sie also z. B. oben auf Moll's Gap in Irland stehen (ich hoffe, Sie meistern den Anstieg – die Aussicht ist wirklich fantastisch) und dort eine unserer Leckereien zubereiten möchten, brauchen Sie garantiert nicht beim Nachbarn nach einem Zester zu fragen.

Falls Sie nicht ohne Ihre Lieblingswerkzeuge leben möchten, steht es Ihnen natürlich frei, die Liste beliebig zu ergänzen (falls der Platz ausreicht) oder zu verändern. Schließlich ist es Ihr Campingbus und Sie können sich überholen lassen, so oft Sie wollen.

- Backblech
- ein bis zwei scharfe Messer
- ein bis zwei Schneidebretter
- ein Essbesteck pro Person (Sie glauben gar nicht, was überzähliges Besteck wiegt!)
- fest verschließbares Marmeladenglas
- Grillrost für das offene Feuer (Nehmen Sie eins von zu Hause mit, es wird sowieso nicht vermisst.)
- große feuerfeste Auflaufform (oder Schmortopf)
- großer Topf mit Deckel und Dampfeinsatz (dient gleichzeitig als Sieb)
- Holzlöffel und Küchenpinsel, um das Grillgut mit Öl zu bestreichen
- kleine und große Schüsseln oder Kunststoffbehälter zum Mischen und Servieren
- kleiner und mittelgroßer Stieltopf
- Messlöffel und -becher
- mittelgroße Pfanne
- pfeifender Wasserkessel (Er gehört zur Campingausrüstung einfach dazu. Außerdem kocht Wasser darin schneller als im Topf und spart somit Energie.)
- Reibe (idealerweise eine Kastenreibe mit einem integrierten Zester)
- Schweizer Taschenmesser (idealerweise mit Korkenzieher)
- Sparschäler und Kartoffelstampfer
- Dosenöffner (und Korkenzieher, falls das Taschenmesser keinen hat)
- Holz- oder Metallspieße
- ein Campinggeschirr pro Person (Emaille- oder Melamingeschirr ist leicht, praktisch unzerbrechlich und passt hervorragend zum Camping-Flair.)

- Becher aus Blech (Achtung, sie werden sehr heiß! Sie sind allerdings äußerst praktisch, um damit Lärm zu machen und neugierige Kühe zu vertreiben.)
- feste Kunststoffgläser und einen großen Kunststoffkrug
- Streichhölzer oder ein Feuerzeug (Denken Sie immer daran: ohne Streichhölzer kein heißes Getränk!)
- Feueranzünder (Das ist geschummelt, ich weiß, aber ich habe auch nie behauptet, ein Survivaltrainer zu sein. Sie sind sehr praktisch, wenn weder Papier noch Holzspäne zum Anzünden des Feuers vorhanden sind.)
- verschiedene nützliche Gegenstände: Alufolie, Backpapier, wieder verschließbare Plastikbeutel, Küchentücher, Frischhaltefolie usw.
- Spülschüssel für den Abwasch
- Bürste zum Putzen von Kartoffeln, Karotten, Muscheln usw.
- eine ordentliche Portion Humor

KÜHLEN IM CAMPINGBUS

Viele Campingbusse haben einen Kühlschrank. Einige sind sowohl batterie- (meist durch die Verbraucherbatterie) als auch gasbetrieben. Während der Bus steht, wird der Kühlschrank also durch Gas gekühlt und während der Fahrt kann auf Batteriebetrieb umgeschaltet werden. Bitte kaufen Sie unbedingt ein Kohlendioxid-Warngerät, falls Sie Gas verwenden. Gerade bei alten Geräten sollte man lieber auf der sicheren Seite sein.

Die meisten neueren Geräte können zusätzlich noch mit Strom betrieben werden. Falls Sie also öfter eine Nacht auf einem Campingplatz mit Stromanschluss verbringen, lohnt sich die Anschaffung eines solchen Kühlschranks. Außerdem können Sie auf den Campingplätzen auch jedes andere 220-V-Gerät im Bus anschließen und z. B. Ihr Handy aufladen.

ALLES HINEINSTOPFEN

Sofern Ihr Campingbus überhaupt einen Kühlschrank hat, ist dieser vermutlich sehr klein. Also benötigen Sie eine anständige Kühlbox, vor allem, wenn Sie viele Lebensmittel mitnehmen möchten. Wie immer gibt es auch hier eine große Auswahl, von der Kühlung mit Eiswürfeln oder Kühlelementen, bis zum Anschluss an den Zigarettenanzünder. Viele Besitzer eines klassischen Campingbusses entscheiden sich aber meist für den klassischen Look. Wir haben eine Kühlbox von Coleman. Sie hat einen Retrolook und fasst 50 Liter Lebensmittel, die über einige Tage frisch bleiben. Außerdem sieht sie wirklich cool aus.

Wenn Sie sich für die Kühlbox entschieden haben, benötigen Sie außerdem noch Kühlelemente. Diese bleiben zwar nur etwa einen Tag lang kalt, können aber auf manchen Campingplätzen erneut eingefroren werden. Clevere „Schnorrer“ nehmen ihre Kühlelemente mit zum Einkaufen, verstecken sie tief im hintersten Kühlregal und nehmen sie am Ende wieder mit. Nervenstarke Zeitgenossen holen sie erst am nächsten Tag wieder ab. Dazu sollte allerdings Ihr Name auf den Kühlelementen stehen, damit man Sie nicht des Ladendiebstahls bezichtigen kann.

Der vernünftige Weg wäre natürlich, zuerst um Erlaubnis zu fragen. Falls sich in der Nähe des Campingplatzes ein kleiner Laden befindet, schadet es sicher nichts. Manchmal bekommt man sogar eine positive Antwort.

KOCHMÖGLICHKEITEN IM CAMPINGBUS

DER ZWEIFLAMMENKOCHER: Falls es Ihnen so geht wie mir, dann kochen Sie in Ihrem Campingbus am liebsten auf dem guten alten Zweiflammenkocher. Bei großen Töpfen muss man vielleicht ein bisschen improvisieren und mit einem Wok kann das Ganze recht abenteuerlich werden, aber letztlich ist es nur eine Frage der Übung. Denken Sie immer daran, ausreichend Gas vorrätig zu haben! Vielleicht sind Sie sogar glücklicher Besitzer eines Grills. Yammi!

DER TRAGBARE CAMPINGKOCHER: Dieses Gerät verwende ich vor allem für Fisch oder zusammen mit einem Backblech, da man den Campingkocher ein Stück vom Bus entfernt aufstellen kann, sodass keine unangenehmen Kochgerüche in die Polster ziehen. Die kleinen, leichten Geräte sehen sehr professionell aus, sind noch dazu preiswert und lassen sich schnell und einfach verstauen. Es lohnt sich immer, einen tragbaren Campingkocher für Notfälle dabeizuhaben, den man auch bequem mit zum Strand nehmen kann. Die Butangaskartuschen halten eine ganze Weile, aber natürlich längst nicht so lange wie die großen Gasflaschen im Bus. Bestens geeignet sind sie also für das schnelle Garen geruchsintensiver Gerichte sowie für eine schnelle Tasse Tee auf einer zehn Kilometer langen Wanderung.

DIE FEUERSTELLE: Die ursprünglichste Zubereitungsmöglichkeit. Leider kann man nicht überall einfach so ein Feuer entfachen, deshalb haben wir nur einige Rezepte für das offene Feuer ausgewählt. Dennoch ist ein Feuer für viele Dinge – besonders für Würstchen oder Steaks – die ideale Garmethode. Sie können aber auch Fisch in Alufolie dünsten oder mit dem Schmortopf wunderbare Lagerfeuereintöpfe und -braten zubereiten. Mehr darüber erfahren Sie auf Seite 146.

DER GRILL: Auf das Grillen gehe ich später noch ausführlicher ein. Man kann die authentische Methode mit Feuer bzw. Holzkohle wählen oder faul sein und Gas verwenden. Ich verwende prinzipiell keine Einweggrills, da sie zu viel Müll produzieren. Für den Campingbus sind kleine Eimergrills die beste Wahl. Denken Sie aber daran, den Grill hochzustellen, damit der Boden darunter nicht verbrennt, denn das gehört sich einfach nicht.

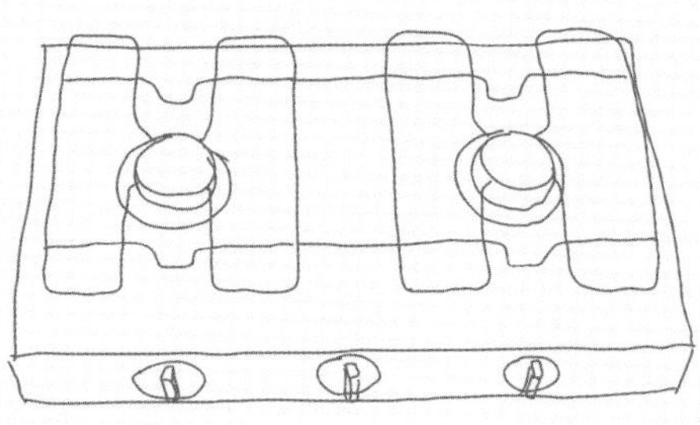

Large
2.00
CARROTS
£1.00
BUNCH

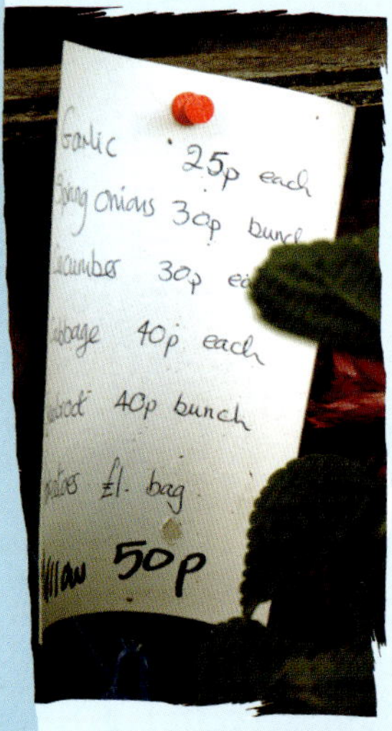
Garlic 25p each
30p
30p
40p each
40p bunch
£1. bag
50p

NEW LAID
EGGS
70
Doz.
½Doz.

VERSORGUNG MIT LEBENSMITTELN

Wo auch immer Sie hinkommen, Ihr Weg führt Sie garantiert an dem einen oder anderen Supermarkt vorbei. Mit etwas Glück und Unternehmungslust können Sie aber auch ganz woanders einkaufen. Hofläden, Bauernmärkte, regionale Fleischer, Fischhändler, Stände am Straßenrand und regionale Märkte bieten Ihnen die frischesten Zutaten. Die Auswahl mag vielleicht nicht ganz so groß sein und die Produkte weichen vielleicht von der Normgröße ab. Vielleicht klebt sogar noch etwa Erde daran – aber Sie wissen zumindest, dass das, was Sie da gerade kaufen, ernte- bzw. fangfrische, heimische Erzeugnisse sind. Meistens können Sie sich sogar mit dem Produzenten persönlich unterhalten. Das ist doch auch etwas wert.

Ich esse sehr gerne, was ich selbst gefangen oder gesammelt habe. Ich weiß, wo es herkommt. Niemand hat daran herumgepfuscht. Die Lebensmittel haben garantiert nicht Wochen auf einem Boot oder einem LKW verbracht. Ich weiß die Zeit und Mühe zu schätzen, die es mich gekostet hat, sie zu fangen oder zu finden. Die kleine Menge, die ich nehme, hat keine negativen Auswirkungen auf die Umwelt. Ich brauche keine teuren Verpackungen. Und vor allem weiß ich, dass es absolut köstlich schmecken wird, und darum geht es schließlich.

STRASSENRAND-ROULETTE

Das ist ein tolles Spiel für Leute, die sich damit rühmen, in der Küche aus allem noch etwas zaubern zu können. Keine Angst, es geht dabei nicht darum, totgefahrene Hasen von der Straße zu kratzen oder Fasane anzufahren. Im Mittelpunkt steht der Einfallsreichtum.

Und so funktioniert es: Im tiefsten Hinterland gibt es womöglich keine Geschäfte. Ist man bereits vor Stunden am letzten Supermarkt vorbeigefahren und hat seinen Sammeleimer nicht dabei, könnte es nun etwas problematisch werden, eine vernünftige Mahlzeit auf den Tisch zu bringen. Wenn man jedoch die Augen offen hält, findet man im Laufe der Zeit viele Zutaten am Straßenrand, beispielsweise an kleinen Straßenständen, an denen Einheimische ihr überschüssiges Gemüse und Obst verkaufen. Sie haben so etwas bestimmt schon einmal gesehen – meist gibt es an diesen Ständen kein Personal und sie verfügen über einen kleinen Kasten, in den man das Geld für die Lebensmittel legt. Ehrlich währt am längsten!

Das Spiel ist ganz einfach. Bestimmen Sie den Koch für diesen Abend. Halten Sie jedes Mal an, wenn Sie an einem dieser Stände vorbeikommen. Kochen Sie eine Mahlzeit aus dem, was Sie dort bekommen. Gewürze und Saucen sind erlaubt, andere Zutaten hingegen nicht. Darin liegt die Herausforderung. Und vergessen Sie nicht zu bezahlen.

Manchmal bekommen Sie einen kompletten Salat, der nur darauf wartet, geputzt, gewaschen und mit einem Dressing serviert zu werden. Dann könnten es wiederum einige Zucchini, Stangenbohnen und ein oder zwei Eier sein. Hoffen Sie darauf, nicht gerade in die Radieschen-Gegend geraten zu sein. Wie auch immer, höchst wahrscheinlich wird Ihre Mahlzeit vegetarisch ausfallen, wenn Sie Straßenrand-Roulette spielen. Frischer werden Sie die Zutaten kaum bekommen – und mit kürzeren Transportwegen auch nicht.

Was man mit frischen Freilandeiern vom Straßenstand anstellen kann

EIERWURF: Okay, das ist schon eine Verschwendung, aber es macht auch viel Spaß. Außerdem, je besser Sie sind, desto mehr bleibt zum Essen übrig. Sie benötigen:

- **mittelhohe Klippen, eine Hafenmauer oder einen Baum**
- **einige Freiwillige, die Sie (oder mich) nicht verklagen werden**
- **Helme und Sonnenbrillen**

Eine Person stellt sich auf die Klippen bzw. auf die Mauer oder klettert auf den Baum und wirft die Eier den anderen zu, die unten stehen. Diejenigen, die die Eier unversehrt fangen, bekommen Frühstück.

EIERLAUF: Eier, Löffel, laufen – es könnte kaum einfacher sein. Versuchen Sie das Spiel auch einmal mit der Variante des „Dreibeinlaufs“: Jeweils zwei Personen treten als Team an. Dabei werden das rechte Bein des einen Partners und das linke Bein des anderen Partners zusammengebunden, sodass sie „dreibeinig“ laufen müssen. Die meisten Eier werden es bei dieser Variante zwar kaum ins Ziel schaffen, dafür haben Sie aber jede Menge Spaß!

LEBENSMITTEL ZUM MITNEHMEN

Nur weil der Campingbus keinen Ofen hat, heißt das noch lange nicht, dass man sich auf der Reise nicht einige leckere Backwaren gönnen kann. Alles, was Sie dafür benötigen, ist ein bisschen vorausschauendes Denken und einen guten Ofen zu Hause. Nutzen Sie die Zeit, denn wenn Sie erst einmal unterwegs sind, ist es zu spät. Es sei denn, Sie lesen dies in einem komplett ausgestatteten Wohnmobil. Dann können Sie die Rezepte natürlich jederzeit und überall zubereiten.

Denken Sie stets an die wichtigsten Regeln des Backens. Erstens, backen Sie niemals, wenn Sie Hunger haben, und zweitens, lassen Sie die Kinder nicht schon vor Reisebeginn alles aufessen! Wenn Sie am Ziel angekommen sind und den Teekessel aufgesetzt haben, brauchen Sie doch etwas Leckeres zum Tunken.

Köstliche HAFERRIEGEL

Nachdem Sie einige Stunden auf der vollen Autobahn verbracht haben und alle langsam hungrig werden, wird es Zeit, schwere Geschütze aufzufahren. Diese Haferriegel sind da genau richtig. Sie stecken nicht nur voller guter Zutaten wie Aprikosen und verschiedenen Saaten, sie sind auch so lecker, dass sie garantiert allen ein Lächeln auf das Gesicht zaubern, wenn sich der kleine Hunger meldet. Sollte etwas übrig bleiben, können Sie den Rest einige Tage in einer luftdichten Blechdose verwahren.

ERGIBT 16 STÜCK

2 EL KÜRBISKERNE
2 EL SONNENBLUMENKERNE
150 G BUTTER
50 G BRAUNER ZUCKER
4 EL ZUCKERRÜBENSIRUP
300 G HAFERFLOCKEN
2 GEHÄUFTE EL FEIN GEHACKTE, GETROCKNETE APRIKOSEN

Den Ofen auf 180 °C (Umluft: 160 °C, Gas: Stufe 4) vorheizen.

Die Kürbis- und die Sonnenblumenkerne etwa eine Minute in der Pfanne rösten, in eine Schale geben und abkühlen lassen. In derselben Pfanne die Butter, den Zucker und den Sirup bei niedriger Hitze langsam schmelzen. Die Pfanne vom Herd nehmen und die Haferflocken, die Kerne und die gehackten Aprikosen unterrühren.

Die Mischung in eine leicht gefettete, quadratische (20 x 20 cm), flache Kuchenform geben, gut andrücken und 30 Minuten im Ofen backen. Anschließend aus dem Ofen nehmen, leicht abkühlen lassen und in 16 Quadrate schneiden. Die Quadrate aus der Form lösen, sobald sie vollständig abgekühlt sind.

MÜSLI MIT SAATEN, Nüssen und Honig

Müsli ist eine wirklich tolle Sache. Man kann es zum Frühstück essen und sich kurze Zeit später erneut darüber hermachen, ohne dass es einem langweilig wird. Probieren Sie es einmal mit gekochtem Obst als kleine Zwischenmahlzeit für unterwegs. Müsli eignet sich außerdem perfekt für das Leben im Campingbus, da es leicht, lecker und äußerst gesund ist – betrachten Sie es als eine Art vielseitiges Studentenfutter.

FÜR 10–12 PORTIONEN

- 500 G GROSSBLÄTTRIGE HAFERFLOCKEN
- 6 EL KÜRBISKERNE
- 4 EL SONNENBLUMENKERNE
- 3 EL SESAMSAMEN
- 2 EL LEINSAMEN
- 75 G BLANCHIERTE, GROB GEHACKTE MANDELN
- 75 G GROB GEHACKTE PARANÜSSE
- SCHALE VON 2 ORANGEN
- 8 EL FLÜSSIGER HONIG
- 100 G KLEIN GESCHNITTENE, GETROCKNETE FEIGEN
- 100 G KLEIN GESCHNITTENE, GETROCKNETE APRIKOSEN
- 100 G KLEIN GESCHNITTENE, GETROCKNETE DATTELN

Den Ofen auf 150 °C (Umluft: 130 °C, Gas: Stufe 2) vorheizen.

Alle Zutaten bis auf den Honig und das Trockenobst auf einem Backblech verteilen und den Honig darüberträufeln. Das Ganze mit einem Holzlöffel vermischen.

In den Ofen geben und eine Stunde goldbraun backen. Jeweils nach 30 und nach 45 Minuten erneut durchrühren. Aus dem Backofen nehmen, das Trockenobst hinzufügen, unterrühren und das Ganze vollständig abkühlen lassen. Während des Abkühlens wird das Müsli schön knusprig.

In einem luftdichten Behälter aufbewahren und niemandem davon erzählen. Heimlich essen, wenn keiner hinschaut.

FOR PACKED LUNCHEONS
ESSENCE
CAPERS

KLEBRIGER INGWER-
ZuckerrübenSirup-Kuchen

Backen, wie ich es liebe. Die Zubereitung dauert nur 15 Minuten und der Kuchen wird immer köstlicher und klebriger, je länger man ihn aufbewahrt (im Rahmen des Möglichen). Aber sind wir doch mal ehrlich … wie lange wird er schon halten?

ERGIBT 16 STÜCK

200 ML MILCH
3 EL ZUCKERRÜBENSIRUP
100 G BUTTER
75 G MEHL
150 G HELLER MUSCOVADO-ZUCKER (ERSATZWEISE EIN ANDERER HELLER ROHRZUCKER)
50 G DUNKLER MUSCOVADO-ZUCKER (ERSATZWEISE EIN ANDERER DUNKLER ROHRZUCKER)
125 G HAFERFLOCKEN
4 TL INGWERPULVER
¼ TL ZIMTPULVER
1 TL NATRON

Den Ofen auf 150 °C (Umluft: 130 °C, Gas: Stufe 2) vorheizen.

Die Milch, den Zuckerrübensirup und die Butter in einem kleinen Topf sanft köcheln lassen, bis alles geschmolzen ist. Das Mehl in eine große Schüssel sieben und den Zucker, die Haferflocken, die Gewürze und das Natron unterrühren. Die Milch-Sirup-Butter-Mischung umrühren und sorgfältig mit der Mehlmischung verrühren.

Das Ganze in eine leicht gefettete, quadratische (20 x 20 cm), flache Kuchenform füllen und 45 Minuten im Ofen backen. Anschließend herausnehmen und abkühlen lassen. In 16 Quadrate schneiden und in einem luftdichten Behälter aufbewahren. Dabei die Stücke mit Backpapier voneinander trennen, damit sie nicht verkleben. Vermutlich krümelt das Ganze ein bisschen, aber das macht es ja so lecker.

Haselnussecken mit SALZKARAMELL

Du meine Güte! Es ist eine gute Idee, den Küstenweg entlang zu wandern oder im Wald auf Nahrungssuche zu gehen und ganz allgemein Energie zu verbrauchen, denn bei dieser Hüftgold verursachenden Leckerei wird das vielleicht sogar nötig sein. Genießen Sie dazu einen leckeren Tee oder Kaffee und die tolle Aussicht. Sie sind schließlich im Urlaub!

ERGIBT 16 STÜCK

- 200 G GANZE BLANCHIERTE UND GEHÄUTETE HASELNÜSSE
- 175 G BUTTER
- 175 G DUNKLER MUSCOVADO-ZUCKER (ODER EIN ANDERER DUNKLER ROHRZUCKER)
- 1 GESTRICHENER TL GROB ZERSTOSSENE MEERSALZFLOCKEN
- 1 DOSE (400 G) KONDENSMILCH
- 200 G ZARTBITTERSCHOKOLADE (CA. 50 % KAKAOGEHALT)
- 1 EL CRÈME FRAÎCHE ODER CRÈME DOUBLE

Den Ofen auf 180 °C (Umluft: 160 °C, Gas: Stufe 4) vorheizen.

Die Nüsse auf einem Backblech verteilen, in den Backofen geben und 15–20 Minuten goldbraun rösten. Den Ofen anschließend ausschalten, das Blech herausnehmen und die Nüsse abkühlen lassen.

100 Gramm Butter in einem Topf zerlassen. Die Nüsse grob hacken und mit der geschmolzenen Butter und zwei Esslöffeln Zucker mischen. Die Mischung in eine leicht gefettete, quadratische (20 x 20 cm), flache Kuchenform geben und gleichmäßig verteilen. Abkühlen lassen und anschließend mindestens 30 Minuten kalt stellen, damit die Masse fest wird.

Nun den Rest der Butter mit dem restlichen Zucker und dem Salz in einen Topf geben und bei niedriger Hitze unter ständigem Rühren schmelzen lassen, bis der Zucker vollständig aufgelöst ist. Die Kondensmilch dazugeben und bei niedriger Hitze und unter ständigem Rühren so lange köcheln lassen, bis die Mischung anfängt zu blubbern. Das Ganze dann sofort für zwei Minuten unter Rühren aufkochen, anschließend vom Herd nehmen und 15 Minuten abkühlen lassen.

Das leicht abgekühlte, salzige Karamell kräftig durchrühren, über die Nussmasse geben und mindestens eine Stunde kalt stellen. Anschließend die Schokolade mit der Crème fraîche oder der Crème double im Wasserbad schmelzen, fünf Minuten abkühlen lassen und über das Karamell gießen. Gleichmäßig verteilen und das Ganze mindestens sechs bis acht Stunden (am besten über Nacht) kalt stellen, bis es eine feste Konsistenz hat. In 16 Quadrate schneiden.

ERDNUSS-KIRSCH-Kekse

Schokolade, Erdnüsse, Kirschen. Gibt es etwas Besseres? Verraten Sie niemandem, dass Sie diese Kekse dabeihaben, sonst sind sie schneller weg als Sie gucken können.

ERGIBT 22–24 KEKSE

125 G WEICHE BUTTER
185 G ZUCKER
1 MITTELGROSSES, VERQUIRLTES EI
185 G MEHL
2 TL KAKAOPULVER
1 TL BACKPULVER
1 KRÄFTIGE PRISE SALZ
100 G GERÖSTETE, UNGESALZENE, GEHACKTE ERDNÜSSE
75 G GETROCKNETE SAUERKIRSCHEN (BZW. BLAUBEEREN, PREISELBEEREN ODER SULTANINEN)

Den Ofen auf 180 °C (Umluft: 160 °C, Gas: Stufe 4) vorheizen.

Die Butter und den Zucker mit einem elektrischen Handrührgerät in einer Schüssel etwa drei bis vier Minuten schaumig schlagen. Das verquirlte Ei nach und nach unter Rühren hinzugeben. Das Mehl, das Kakao- und das Backpulver sowie eine kräftige Prise Salz in die Schüssel sieben und alles gut mischen. Anschließend die Nüsse und die getrockneten Früchte unterheben.

Zwei Backbleche mit Backpapier auslegen. Aus dem Teig etwa 24 walnussgroße Kugeln formen. Auf jedes Blech 12 Kugeln legen, dabei genug Platz lassen, da die Kekse aufgehen. Die Kugeln ein wenig flach drücken.

Die Bleche in den Ofen geben und 20 Minuten backen. Anschließend auf einem Kuchengitter abkühlen lassen und luftdicht verpacken.

CELEBRATED

Earl-Grey-Tee-KUCHEN mit Pflaumen und SULTANINEN

Der große Vorteil dieses Kuchens ist, dass er lange haltbar ist, d. h., Sie können den zu Hause gebackenen Kuchen noch genießen, wenn Sie die Urlaubsfotos einkleben, vorausgesetzt, Sie haben kein Sabbatical genommen ... Man kann ihn auch hervorragend einfrieren, sodass man schon im Voraus eine ganze Ladung für die nächste Reise backen könnte. Unterwegs, am Strand, beim Wandern – egal wo, dieser Kuchen schmeckt immer!

ERGIBT 12 SCHEIBEN

100 G ENTSTEINTE DÖRRPFLAUMEN
75 G GETROCKNETE APRIKOSEN
125 G SULTANINEN
100 G ZUCKER
150 ML WARMER EARL-GREY-TEE (ODER EINE ANDERE TEESORTE)
1 GROSSES, VERQUIRLTES EI
1 EL FLÜSSIGER HONIG
225 G MEHL
½ TÜTCHEN BACKPULVER
½ TL ZIMTPULVER
1 TL MIXED SPICE
1 PRISE FRISCH GERIEBENE MUSKATNUSS
1 PRISE SALZ

Die Pflaumen und die Aprikosen klein schneiden und in einer kleinen Schüssel mit den Sultaninen und dem Zucker mischen. Den warmen Tee darübergießen und über Nacht ziehen lassen.

Den Backofen auf 170 °C (Umluft: 150 °C, Gas: Stufe 3) vorheizen. Die vorbereitete Mischung in eine große Schüssel geben, das Ei und den Honig unterrühren und das Mehl, das Zimtpulver und Mixed Spice hineinsieben. Anschließend eine kräftige Prise frisch geriebene Muskatnuss und Salz hinzufügen und alles sorgfältig mischen. In eine leicht gefettete, etwa 10 x 16 cm breite und 9 cm hohe Kastenform geben.

Etwa eine Stunde im Backofen backen, bis der Kuchen aufgegangen ist und beginnt, sich leicht von den Seiten zu lösen. Auf einem Kuchengitter abkühlen lassen. Vor dem Servieren in dünne Scheiben schneiden und mit Butter bestreichen.

Ein Sandwich für die Reise

Na los, geben Sie es ruhig zu. Jeder hat ein Geheimnis, wenn es um Sandwiches geht. Jeder hat seine ganz eigenen – mitunter seltsamen – Vorlieben. Vielleicht ist es etwas, was Ihre Eltern ständig gegessen haben, und das für Sie daher völlig normal erscheint. Vielleicht haben Sie aber auch in Ihren Studententagen, in denen Sie stets knapp bei Kasse waren, gezwungenermaßen einen Geschmack für merkwürdige Kombinationen entwickelt. Oder vielleicht haben Sie ganz einfach einen seltsamen Geschmack.

Für mich besteht das ultimative Sandwich-Meisterwerk aus Schimmelkäse (je mehr er stinkt, desto besser), Marmite, jungem Spinat und Mayonnaise zwischen dick geschnittenen, knusprigen Weißbrotscheiben. Ich weiß genau, woher diese Kombination stammt. Mein Freund Guy wuchs mit Käse-Marmite-Sandwiches auf. Als ich mein eigenes Spezialrezept suchte, stahl ich seins und kreierte daraus meine eigene Version. Im Laufe der Jahre verfeinerte ich das Rezept immer weiter, bis es zu dem wurde, was es heute ist: eine Delikatesse.

John Montagu, der vierte Earl of Sandwich, gilt als „Vater" des modernen Sandwiches. Der Legende nach wollte er während des Kartenspielens keine fettigen Finger haben und bestellte sein Fleisch deshalb zwischen zwei Scheiben Brot. Seine vornehmen Kameraden hielten das für eine großartige Idee und bestellten das Gleiche. Das war im Jahr 1762. Seitdem hat das Sandwich – in seinen vielen Varianten – einen Platz in unseren Herzen. Gut, es wäre aufregender gewesen, hätte er das Sandwich inmitten einer Schlacht oder während einer anderen, ähnlich dramatischen Situation erfunden, wie es bei vielen großen Erfindungen der Fall war. Nichtsdestotrotz, ein Sandwich lässt sich leicht zubereiten, bietet unzählige Kombinationsmöglichkeiten und ist das perfekte Essen für unterwegs. Und genau deshalb ist es auch für uns hervorragend geeignet.

Natürlich ist des einen Freud des anderen Leid, und so konnte ich mich bei den Sandwichzutaten für die Reise mit dem VW Bus beim besten Willen nicht entscheiden. Ich liebe meine Stinkekäse-Marmite-Kombination, während meine Mutter z. B. Bananen mit braunem Rohrzucker auf Vollkorntoast bevorzugt. Also ich finde das ja nicht normal. Tatsache ist aber, dass jeder sein eigenes dunkles Sandwichgeheimnis hat.

Um das zu beweisen, betrieb ich meine eigenen, höchst unwissenschaftlichen Nachforschungen und fragte alle meine Facebook-Freunde nach ihren seltsamen, aber leckeren Varianten. Dann ließ ich die unterschiedlichen Kombinationen von meiner Familie kosten.

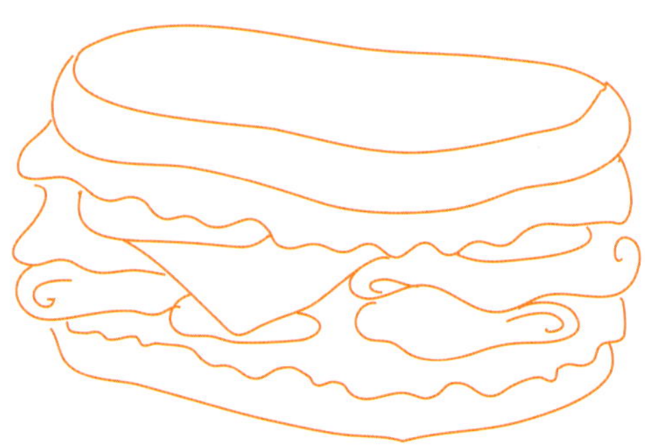

Was ist Ihr Sandwichgeheimnis?

Käse, Schinken, Marmite, Mayonnaise und Salat

Nutella und Honig

Guacamole und Hüttenkäse mit Tomatenscheiben

Chutney, Käse, Salami, Tomate, Gewürzgurken, Basilikum und Mayonnaise

Bananen

Corned Beef und Zucker zwischen heißen, gebutterten Toastscheiben

Käse und Rote Bete

Räucherlachs, Frischkäse und dünne Apfelscheiben

Frühstücksspeck und Marmelade

Kalte Kohlrüben und Rosenkohl mit viel Pfeffer, am besten auf Vollkornbrot

Käse und Erdbeermarmelade

Gewürzgurken und Erdnussbutter

Grobe Erdnussbutter, Salatcreme und Sojasprossen auf Weißbrot

Eier-Mayonnaise, Frühlingszwiebeln und Räucherlachs

Was kann schon schiefgehen?

Soll das ein Witz sein? Bei diesen merkwürdigen Kombinationen kann alles schief gehen. Am besten bleibt man bei seinen eigenen Sandwich-Kreationen, damit ist man wenigstens auf der sicheren Seite.

Die Reise

Einen Klassiker wie den VW Bus zu fahren, birgt seine ganz eigenen Freuden. Stilvolles Reisen, die Freiheit der Landstraße, dorthin zu fahren, wo auch immer die Laune einen hintreibt. Viele Leute werden Ihnen sagen, dass die Fahrt das eigentlich Wichtige sei. Nun, so ist es. Aber es macht genauso viel Spaß, anzukommen und den Teekessel aufzusetzen. Denn dann fängt das Leben erst so richtig an.

Frei und ungebunden

Einer der Grundpfeiler des Campens ist es, die Schuhe auszuziehen und den Sand zwischen den nackten Zehen zu spüren. Das ist es, was einen von der breiten Masse unterscheidet. Sobald man erst einmal barfuß ist, gehört man plötzlich zur Gegenkultur.

Aber einen Moment noch! Behalten Sie Ihre Schuhe im Zweifelsfall lieber an, bis Sie Ihr Ziel erreichen, denn barfuß Auto zu fahren ist z. B. in Großbritannien und einigen anderen Ländern verboten. Im schlimmsten Fall führt es auf der Insel zum Verlust des Führerscheins und zu Geldstrafen bis zu £ 5.000,00. Auch ein Paar Flip-Flops anzuziehen hilft Ihnen nicht weiter, denn nur festes Schuhwerk ist sicher und somit erlaubt. In Deutschland ist das Fahren ohne Schuhe gesetzlich nicht verboten. Passiert jedoch ein Unfall, trägt man eventuell eine Mitschuld.

Warten Sie mit dem Entspannen lieber, bis Sie Ihr Reiseziel erreicht haben – jegliche Ablenkung beim Fahren, z. B. das Wechseln einer CD, rauchen, essen usw. kann böse Folgen haben – vom Telefonieren ohne Freisprecheinrichtung einmal ganz zu schweigen, denn das ist fast überall verboten.

Die Aussicht von hier

Das Fahren an sich sollten Sie als kostbare Erfahrung ansehen und genießen. Bei langen Strecken werden Sie schließlich eine ganze Weile am Steuer sitzen. In einem VW Bus sieht man bedeutend mehr, da man leicht erhöht direkt über den Vorderrädern sitzt. Die Aussicht ist toll und in scharfen Kurven fühlt man sich, als würde man schweben. Das Ganze wirkt eher, als würde man einen LKW anstelle eines Personenkraftwagens fahren, und die Umweltbelastung gleicht ohnehin der eines LKWs.

Andererseits lebt man ständig in der Angst, etwas könnte kaputt gehen, aber das ist wohl bei allen Klassikern so. Alles gibt irgendwann einmal den Geist auf. Man kann nur hoffen, dass es nicht gerade auf dieser Fahrt der Fall ist.

Umweltbewusstes Fahren

Eine der großen Ironien des Campens im VW Bus liegt darin, sich der Natur nahe fühlen zu wollen und die Umwelt zu respektieren – dennoch aber den schädlichen Einfluss, den unser liebstes Fortbewegungsmittel auf die Umwelt hat, geflissentlich zu übersehen. Mein Camper mit seinem durstigen, luftgekühlten Zwei-Liter-Motor verbraucht etwa 16 Liter auf 100 Kilometern, je nachdem, wie ich fahre. Heutigen Standards gemäß ist das ziemlich schlecht und eigentlich auch unverantwortlich. Ich könnte meinen Bus natürlich auf Gas umrüsten lassen. Das würde zwar die Kosten und den Abgasausstoß reduzieren, aber die Kraftstoffeffizienz würde dadurch noch geringer.

Sie kommen also nicht darum herum, möglichst spritsparend zu fahren. Und das geht so:

- Lassen Sie Ihren Camper regelmäßig warten. So läuft er problemlos und effizienter. Mehr darüber erfahren Sie auf den Seiten 40 und 41.
- Halten Sie das Gesamtgewicht so gering wie möglich. Minimalistisch packen ist der Schlüssel zum Erfolg.
- Achten Sie auf die Stromlinienform. Die Grundform ist zwar ohnehin nicht ideal, aber benötigen Sie wirklich den Dachgepäckträger, Dachboxen oder das Surfbrett auf dem Dach?
- Schalten Sie möglichst schnell in den höchsten Gang und lassen Sie den Motor insgesamt nicht zu hochtourig laufen.
- Fahren Sie gleichmäßig. Ständig den Motor hochzujagen sowie unnötig abzubremsen erhöht den Treibstoffverbrauch enorm.
- Bleiben Sie nicht unnötig im Leerlauf. Falls Sie mal im Stau stehen, schalten Sie den Motor besser ab. Das ist deutlich spritsparender.
- Prüfen Sie den Reifendruck, denn mit optimalem Druck lässt sich ebenfalls Sprit sparen.
- Vermeiden Sie Kurzstrecken, da sie viel Sprit verbrauchen. Laufen Sie stattdessen, oder nehmen Sie das Fahrrad.
- Nehmen Sie immer einen gefüllten Ersatzkanister mit. Man weiß nie, wann man ihn gebrauchen kann.

EINE GESELLSCHAFT VON GLEICHGESINNTEN

Es gibt ein ungeschriebenes Gesetz der Straße, nach dem VW-Camper-Besitzer sich zuwinken müssen. Das ist jedoch nicht so einfach, wie es zunächst klingt, und wird streng „geregelt". Die Besitzer älterer Bullis (T1 und T2) winken sich bei einer Begegnung stets freundlich zu. Beim T3 ist das leider nicht immer der Fall. Vielleicht sind die wassergekühlten Motoren der T3, die 1982 eingeführt wurden, ein Grund für die häufige Missachtung des „Gesetzes". Oder es liegt daran, dass sie sich optisch sehr von den T1-ern und T2-ern unterscheiden. Möglicherweise sind sie aber auch einfach zu „neu" und daher nicht vertrauenswürdig. Wer weiß das schon? Ich vermute, die T3-Besitzer sind für die echten Bulli-Enthusiasten einfach nicht „cool" genug.

Als T3-Besitzer bin ich inzwischen ziemlich misstrauisch geworden, was die ganze Winkerei betrifft. Sie verunsichert mich. Das liegt wohl daran, dass mein erster T3, den ich 1991 kaufte, von der VW Gemeinde noch als neumodisch betrachtet wurde, weshalb uns nie gewinkt wurde. Heute gelten sie zunehmend als Klassiker und immer mehr Fahrer winken sich zu. Ich fühle mich sogar heute noch minderwertig, wenn ich einem anderen VW Bus zuwinke und niemand winkt zurück. So überlasse ich den anderen lieber die Initiative. Ganz schön albern, oder? Ich sollte mich einfach überwinden. Wen interessiert es schon, wenn sie nicht zurückwinken?

Wer immer Sie sind, was immer Sie fahren – seien Sie nicht reserviert und zurückhaltend, sondern offen und freundlich. Schließlich teilen wir alle dieselbe Leidenschaft.

ANSCHNALLGURTE IM VW CAMPER

Manchmal gewinnt die Vernunft einfach die Oberhand. Ich würde mich beim Fahren nicht wohlfühlen, hätten meine Mitfahrer keine Anschnallgurte. Ich empfinde es als meine Pflicht, welche einbauen zu lassen, obwohl man nach aktueller Gesetzeslage Passagiere noch ohne Gurte hinten im VW Bus befördern darf. Aber wer will das schon, bei allem, was man heute über die Sicherheit von Anschnallgurten weiß? Ich jedenfalls nicht. Vor allem nicht, wenn ich mit meinen Kindern oder meinen Freunden unterwegs bin.

Man sollte zudem keine Sitze nutzen, die rückwärts oder seitlich angebracht sind. Und denken Sie stets daran, dass Kinder in Deutschland vor dem vollendeten 12. Lebensjahr, die unter 150 cm groß sind, nur mit entsprechenden Kindersitzen bzw. Sitzerhöhungen transportiert werden dürfen. Riskieren Sie lieber nichts – und kommen Sie bloß nicht auf die Idee, den Kindern auf der Autobahn das Bett auszuklappen, egal wie müde die Kleinen sind.

Immer schön freundlich

Eine kurze Geschichte des Volkswagens

Mein VW Bus, Pootle, ist ein Campingbus der dritten Generation. Seine offizielle Bezeichnung lautet Volkswagen Typ 2, Baureihe T3, oder, in Großbritannien, T25. Inoffiziell ist er in England als „The Brick“ (der Backstein), „The Wedge“ (der Keil) oder auch als „Bungalow auf Rädern“ bekannt, was jedoch offensichtlich nicht stimmt, besitzt er doch eine zweite Etage. In Deutschland kennt man den VW Bus vor allem als „Bulli“.

Mit seinem Aussehen, das nur ein wirklicher Fan lieben kann, ist Pootle nicht der schönste aller VW Camper. Aber mit dem Alter wird auch er attraktiver. Da er eine 1981-er Version des T3 ist, hat Pootle noch einen luftgekühlten Motor, der ihn fast zu den coolen Jungs auf dem Schulhof gehören lässt. Preise als Oldtimer gewinnt er damit jedoch nicht. Pootle liegt in der Mitte des VW-Camper-Stammbaums und repräsentiert einen kleinen (aber dennoch relevanten) Teil der Volkswagen-Geschichte.

Diese beginnt mit einem Ingenieur namens Ferdinand Porsche und Adolf Hitler …

1933 Hitler bekundet Interesse daran, einen Wagen für das Volk zu erschaffen.

1934 Ferdinand Porsche erklärt sich bereit, den Wagen zu entwerfen.

1938 Die Volkswagenfabrik in Wolfsburg wird gebaut. Hitler erhält einen der ersten VW Käfer (Typ 1) als Geburtstagsgeschenk.

1939 Der Krieg unterbricht die Produktion. In Wolfsburg werden bis zur Bombardierung 1945 Militärfahrzeuge gebaut.

1945 Unter Major Ivan Hirst übernehmen die britischen Streitkräfte das Kommando über die Fabrik in Wolfsburg.

1947 Während eines Treffens mit VW erläutert der belgische Autohändler Ben Pon seine Idee für einen Lieferwagen.

1949 Der erste Typ-2-Lieferwagen (T1) mit geteilter Frontscheibe wird beim Genfer Autosalon vorgestellt.

1950 Die ersten Typ-2-Kleintransporter und Minibusse laufen in Wolfsburg vom Band.

1951 Westfalia, offizieller Karosseriehersteller von VW, stellt seinen ersten umgebauten Campingbus vor.

1956 Die Produktion des VW Busses wird nach Hannover verlegt.

1964 Erstmals werden Schiebetüren vorgestellt und angeboten.

1967 Der letzte VW Bus mit geteilter Frontscheibe wird in Hannover produziert. Die Produktion wird in Brasilien fortgesetzt.

1968 Der Typ 2 (T2) wird vorgestellt.

1973 Der T2 wird überarbeitet und mit einem größeren Motor und besseren Bremsen ausgestattet.

1975 In Brasilien wird der letzte VW Bus mit geteilter Frontscheibe produziert.

1979 In Deutschland endet die Produktion des T2 und wird in Brasilien fortgesetzt.

1979 In Hannover beginnt die Produktion des T3. Pootle wird gebaut!

1981 Der T3 erhält erstmals einen wassergekühlten Motor.

1982 In Deutschland wird der letzte luftgekühlte T3 produziert.

1985 Der Syncro, eine Version mit Allradantrieb, wird vorgestellt.

1990 In Deutschland läuft der letzte T3 vom Band. An seine Stelle tritt der T4 mit vorne quer liegendem Reihenmotor.

1997 In Brasilien wird der letzte VW Käfer gebaut.

2003 In Hannover wird die Produktion des T4 eingestellt. Er wird durch den T5 ersetzt.

2013 In Brasilien wird der Bau des Typ 2 eingestellt. Dort war er zuletzt noch mit wassergekühlten Reihenvierzylindern hergestellt worden.

2013

EINEN VW CAMPER MIETEN

Falls Sie (noch) keinen eigenen Campingbus besitzen, können Sie sich praktisch überall einen mieten. Bei den Verleihfirmen können Sie alles vom Klassiker T1 mit geteilter Frontscheibe bis zur T5-Luxusvariante mit allen Schikanen bekommen. Sie möchten einmal Ihr eigenes VW-Camper-Abenteuer erleben, haben aber keine Lust, beim nächsten Musikfestival wieder zwischen Hunderten von Zelten zu schlafen? Oder Sie wollen das Campingbusgefühl erst einmal ausprobieren, bevor Sie sich einen eigenen VW Bus zulegen? Dann ist das Mieten die perfekte Lösung: Sie genießen alle Vorteile, ohne die mit dem Eigentum verbundenen Kosten, Sorgen und Pflichten auf sich nehmen zu müssen. Das klingt doch sehr gut!

Ein weiterer Vorteil ist, dass Sie nicht erst von zu Hause aus eine lange Fahrt unternehmen müssen, sondern einfach in den Zug (oder gar ins Flugzeug) steigen und Ihren VW Bus am Urlaubsort in Empfang nehmen können. Um Orte wie die Hebriden zu erreichen, in Newquay surfen zu gehen oder eine Woche in Irland zu verbringen, ist das nahezu ideal. Manche Verleihfirmen gehen sogar für Sie einkaufen und stellen Ihnen einen Lebensmittelkorb für den ersten Tag in der „Wildnis“ zur Verfügung. Sie müssen dann nur noch bei der Verleihfirma ankommen. Und sollte es unterwegs zum Schlimmsten kommen und der geliebte Camper Sie im Stich lassen, kümmert sich die Firma im Handumdrehen darum.

Möchten Sie einen VW Camper mieten? Auf Seite 276 finden Sie einige Kontaktdaten von Verleihfirmen.

PFLEGEN SIE IHREN VW CAMPER

Sollten Sie bereits Ihren eigenen Campingbus besitzen, werden Sie ihn höchstwahrscheinlich ohnehin äußerst liebevoll pflegen und viel Zeit und Geld in ihn investieren. So sollte das auch sein.

Luftgekühlte Motoren sind glücklicherweise einfach, zuverlässig und ohne komplizierte Elektronik. Vermutlich gibt es deswegen so viele von ihnen. Dennoch treten gelegentlich Probleme auf, die fachgerecht behoben werden müssen. „Je besser Sie für Ihren Camper sorgen, desto treuer wird er Ihnen dienen!“ Das war die einfache Aussage eines befreundeten VW Mechanikers, als ich Ihn um Rat fragte. Sich mit einem guten Mechaniker anzufreunden, war ein weiterer, kluger Tipp. Im Gegensatz zu neueren Fahrzeugen wurden ältere Autos nicht dafür gebaut, lange Strecken ohne Wartung zu fahren. Ihre Wartungsintervalle sind deshalb wesentlich kürzer.

Sofern Sie nicht in der glücklichen Lage sind, einen vollständig restaurierten VW Bus zu besitzen, weist Ihr Schmuckstück garantiert irgendwo Roststellen auf. Daher lohnt es sich,

Geld in eine komplette Lackversiegelung zu investieren. Diese hält den unvermeidlichen Rost zumindest in Schach und verlängert die Lebensdauer Ihrer Lieblingskarosse. Niemand will seinen Camper vorzeitig ausmustern müssen.

Zudem empfiehlt der Mechaniker, die ADAC-Mitgliedskarte (oder Ähnliches) stets mit sich zu führen. Alte Fahrzeuge bestehen nun einmal aus alten Teilen, die irgendwann den Geist aufgeben. Darauf sollten Sie vorbereitet sein.

In der Zwischenzeit sollten Sie Folgendes beachten:

- Halten Sie sofort an, falls die Batterie- oder die Ölwarnleuchte während der Fahrt angeht. Es könnte sein, dass Sie Ihren Motor gerade zum Kochen bringen, und das wäre eine ziemlich schlechte Nachricht.
- Geht die Warnleuchte für den Öldruck an, mangelt es dem Motor an Öl, somit an Schmierung und bis zu einem gewissen Maß auch an Kühlung. Ihr Motor könnte sich festfressen.
- Die Batteriewarnleuchte könnte darauf hinweisen, dass die Lichtmaschine nicht mehr funktioniert. Das ist an sich nicht schlimm. Da die Lichtmaschine bei luftgekühlten VW Bussen aber am Keilriemen befestigt ist, könnte der Kühlerlüfter vielleicht die Arbeit eingestellt haben. Das wiederum würde bedeuten, dass der Motor gerade heiß läuft, und das wäre eine Katastrophe! Besser man fährt an den Straßenrand und ruft die Profis.
- Freunden Sie sich mit Ihrem Mechaniker an. Wird Ihr VW Camper regelmäßig alle 8000–9000 km gewartet, sollte er Ihnen lange Zeit Freude bereiten.
- Der britische MOT-Test (Ministry of Transport – eine Art jährliche Hauptuntersuchung) ist ein ganz einfacher Test. Nur weil ein Fahrzeug diesen Test bestanden hat, ist es nicht zwangsläufig zuverlässig oder von guter Qualität. Es muss nur die Durchsicht auf der Hebebühne überstehen – ob es völlig frei von Rost ist, zuverlässig läuft oder ausreichend funktionstüchtige Bremsen hat, ist dabei nicht von Bedeutung. Halten Sie also stets die Augen offen.
- Prüfen Sie regelmäßig den Ölstand. VW Motoren sind mitunter undicht, was zu einem zu geringen Ölstand führt … und das zieht im schlimmsten Fall einen kapitalen Motorschaden nach sich.
- Führen Sie eine Grundausrüstung an Ersatzteilen mit sich und lernen Sie, damit umzugehen.
- Prüfen Sie die Bremsflüssigkeit. Dazu muss man wohl nichts weiter sagen.
- Achten Sie auf den korrekten Luftdruck in den Reifen. Das schont zum einen die Reifen, hilft aber auch bei der Kraftstoffeffizienz (siehe Seite 35 zu diesem Thema).
- Treten Sie einem Automobil-Club wie dem ADAC bei. Und setzen Sie schon mal den Kessel auf, um Ihre „Retter“ mit einer schönen Tasse Tee begrüßen können.

EINIGE DINGE, DIE SIE MIT AUF TOUR NEHMEN SOLLTEN

Es wäre äußerst praktisch und hilfreich, wenn Sie einige kleinere Reparaturen selbst vornehmen könnten. Gut, das ist leichter gesagt als getan, aber wenn Sie schon nicht selbst Hand anlegen können, haben Sie wenigstens die richtigen Teile für den ADAC-Mechaniker griffbereit.

- ADAC-Karte (oder Ähnliches)
- Keilriemen
- Gaszug
- Kupplungszug
- Unterbrecherkontakte
- Kondensator
- Zündkerzen
- Wagenheber und Radmutternschlüssel
- Ersatzleuchten und Sicherungen

IHR NEUER BESTER FREUND

Wenn Sie mit Ihrem VW Camper unterwegs sind, ist es stets hilfreich zu wissen, wo man einen netten VW Mechaniker finden kann. Auf Seite 277 habe ich Ihnen einige Möglichkeiten aufgelistet. Manche davon kennen wir und sind vertrauenswürdig, andere sind uns nicht bekannt, daher können wir kein Urteil abgeben. Sehen Sie die Liste also als eine Auflistung, nicht als persönliche Empfehlung. Unterhalten Sie sich mit anderen VW Fahrern darüber und holen Sie deren Empfehlungen ein. Ansonsten sollten Sie einfach aufmerksam sein, so wie bei jedem alten Fahrzeug auch.

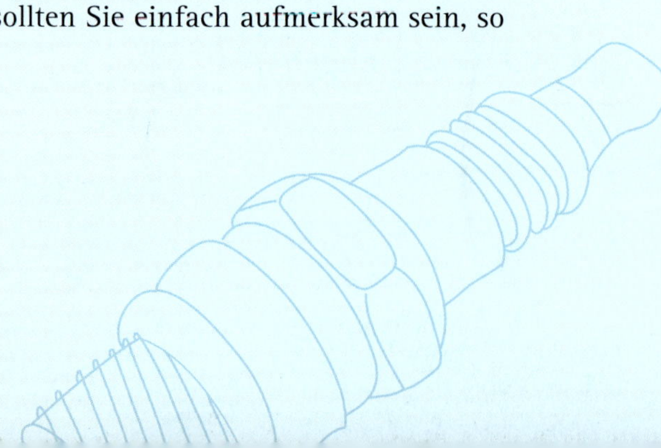

GHH 323D

XMG 623G

E 597

I HATE
VWS

REISEN MIT KINDERN

Eine lange Fahrt mit Kindern kann einem nahezu endlos vorkommen. Toilettenstopps, Langeweile, Reisekrankheit, Streitereien ... es nimmt kein Ende. Alles, was Sie tun können, um die lieben Kleinen zu unterhalten, ist ein Segen.

EINIGE REISESPIELE

WOLKENFORMATIONEN

Ist das ein Vogel oder ein Hund mit einem Knochen im Maul? Oder springt da etwa ein Hase über den Regenbogen? Es ist Ihre Entscheidung. Das Tolle an der Suche nach Formen in den Wolken ist, es ist ganz Ihrer Fantasie überlassen. Das Schwierige daran ist, die anderen von der Idee zu überzeugen. Achten Sie bitte darauf, dass der Fahrer auf die Straße schaut – das ist nur ein Spiel für die Mitreisenden (das man übrigens auch prima auf dem Campingplatz spielen kann).

TIERE RATEN

Unsere Kinder Maggie und Charlie sind echte Profis. Sie haben aber auch viel Übung, denn wir spielen es zu fast allen Mahlzeiten. Ein Spieler denkt sich ein Tier aus, die anderen stellen Fragen wie „wo lebst du?“, „was frisst du?“ oder „hast du Fell oder Federn?“. Der erste Spieler muss diese Fragen so gut er kann beantworten. Wer als erstes das Tier errät, ist der Gewinner und darf sich das nächste Tier ausdenken.

„Was frisst du?“
„Ameisen.“
„Bist du ein Ameisenbär?“
„Ja.“
„Jetzt bin ich dran.“
usw.

ICH SEHE WAS, WAS DU NICHT SIEHST

Wenn es langsam ungemütlich wird, Sie alle CDs bereits gehört und alle anderen Spiele schon gespielt haben, brauchen die kleinen Passagiere nach wie vor Unterhaltung, damit sie während der restlichen Fahrt bei Laune bleiben. Ein altbekanntes und doch bei Groß und Klein immer wieder beliebtes Spiel, mit dem man seine Mitreisenden lange Zeit beschäftigen kann, ist „Ich sehe was, was du nicht siehst". In einem VW Camper lässt es sich dank der Vielfalt an Gegenständen natürlich besonders gut spielen. Zur richtigen Zeit eingesetzt kann es ein echter „Lebensretter" sein. Man kann Gegenstände entweder nach ihrer Farbe oder aber auch nach ihrem Anfangsbuchstaben suchen, sofern Ihre Kinder bereits lesen und schreiben gelernt haben.

AUTOBINGO

Jeder Mitspieler bekommt eine Automarke zugewiesen (z. B. Audi, BMW, Mercedes-Benz usw.). Um den Schwierigkeitsgrad zu erhöhen, bekommt jeder Spieler zusätzlich eine Farbe zugewiesen – so gelten nur rote Audis oder weiße BMWs usw. Wer das richtige Auto entdeckt, erhält einen Punkt, wer zuerst zehn Punkte hat, gewinnt. Dieses Spiel lässt sich beliebig abwandeln, z. B. mit LKWs bestimmter Speditionen, Tieren auf Feldern usw.

PERSONENRATEN

Der Spieler, der als erstes an der Reihe ist, denkt sich eine berühmte Persönlichkeit aus, die allgemein bekannt sein sollte. Die anderen müssen nun Fragen stellen, um herauszubekommen, wen der Spieler sich ausgedacht hat. Die Fragen dürfen nur mit „ja“ oder „nein“ beantwortet werden (dementsprechend müssen die Fragen formuliert werden). Man kann das Ganze so leicht oder schwer gestalten, wie man mag, indem man das Personenfeld erweitert oder eingrenzt (z. B. auf Trickfilmfiguren bei kleineren Kindern). Alternativ kann man sich auch bekannte Wahrzeichen ausdenken, z. B. den Big Ben in London, das Brandenburger Tor in Berlin usw. Der Fantasie sind keine Grenzen gesetzt.

WÖRTERKETTE

Der erste Spieler sagt ein Wort, das aus mindestens zwei Wortteilen besteht, z. B. Hundeschule. Der zweite bildet dann ein Wort, das mit dem zweiten Teil des ersten Wortes beginnt: Hundeschule – Schulkind – Kindergarten usw. Bei einer einfacheren Variante kann man das nächste Wort z. B. nur mit dem letzten Buchstaben des ersten Wortes beginnen lassen: Hundeschule – Eisenbahn – Nasenbär usw.

CAMPING

Eines der tollsten Dinge am VW Camper ist die Möglichkeit, einfach dort zu schlafen, wo Sie anhalten. Einfach genial! Fahren, schlafen, fahren, schlafen, fahren, schlafen. Die Möglichkeiten sind nahezu endlos und einen wundervollen Ort zum Aufwachen zu finden, macht einfach Spaß. Eine schöne Aussicht wäre ideal, etwas Abgeschiedenheit praktisch und Sicherheit natürlich unerlässlich, egal, ob Sie auf halber Strecke anhalten, wild campen, das Wochenende auf einem großen Campingplatz verbringen oder mehrere Wochen unterwegs sind.

AUF HALBER STRECKE …

Wenn Sie eine lange Fahrt vor sich haben, wollen Sie höchstwahrscheinlich unterwegs irgendwo anhalten und ein Nickerchen machen. Oft empfiehlt es sich, das bereits im Voraus zu planen und passende Möglichkeiten herauszusuchen.

PARKBUCHTEN: Falls Sie in einer Parkbucht rasten, könnten Sie Ärger mit der Polizei bekommen. Das Übernachten in Parkbuchten ist generell verboten. Sind Sie allerdings so übermüdet, dass ein sicheres Weiterfahren nicht möglich ist, wird die Polizei ggf. ein Auge zudrücken, es sei denn, Sie stehen an einem wirklich ungünstigen Ort.

PARKPLÄTZE: Das Verhalten auf öffentlichen Parkplätzen wird meistens durch örtliche Verordnungen geregelt, d. h., die Regeln können überall anders sein. Es könnte also passieren, dass Sie einen Strafzettel bekommen.

PRIVATGRUNDSTÜCK: Sofern es Ihnen nichts ausmacht, bei Fremden zu klingeln und sie zu fragen, ob Sie über Nacht auf deren Grundstück bleiben dürfen, ist das eine wunderbare Möglichkeit. Einige Bauern oder Gasthauseigentümer lassen einen auch auf dem Feld oder ihrem Parkplatz übernachten, selbst wenn sie kein offizieller Campingplatz sind.

RASTHÖFE: Gibt es gar keine andere Möglichkeit, können Sie über Nacht auch auf einem Rasthof bleiben. Sie sollten sich Ihren Parkplatz aber sorgfältig aussuchen, denn viele Lastwagenfahrer starten zu den unmöglichsten Uhrzeiten und sehen es gar nicht gern, wenn Sie ihnen den Weg versperren. Und ganz sicher wollen sie nicht darauf warten, bis Sie endlich aufwachen.

AUTOBAHNRASTSTÄTTEN: Manchmal gibt es auf langen Fahrten keine andere Option. Achten Sie jedoch auf eventuelle Parkzeitbeschränkungen.

ACHTEN SIE AUF DIE SCHILDER: Wenn Sie Verbotsschilder für das Übernachten sehen, gibt es dafür mit Sicherheit einen guten Grund. Seien Sie gewappnet, dass man Sie ggf. auffordert, weiterzufahren, sofern Sie keine Park- bzw. Haltegenehmigung vorweisen können.

WOHNMOBIL-HALTESTELLEN: Sofern Sie schon einmal Europa mit dem Wohnwagen bereist haben, wissen Sie, dass es in vielen Ländern sogenannte Aires de Service gibt, wo Campingbusse und Wohnmobile über Nacht parken dürfen. Oft bieten sie dort sogar einen Wasseranschluss, Toiletten und eine Abwasserentsorgung an. Informieren Sie sich im Internet über entsprechende Möglichkeiten in Ihrem Reisegebiet (für die 50 besten Stellplätze in Deutschland z. B. http://www.mobilisten.de/topliste.php, oder http://www.wohnmobil-atlas.de/, oder z. B. für Großbritannien unter www.ukmotorhomes.net oder www.motorcaravanning.com).

NOCH EIN HINWEIS

Niemand, der im Vollbesitz seiner geistigen Kräfte ist, wird Alkohol am Steuer gutheißen. Wenn Sie also am nächsten Morgen weiterfahren wollen, sollten Sie es am Abend zuvor nicht übertreiben. Es dauert eine ganze Weile, bis der Körper Alkohol abbaut (etwa 0,1–0,2 Promille pro Stunde), deshalb darf man den Restalkohol am Morgen nicht unterschätzen.

DEN RAUSCH AUSSCHLAFEN

Denken Sie stets daran, dass Sie theoretisch immer als Verantwortlicher für ein Fahrzeug gelten, wenn Sie sich damit an einem öffentlichen Ort befinden. Lassen Sie das Glas Wein beim Essen lieber ausfallen.

Zu öffentlichen Plätzen gehören z. B. Parkplätze – und der Parkplatz an der Gaststätte könnte auch dazu gezählt werden. Manche argumentieren, dass sie in den späten Nachtstunden nicht mehr öffentlich sind. Dennoch sollten Sie sich der Risiken bewusst sein, wenn Sie mit Genehmigung des Eigentümers auf dem Parkplatz des Pubs Ihren Rausch ausschlafen. Was ist wichtiger, Ihr Führerschein oder einige Gläser Bier?

DAS ZIEL

Manche Menschen wissen gerne im Vorfeld, wohin sie fahren und buchen ihren Campingplatz entsprechend rechtzeitig. Andere improvisieren lieber und bleiben, wo es ihnen gerade gefällt. Wie Sie es handhaben, ist Ihnen überlassen. Mit Improvisation kann man Glück haben ... allerdings besteht die Gefahr, dass spontane Entschlüsse auch einmal auf Hindernisse stoßen können.

WILDES CAMPEN

Für das wilde Campen wurden VW Camper geschaffen, oder nicht? Nun ja, leider ist es in vielen Ländern, z. B. in England, in Wales und auch in Deutschland verboten. Man darf sein Lager nicht einfach irgendwo errichten, wo man mag. Jedes Stück Land gehört irgendjemandem, den man vorher um Erlaubnis bitten muss.

Als leidenschaftlicher Surfer bin ich aber in den letzten Jahren einige kleine Risiken eingegangen, damit ich vom Rauschen der Wellen geweckt werden konnte. Es gibt sie also, die Flecken, an denen wildes Campen durchaus toleriert wird. Solange man sich anständig benimmt, bekommt man dort keine Schwierigkeiten. Denken Sie deshalb stets daran, respektvoll zu sein, keinen Müll zurückzulassen und ohne Murren umzuziehen, wenn man Sie darum bittet.

In Schottland ist das wilde Zelten gemäß dem Land Reform Act aus dem Jahr 2003 erlaubt. Das Gleiche gilt für das Abstellen des Campingbusses, obwohl man sich natürlich dennoch an die üblichen Regeln halten muss. Wollen Sie in der Nähe von Gebäuden campen, sollten Sie vorher um Erlaubnis fragen. Dass man sich ruhig verhält und seinen Müll (und ggf. auch den von anderen) wieder mitnimmt, versteht sich von selbst.

DAS CAMPEN AUF CAMPINGPLÄTZEN

Wer lieber im Voraus bucht, ist mit Campingplätzen gut beraten. Es gibt Tausende und mit Sicherheit ebenso viele Webseiten und Bücher, die sich damit befassen. Uns gefiel vor allem das Buch Cool Camping, weil die Plätze darin einzeln ausgewählt wurden und zu den Besten gehören.

Ansonsten empfehlen wir Ihnen einige unserer Lieblingsplätze (und die Favoriten unserer Familien und Freunde). Auf Seite 278 finden Sie dazu eine Liste.

CAMPING-CLUBS

Hin und wieder braucht man einfach eine heiße Dusche, saubere, trockene Kleidung, eine vernünftige Toilette und ein Ladekabel für das Handy. Es gibt z. B. Club-Campingplätze, die nur Mitgliedern offenstehen, während andere Plätze von jedermann genutzt werden dürfen. Manchmal findet man über die Clubs auch kleinere Plätze an ruhigen, abgelegenen Orten, die sich in Privatbesitz befinden. Das klingt gut, oder? Diese Plätze kommen dem wilden Campen am nächsten (ohne tatsächlich wild zu campen).

Informieren Sie sich im Internet, z. B. unter:
http://www.camping-total.de/Service/links/clubs/clubs.htm.

DIE SACHE MIT DER WAAGERECHTEN ...

Ganz egal, wo Sie am Ende anhalten – es gibt eine Sache, die mehr über die Qualität Ihrer Nachtruhe entscheidet als alles andere: Ausgleichskeile. Sie stehen nicht ohne Grund auf der Liste der wichtigsten Ausrüstungsgegenstände. Falls Sie an einem Hang stehen müssen, ermöglichen Ihnen die Ausgleichskeile Ihren Campingbus möglichst ebenerdig auszurichten, damit Sie nicht am nächsten Morgen zusammengerollt am Fußende des Bettes aufwachen.

Was kann schon schiefgehen?

Sofern nicht irgendetwas ganz Furchtbares passiert, kann eigentlich nicht viel schiefgehen. Wild und frei? Riskieren Sie es ruhig. Vielleicht müssen Sie umziehen, womöglich aber auch nicht. Sie bevorzugen Sicherheit und Reisepläne? Buchen Sie im Voraus und vermeiden Sie unnötige „Kopfschmerzen".

JGU
335C
I ♥ my splitty

SAMSTAG-MORGEN

Mit dem ersten Hahnenschrei aufstehen

Nach einer langen Fahrt, den letzten Strahlen der untergehenden Sonne (wenn man Glück hat) und einem raschen Bier im Pub wachen Sie am Samstag in aller Frühe auf. Die ersten Sonnenstrahlen bahnen sich ihren Weg durch die Lücken im Vorhang. Genießen Sie den Augenblick, wenn Sie gleich die Vorhänge öffnen und den ersten (richtigen) Blick auf Ihre neue Umgebung werfen.

WOCHENENDE VORAUS

Was wird Sie erwarten? Falls Sie nur am Straßenrand geparkt haben, um einige Stunden zu schlafen, fällt Ihr erster Blick vielleicht auf Beton und die asphaltierte Straße. Haben Sie jedoch Ihr Ziel bereits am Abend zuvor erreicht, liegen vor Ihnen womöglich weite, offene Felder, ein Strand mit perfekter Brandung, die Stromschnellen eines Flusses oder ein Berg mit steilen Felswänden, die erklommen werden wollen. Ich parkte einmal auf einem Feld und wachte an einem wunderbaren Sommermorgen auf – inmitten von Kühen, die jeden Zentimeter meines Campers abschleckten. Anscheinend mochten sie die salzigen Ablagerungen von der Straße.

Was auch immer Sie vorfinden (hoffentlich scheint die Sonne), Sie haben jetzt ein ganzes Wochenende vor sich. Bevor es Sonntagabend wieder Zeit zum Aufbruch ist, gibt es viel zu erleben. Womit fangen Sie an? In Wohnwagenkreisen ist es üblich, die Schiebetür zu öffnen, hinauszugehen, ganz egal, was Sie anhaben, kräftig zu gähnen, eventuellen Nachbarn einen guten Morgen zu wünschen und sich vielleicht ein bisschen zu strecken. Es kommt nicht alltäglich vor, dass man direkt aus dem Bett in die frische Luft hinaustritt. Atmen Sie einige Male tief durch und begrüßen Sie den aufregenden neuen Tag.

Als nächstes wird es Zeit, sich über das Frühstück Gedanken zu machen. Zumindest werden Sie das Wasser für die erste Tasse Tee bzw. Kaffee des Tages aufsetzen wollen.

Vorausgesetzt, Sie sind gut vorbereitet losgefahren, stellt sich nun die Frage, was man zum ersten Frühstück in der „Wildnis" auftischt. Haben Sie an das Müsli gedacht? Oder haben Sie vielleicht am Straßenrand einige Eier gekauft? Wenn nicht, müssen Sie wohl in den sauren Apfel beißen, sich Ihre Gummistiefel anziehen und zum nächsten Geschäft losziehen, während Sie Ihre Mitreisenden netterweise ausschlafen lassen.

DER MÖWENWECKER

Falls Sie den ganzen Tag unterwegs waren, brauchen Sie einen verlässlichen Wecker, um z. B. die frühmorgendliche Brandung zum Surfen nicht zu verpassen. An den Wecker haben Sie wahrscheinlich nicht gedacht, oder? Das macht nichts. Nutzen Sie einfach diesen Trick, den ich von den alten Seebären des North West Surf Clubs in Irland gelernt habe:

Sie benötigen eine Handvoll Brotkrumen, die Sie auf das Dach Ihres Campingbusses werfen. Nun können Sie beruhigt zu Bett gehen, denn Sie können sicher sein, dass sich die Möwen am nächsten Morgen mit lautem Getöse auf das kostenlose Frühstück stürzen werden. Ein Blechdach verstärkt den Lärm enorm. Der Trick funktioniert garantiert immer und dient auch dazu, die Nachbarn zu ärgern, die Sie bis in die frühen Morgenstunden wachgehalten haben.

DIE MORGENDÄMMERUNG

Mein perfekter Tag fängt mit einem anständigen Training an. Es gibt nichts Aufregenderes für mich, als im Morgengrauen surfen zu gehen. Es ist zwar ein bisschen gruselig, im Dämmerlicht auf das Meer hinauszupaddeln, nur mit dem Tosen der Brandung als Orientierung, aber nichtsdestotrotz ist es auch unglaublich spannend. Vom Meer aus den Sonnenaufgang über den Dünen zu beobachten, während man auf die Wellen wartet – das ist schon etwas ganz Besonderes.

Falls Sie nicht surfen, sich aber trotzdem bewegen möchten, können Sie z. B. Ihre Joggingsachen anziehen und loslaufen, oder Sie machen mit Ihrem Hund einen ausgedehnten Spaziergang. Die Hauptsache ist doch, dass Sie aktiv werden. Es ist ein fantastisches Gefühl, vor allen anderen aufzuwachen und etwas für die eigene Gesundheit zu tun. Gibt es einen besseren Weg, den neuen Tag zu begrüßen?

Jeder Surfer weiß, dass die erste Runde am Morgen die beste ist. Oft ist es noch nicht so windig, es sind weniger Menschen unterwegs und das Wasser wirkt irgendwie sanfter. Ist es nicht ein schönes Gefühl zu wissen, dass Sie die beste Zeit des Tages genutzt haben, bevor schließlich die anderen auftauchen und die Aussicht ruinieren?

Fitness-FRÜHSTÜCK

Manchmal muss es einfach ein üppiges Frühstück sein. Wenn ich aber gerade im Pootle herumtuckere, tue ich dies oft in der (vermeintlich irrtümlichen) Annahme, etwas für meinen Körper zu tun. Also ernähre ich mich auch gern gesund.

Das Fitness-Frühstück ist für echte Sieger und belohnt die Anstrengung, beim ersten Vogelzwitschern aufgestanden und im dämmrigen Morgennebel ein bisschen ins Schwitzen gekommen zu sein. Hier geht es sowohl um die Erfahrung als auch um die Nahrung an sich.

FÜR 1 PERSON

EINE GUTE AUSSICHT – AM BESTEN ÜBER DAS MEER (DER BLICK AUF EIN SCHÖNES FELD GENÜGT AUCH)
EINE PRISE MORGENDLICHE GELASSENHEIT
GRIECHISCHER JOGHURT
1 IN SCHEIBEN GESCHNITTENE BANANE (UM DIE VERBRAUCHTE ENERGIE WIEDER AUSZUGLEICHEN)
1 HANDVOLL GEHACKTE NÜSSE (LIEFERN PROTEINE)
KLEIN GESCHNITTENE DATTELN
HONIG ZUM BETRÄUFELN (WARUM NICHT? GÖNNEN SIE SICH RUHIG ETWAS!)

Verdienen Sie sich mit Ihrem Training das Frühstück. Suchen Sie sich anschließend einen Aussichtspunkt. Geben Sie einige große Löffel Joghurt in eine Schüssel und rühren Sie die Banane, die Nüsse und die Datteln unter. Beträufeln Sie das Ganze mit etwas Honig. Erfreuen Sie sich während des Frühstücks am tollen Panorama und nehmen Sie sich die Zeit, Ihr Frühstück bewusst zu genießen. Und? War das nicht toll?

Anschließend gehen Sie zurück ins Bett – schließlich ist es noch viel zu früh, auch für Sieger wie Sie!

Jetzt ist es aber Zeit, den Rest der Truppe zu wecken. Sobald einer aufsteht, können die anderen ruhig folgen – das ist mein Motto. Setzen Sie den Kessel auf und bereiten Sie das nächste Frühstück vor. Während alle anderen losziehen und sich zurechtmachen, können Sie sich rasch um die Betten kümmern und ein bisschen aufräumen, damit Sie danach in aller Ruhe Ihr zweites Frühstück in der freien Natur genießen können.

THE CLOUD COLLECTOR'S HANDBOOK
GAVIN PRETOR-PINNEY

5-Minuten-BANANEN-HONIG-ORANGEN-Smoothie

Bananen sind toll, Joghurt ist toll, Honig ist toll und frisch gepresster Orangensaft erst recht. Deshalb ist dieser Smoothie stets ein Hit. Zudem macht er erstaunlich satt – das perfekte Trinkfrühstück.

FÜR 1 GROSSES GLAS

1 BANANE
6 EL GEKÜHLTER NATURJOGHURT
1 EL (ODER MEHR) FLÜSSIGER HONIG
FRISCH GEPRESSTER ORANGENSAFT

Die Banane schälen, grob zerkleinern und dann in einer Schüssel zerdrücken. Den Joghurt und den Honig unterrühren. Anschließend so viel Orangensaft dazugeben, bis der Smoothie die gewünschte Konsistenz hat. Probieren und ggf. etwas mehr Honig hinzugeben. Kühl genießen.

5-Minuten-HIMBEER-LIMONEN-APFEL-Smoothie

Fantastisch! Die Zubereitung dieses gesunden, köstlichen Lieblingsfrühstücks dauert nur fünf Minuten und es ist zudem eine echte Vitamin-C-Bombe.

FÜR 2 PORTIONEN

ETWA 150 G HIMBEEREN
6 EL GEKÜHLTER NATURJOGHURT
1–2 EL FLÜSSIGER HONIG
SAFT VON EINER HALBEN LIMETTE
GEKÜHLTER APFELSAFT

Die Himbeeren in einer Schüssel zerdrücken. Den Joghurt und den Honig unterrühren. Anschließend so viel Apfelsaft dazugeben, bis der Smoothie die gewünschte Konsistenz hat. Probieren und ggf. noch etwas Honig hinzugeben. Kühl genießen.

Exploding-EGG-Banjo

Der genaue Ursprung des Exploding-Egg-Banjos ist mir nicht bekannt. Jahrelang habe ich gedacht, dass es nur ein anderer Name für ein Sandwich sei. In der Umgangssprache. Allenfalls hätte es eine Spezialität der Jungs vom Leasowe Bay Surf Club sein können, einer Gruppe Rabauken allererster Güte. Aber nein! Als ich meine Nachforschungen begann – d. h., ich begann zu googeln – entdeckte ich, dass das Egg-Banjo (oder Exploding-Egg-Banjo) kein gewöhnliches Sandwich ist.

Ironischerweise hatte ich seit vielen Jahren Exploding-Egg-Banjos gegessen, ohne dabei wirklich den Zusammenhang zu verstehen. Ich Dummkopf! Probieren Sie es einfach einmal aus. Sie werden schon bald verstehen, was ich meine. Der „explodierende" Teil ist selbsterklärend – der Banjo-Teil stellt die Herausforderung dar und sorgt für einen äußerst lustigen Aha-Effekt, wenn man es erst einmal verstanden hat. Und so geht es:

FÜR 1 SANDWICH

- 1 FRISCHES EI
- 1 WEICHES, AUFGESCHNITTENES UND GEBUTTERTES HELLES BRÖTCHEN
- HP-SAUCE (ODER EINE ANDERE BBQ-SAUCE)
- IHR BESTES HEMD (ODER T-SHIRT)

Das Ei in Öl braten, bis das Eiweiß fest, das Eigelb aber noch flüssig ist. Das Spiegelei auf das gebutterte Brötchen legen und einen kräftigen Schuss HP-Sauce daraufgeben.

Nehmen Sie nun einen ordentlichen Bissen. Trauen Sie sich ruhig! Das Eigelb „explodiert" und tropft als gelb-braune Masse auf Ihr Hemd. Zwangsläufig werden Sie das Sandwich mit der einen Hand vom Körper weghalten und mit der anderen Hand das Eigelb vom Hemd wischen. Schauen Sie sich Ihre Körperhaltung an – Sie essen gerade ein Exploding-Egg-Sandwich … und spielen dabei „Luft-Banjo".

HP
SAUCE
HP

grill
on
off

Frühstücks-FRITTATA

Dieses Rezept ist eine wunderbare Möglichkeit, Eier zuzubereiten, denn eine Frittata ist ein italienisches Omelette, das sich besonders gut für das Camping eignet: Es ist einfach, kann schnell zubereitet werden und schmeckt großartig. Außerdem kommt es – fast immer – auch bei Kindern gut an.

Für Vegetarier fügen Sie anstelle des Frühstücksspecks einfach eine Handvoll Ziegenkäse und/oder halbierte Kirschtomaten hinzu. Fein gehackte Frühlingszwiebeln geben der Frittata das gewisse Etwas.

FÜR 2–4 PORTIONEN, JE NACHDEM, WIE HUNGRIG SIE SIND

1 EL ÖL
1 GROSSE, ENTKERNTE UND IN MUNDGERECHTE STÜCKE GESCHNITTENE PAPRIKASCHOTE
3 IN STÜCKE GESCHNITTENE STREIFEN FRÜHSTÜCKSSPECK
6 GROSSE EIER
2 GEHÄUFTE EL IN RÖLLCHEN GESCHNITTENER SCHNITTLAUCH
2 GEHÄUFTE EL FRISCH GERIEBENER PARMESAN
SALZ UND FRISCH GEMAHLENER PFEFFER NACH GESCHMACK

Einen Esslöffel Öl in einer mittelgroßen Pfanne erhitzen. Die Paprika hinzufügen und fünf Minuten braten bzw. so lange, bis sie weich ist. Den Speck dazugeben und unter gelegentlichem Rühren weitere fünf Minuten braten. In der Zwischenzeit die Eier in eine Schüssel schlagen und mit dem Schnittlauch, dem Parmesan und etwas Salz sowie frisch gemahlenem schwarzen Pfeffer verrühren.

Die Eiermischung in die Pfanne geben und das Ganze bei mittlerer Hitze fünf bis sieben Minuten braten, bis die Unterseite goldbraun und die Oberseite gestockt ist. Währenddessen die Grillfunktion des Ofens einschalten. Anschließend die Pfanne darunterstellen und die Frittata weitere fünf bis sieben Minuten garen, bis die Oberseite ebenfalls goldbraun ist. Zum Servieren in vier Stücke schneiden.

DER FRÜHE VOGEL FÄNGT DEN WURM

Nachdem Sie nun gefrühstückt und sich häuslich eingerichtet haben, wird es Zeit, sich ein wenig umzuschauen. Was haben Sie vor? Wie wäre es, sich einmal die örtliche Flora und Fauna anzusehen? Packen Sie Ihren Naturführer, eine Thermoskanne mit Tee oder Kaffee und etwas Kuchen ein und schon kann es losgehen.

UNTERWEGS

„UNEINGESCHRÄNKTES" WANDERN

Die Einführung des Gesetzes „The Countryside and Rights of Way Act" im Jahr 2000 war für viele britische Wanderer ein Grund zum Feiern, da sie schon lange für das Recht, uneingeschränkt wandern zu können, gekämpft hatten. Einschränkungen gibt es dennoch. Das sogenannte Wegerecht erlaubt Wanderern den Zugang zu kartierten Gebieten im offenen Gelände Englands. Dazu gehören zurzeit Berge, Moore, Heidegebiete, Feuchtgebiete und eingetragenes Gemeindeland. Falls Sie sich also nicht sicher sind, ob das Gebiet, in dem Sie sich gerade befinden, zum offenen Gelände gehört, sollten Sie besser auf markierten Fußwegen bleiben.

In Schottland hingegen hat jeder das Recht, sich überall mehr oder weniger frei zu bewegen, vorausgesetzt, man verhält sich respektvoll und anständig. Ausnahmen gibt es natürlich auch hier. Zusätzlich muss man sich an gewisse Regeln und Richtlinien halten, aber das ist doch nicht wirklich schlimm, oder?

Der Landkodex

Seien Sie vorsichtig, planen Sie vorausschauend und halten Sie sich an die Schilder.
Lassen Sie Tore und fremdes Eigentum so zurück, wie Sie es vorfinden.
Schützen Sie Pflanzen und Tiere und nehmen Sie Ihren Müll wieder mit.
Behalten Sie Ihren Hund stets im Auge.
Verhalten Sie sich anderen Menschen gegenüber rücksichtsvoll.

Hausfriedensbruch

Das Betreten von Land, das sich in Privatbesitz befindet, ist verboten. Unter Umständen können Sie wegen unbefugten Betretens vor Gericht gestellt werden, was allerdings recht unwahrscheinlich ist, es sei denn, Sie begehen wiederholt Hausfriedensbruch. Falls Sie bewusst oder unbewusst Privatbesitz betreten, wird der Eigentümer Sie wahrscheinlich bitten, sein Land umgehend wieder zu verlassen. In diesem Fall würde ich mich einfach entschuldigen und der Aufforderung nachkommen.

Das Wetter

„Regen, Regen, den ich nicht mag, soll kehren zurück an einem anderen Tag."

Einer der größten Vorteile des Campens im VW Bus ist die Tatsache, dass schlechtes Wetter bei Weitem nicht so schlimm ist, als wenn man mit Zelten unterwegs ist. Ihr VW Camper ist wie ein kleines Heim auf Rädern und sofern Sie nicht gerade in ein fürchterliches Unwetter geraten, haben Sie es stets warm, trocken und gemütlich.

Betrachtet man es einmal auf ganz primitive Art und Weise, ist Ihr Camper wie eine Art Höhle. Während die anderen Campingurlauber noch verzweifelt herumlaufen, ihre Zelte aufbauen und schließlich versuchen, sich mit fröhlichen Liedern aufzuheitern, sitzen Sie schön gemütlich und geschützt bei einer Tasse Tee oder Kaffee und einem Haferkeks im Trockenen und beobachten das Treiben. Sobald der Regenguss vorüber ist, kommen Sie wieder heraus und können Ihren Tag nach Belieben fortsetzen.

Der VW Camper spendet Ihnen selbst während der größten Hitzewelle ausreichend Schatten und im tiefsten Winter bleibt er durch den Ofen (oder durch die Zentralheizung, falls eine installiert ist) kuschelig warm. Vermutlich fällt Ihnen eher die Decke auf den Kopf, bevor Sie Gefahr laufen, zu ertrinken oder zu erfrieren. Höchst wahrscheinlich bringt Sie jedoch die Langeweile zur Strecke – hoffentlich haben Sie daran gedacht, ausreichend Bücher und Spiele mitzunehmen! Nun sind Sie auf sich selbst gestellt.

„Ich sehe was, was du nicht siehst, und das beginnt mit R."
„Regen?"
„Genau. Du bist dran."
...

WETTERVORHERSAGE AUF BAUERNART

Legen sich Kühe wirklich hin, wenn ein Regenschauer naht? Wenn Sie in einem Feld leben würden – wann würden Sie sich eher hinlegen? Bevor es anfängt zu regnen oder wenn schon alles nass ist? Ich weiß jedenfalls, was ich bevorzugen würde.

Bevor es Internet-Wettervorhersagen, iPhones oder Fernseher gab, beobachteten die Menschen die Natur, um das Wetter einzuschätzen. Das ist eine Fähigkeit, die viele von uns völlig verlernt haben. Geblieben sind uns nur einige Sprichwörter und Bauernregeln.

Aber stimmen sie überhaupt? Beim Campen geht es um das Leben in der Natur und mit der Natur, also probieren Sie es doch einfach einmal aus.

**Wenn das Gras morgens nass ist, bleibt der Tag trocken.
Ist das Gras morgens trocken, wird es noch vor dem Abend regnen.**

Das Sprichwort bezieht sich auf rasch abfallende Lufttemperaturen, wodurch sich Tau bildet. Wird es kalt während der Nacht, ist der Himmel meist sternenklar, was wiederum für schönes Wetter sorgen soll ... oder auch nicht.

**Roter Himmel am Abend freut den Hirten.
Roter Himmel am Morgen beschert ihm Sorgen.**

Hierbei geht es um Luftdruck, Staubpartikel, das Spektrum und aufsteigende Luft. Fragen Sie nicht weiter nach, glauben Sie einfach daran.

**Katzen, die herumhüpfen und ihren Schwanz jagen,
warnen vor Gewittern und Stürmen.**

Katzen reagieren – wie viele Tiere – empfindlich auf Luftdruckveränderungen. Es ist gut möglich, dass ihr Verhalten tatsächlich etwas damit zu tun hat. Viele Menschen reagieren ebenfalls auf Veränderungen in der Luft, sie fühlen sich z. B. bei einem Gewitter ein bisschen „aufgeladen". Mir geht es jedenfalls so. Wie ist es bei Ihnen?

Wenn die Möwen nach dem Lande fliegen, werden wir Sturm kriegen.

Möwen sind Seevögel und bekommen ihr Futter in der Regel aus dem Meer. Man kann ihnen allerdings kaum Vorwürfe machen, wenn sie einem Sturm über dem Meer lieber aus dem Weg gehen wollen. Auch für Vögel kann das sehr unangenehm werden. Da ist es doch viel einfacher, den Touristen ihre Pommes zu stehlen.

Am Sommerhimmel fliegen Vögel hoch.

Während Hochdruckphasen fliegen Vögel höher, da die Flugbedingungen dann besser sind. Würden Sie als Vogel bei schlechtem Wetter hoch am Himmel gegen stürmische Winde anfliegen wollen? Sehen Sie, ich auch nicht. Aber stimmt das wirklich? Versuchen Sie doch, es herauszufinden.

Bei Makrelenhimmel und Stutenschweifen setzen große Schiffe kleine Segel.

Haben Sie schon einmal vom „Makrelenhimmel" gehört? Gemeint sind Wolkenformationen, die wie das Schuppenmuster einer Makrele oder wie ein Büschel Pferdehaar aussehen. Sie stehen oft in Verbindung mit drohenden Regenschauern. Ein Tropfen Fischregen könnte Sie allerdings vor einem weiteren, vergeblichen Angelausflug bewahren. Stellen Sie also bei einem Makrelenhimmel vorsichtshalber Ihren Eimer vor die Tür.

Legen sich alle Kühe gemeinsam hin, droht Regen.

Ich habe Sie ja bereits gefragt, ob Sie sich auf eine nasse Wiese legen würden. Sehen Sie, ich auch nicht.

DIE TIERWELT BEOBACHTEN

Mein Freund Dave arbeitet für die RSPB (Royal Society for the Protection of Birds) und liebt die langen Aufenthalte in der Natur. Daher bat ich ihn, für uns eine Liste mit tollen Orten in Großbritannien und Irland zusammenzustellen, an denen man wild lebende Tiere beobachten kann. Ganz egal, wo Sie sich gerade befinden – es gibt immer etwas Besonderes zu entdecken.

WAS DAS BEOBACHTEN VON WALEN UND DELFINEN ANGEHT …

Wale und Delfine lassen sich am besten während der Sommermonate bis zum frühen Herbst beobachten. Sie sehen sie am besten, wenn Sie die Sonne im Rücken haben, während Sie auf das Meer schauen. An den Westküsten sollten Sie Ihren Beobachtungsposten daher in der Regel morgens einnehmen. Suchen Sie sich einen guten Standort auf den Klippen und vergessen Sie Ihr Fernglas nicht!

Da Wale und Delfine unter Wasser leben und deutlich weniger Zeit an der Wasseroberfläche verbringen, sind sie nicht immer leicht zu entdecken. Seien Sie geduldig und wachsam, denn je länger man das Meer beobachtet, desto mehr entdeckt man auch.

DER NEW FOREST (SÜDENGLAND)

Hier leben alle britischen Reptilienarten wie Ottern, Grasnattern, die seltene Glattnatter sowie Großbritanniens seltenstes Reptil, die Zauneidechse. Die Tiere sind alle recht scheu, besonders die Glattnatter oder die Zauneidechse dürfen keinesfalls gestört werden, daher sollten Sie sich die seltenen Reptilien besser im New Forest Reptile Centre bei Lyndhurst ansehen.

EAST ANGLIA

Die Küste East Anglias hat noch immer etwas sehr Wildes an sich. Sie ist ein Paradies für Vogelbeobachter. Im Sommer kann man z. B. Sandregenpfeifer, Rotschenkel und Kiebitze sehen, im Winter halten sich hier unter anderem Ringelgänse auf. Es ist einer der letzten Orte, an denen Sie vielleicht sogar den Ruf der Rohrdommel hören können.

Sie sollten einen schönen Ausflug zu den Seehunden jenseits des Blakeney Point unternehmen. Erkundigen Sie sich im Internet nach den Details.

Weiter südlich, bei Walberswick, befindet sich das National Nature Reserve, das Hunderten von Vögeln, Insekten, Pflanzen und Säugetieren (einschließlich fünf Hirscharten) eine Heimat bietet.

NORTH DEVON

Das Biosphärenreservat rund um das Dünensystem bei Braunton Burrows gehört aufgrund seiner einzigartigen Landschaften und biologischen Vielfalt zum Weltnaturerbe der UNESCO. Es umfasst einen Großteil der Küste North Devons und beinhaltet auch die Mündungen der Flüsse Taw und Torridge. Hier begegnet man Seevögeln, Watvögeln, Ottern, Siebenschläfern, Schmetterlingen und seltenen Flechten sowie Seehunden und Delfinen vor Lundy Island. Die Insel ist vor allem als Devons einzige Brutkolonie für Papageientaucher bekannt.

CORNWALL

Im Sommer besucht der zweitgrößte Fisch der Welt, der Riesenhai, die planktonreichen Gewässer vor Cornwall und Devon. Er kann bis zu elf Meter lang werden. Auch der Mondfisch – ein weiterer Meeresriese und der schwerste Grätenfisch der Welt – ist in den Sommermonaten an der Küste Cornwalls anzutreffen, wo er sich von Quallen ernährt. Von Porthgwarra bei Land's End aus hat man gute Chancen, die Giganten zu sehen. Mit viel Glück kann man sie aber auch von jeder Landspitze im Westen Cornwalls aus beobachten. Die Landspitzen bieten zudem gute Gelegenheiten, gewöhnliche und Flaschennasen-Delfine, Kegelrobben und zahlreiche Seevögel zu entdecken.

NORTHUMBERLAND

Mit seinen wundervollen Stränden, großartigen Burgruinen und einer faszinierenden Tier- und Pflanzenwelt ist Northumberland ein ruhiges Eckchen Englands, wo man spektakuläre Sehenswürdigkeiten ohne große Touristenströme bewundern kann. Seevögel gibt es auch hier im Überfluss. Fährt man im Frühling oder Frühsommer auf die Farne Islands, kann man dort Papageientaucher, Eiderenten, Seeschwalben und Krähenscharben aus nächster Nähe beobachten.

Northumberland ist zudem eine der wenigen Gegenden in Großbritannien, wo man noch einige wenige rote Eichhörnchen antreffen kann. Fahren Sie nach Wallington, das sich im Besitz des National Trusts befindet.

Besichtigen Sie auch die alten Burgen und Schlösser der Gegend, wobei Dunstanburgh aufgrund des überwältigenden Standortes auf den Klippen kaum übertroffen werden kann.

PEMBROKESHIRE, SÜDWALES

St. Davids liegt in einer Gegend mit abwechslungsreicher Tier- und Pflanzenwelt. Ramsey Island, im Westen der Küste vorgelagert, bietet Seevögeln wie dem Papageientaucher und dem Schwarzschnabelsturmtaucher sowie der Dohle, einer seltenen Krähenart mit roten Beinen und Schnabel, eine Heimat.

Ramsey Sound, die Meerenge zwischen der Insel und dem Festland, bietet gute Möglichkeiten, um Schweinswale zu sehen – egal, ob von der Insel, vom Festland oder vom Boot aus. Papageientaucher finden Sie auf Skomer Island vor der Marloes-Halbinsel, während Sie bei Strumble Head, nördlich von St. Davids gelegen, Delfine, Wale und verschiedene Seevögel beobachten können. Im Ginster-Heideland, einer in Nordeuropa einmaligen Landschaft, finden Sie Nattern, den schnellsten Läufer der Insektenwelt, den Sandlaufkäfer, sowie seltene Perlmuttfalter

LLYN-HALBINSEL UND HARLECH BAY, NORDWALES

Vom Frühling bis in den Sommer hinein kann man vor Abersoch Flaschennasen-Delfine beobachten. Gute Aussichtspunkte bieten die Klippen von Cilan Head, die zugleich Heimat des Stierkäfers (ein großer schwarzer Käfer, der wie ein winzig kleiner Triceratops aussieht), des grünen Sandlaufkäfers und der Dohlen sind. Auch in der Bucht von Porth Ceiriad halten sich oft Delfine auf. Außerdem kann man während des Sommers mit etwas Glück Lederrückenschildkröten entdecken, die ihrer Lieblingsmahlzeit, den Quallen, nach Harlech Bay folgen.

MULL, NORDWEST-SCHOTTLAND

Die Gewässer um Mull bieten vielen Tieren eine Heimat, z. B. den Flaschennasen-Delfinen sowie den Zwerg- und den Schweinswalen. Regelmäßige Besucher sind außerdem Risso-Delfine, Schwertwale, gewöhnliche Delfine und atlantische Weißseiten-Delfine. Man kann die Tiere von jeder Landzunge aus beobachten, besonders vielversprechend sind z. B. die Aussichtspunkte am Leuchtturm von Tobermory, wenn man Schweinswale sehen möchte, und am Iona Sound, wo man die Flaschennasen-Delfine findet. Auch bei Fährfahrten zwischen Oban und Mull kann man häufig Schweinswale entdecken. Der Hebridean Whale and Dolphin Trust (HWDT) betreibt ein Discovery Centre in Tobermory, in dem Urlauber z. B. Walbeobachtungstouren mit kleineren Booten buchen können.

Mit Glück können Sie um Mull auch Seehunde und Kegelrobben, Seeotter, Rotwild oder gar Stein- und Seeadler entdecken.

THE MINCHES, NORDWEST-SCHOTTLAND

The Minch und Little Minch sind Meerengen, die die Äußeren Hebriden von der Insel Skye und dem schottischen Festland trennen. Sie bieten im Sommer exzellente Gelegenheiten zum Beobachten von Delfinen, Riesenhaien, Zwerg- und Schweinswalen. Oft entdeckt man sie sogar von den Caledonian MacBrayne-Fähren aus, die zu den Äußeren Hebriden übersetzen.

SÜDWEST-IRLAND

Das Walbeobachtungszentrum Nordeuropas! Bei einem Besuch im Südwesten Irlands kommt man praktisch nicht darum herum, Delfine zu sehen. Mein Freund Dave behauptet zudem, dass es das beste Gebiet sei, um Zwergwale zu sichten. Außerdem ist in dieser Gegend der Finnwal, das zweitgrößte Tier der Welt, häufig zu Gast. Nur der Blauwal, der hier ebenfalls schon gesichtet wurde, ist größer. Eine Bootstour – bestenfalls im November – von West Cork aus, bietet die beste Möglichkeit, die großen Säuger aus der Nähe zu betrachten, da man vom Land aus nur selten und mit viel Glück einen der Riesen zu Gesicht bekommt.

Die anderen Meerestiere – z. B. Zwergwale, Flaschennasen-Delfine und Schweinswale – können alle vom Land aus beobachtet werden. Außerdem leben noch Riesenhaie, Mondfische, Seehunde, Kegelrobben, Seevögel und Dohlen in dieser Gegend – und das Guinness schmeckt in Irland übrigens tatsächlich besser.

ELEVENSES – DAS ZWEITE FRÜHSTÜCK

Das zweite Frühstück ist ein ganz besonderes Ereignis, das meistens tatsächlich um elf Uhr stattfindet, also mit respektvollem Abstand zum ersten Frühstück und zum Mittagessen. Falls Sie sehr früh oder sehr spät aufstehen, ist der Zeitraum natürlich flexibel – die Allgemeinheit ist sich jedoch einig, dass das zweite Frühstück niemals nach 12 Uhr abgehalten werden sollte. Das wäre einfach unhöflich.

Für viele gilt das zweite Frühstück ohnehin als recht veraltet und damit haben sie wahrscheinlich sogar recht. Aber muss alles Neue unbedingt immer besser sein? Ich bin der Meinung, dass wir das zweite Frühstück beibehalten sollten. Sei es nur, um eine weitere Tasse Tee oder Kaffee zu trinken und vor dem Mittagessen einen Happen zu sich zu nehmen. Es ist eine Art Belohnung für Frühaufsteher und sollte nicht mit einem Brunch verwechselt werden, denn das ist für Leute, die so spät aufgestanden sind, dass sie das Frühstück verpasst haben. Das zweite Frühstück ist eine Gelegenheit, was immer man gerade in der Hand hat, fallen und den bisherigen Morgen Revue passieren zu lassen. Was das Essen betrifft, so gibt es nichts Aufwändiges, nur eine süße Kleinigkeit, um das Hungergefühl vor dem Mittagessen etwas zu dämpfen. Es ist sozusagen eine Minipause, bevor die Sonne zu hoch am Himmel steht.

DIE PERFEKTE TASSE TEE

- Verwenden Sie stets kochendes Wasser. Lassen Sie den Kessel ruhig einen Augenblick lang pfeifen.
- Wärmen Sie die Kanne oder die Tassen mit etwas heißem Wasser vor.
- Geben Sie erst die Teebeutel und dann das Wasser in die Tasse oder die Kanne, nicht andersherum.
- Lassen Sie den Tee eine Minute ziehen, ohne umzurühren.
- Geben Sie stets die Milch in den Tee, niemals andersherum.
- Schlürfen Sie nicht – das gehört sich nicht.

Sarah mag mittelstarken Tee
Martin bevorzugt starken Tee mit viel Milch
Jo trinkt starken Tee mit Milch und Zucker (Builder's Brew)

FRUCHTIGE Nuss-Plätzchen

ERGIBT 15 STÜCK

- ETWA 75 G VOLLMILCHSCHOKOLADE
- ETWA 50 G BUTTER
- 3 EL ZUCKERRÜBEN-SIRUP
- 3 GEHÄUFTE EL ROSINEN
- ETWA 75 G PUFFREIS
- 2 EL GEHACKTE PEKANNÜSSE (ODER ANDERE NÜSSE)

Die Hälfte der Schokolade mit der Butter und dem Sirup in einem Topf schmelzen lassen. Dabei gelegentlich umrühren. Die Rosinen und den Puffreis dazugeben. Das Ganze vom Herd nehmen und etwa 15 Minuten abkühlen lassen.

Den Rest der Schokolade fein hacken. Zusammen mit den Nüssen unter die Puffreismischung rühren und anschließend löffelweise in kleine Muffinförmchen aus Papier (oder auf ein Blech) geben. Vor dem Verzehr 30 Minuten kalt stellen.

ROCKY ROAD on the ROAD

Beim zweiten Frühstück sollte man nicht auf seine Figur achten, sondern lieber das feiern, was man am Morgen bereits erreicht hat. Und wenn Sie fleißig waren – das Sonnensegel aufgehängt, die Kinder gehütet oder einfach nur in der Sonne gesessen haben – dann haben Sie sich auch etwas Süßes verdient. Dies ist eines meiner Lieblingsrezepte, ich kann hinterher kaum die Finger von der Keksdose lassen. Vermutlich wird es Ihnen genauso ergehen. Ich warne Sie, wenn man einmal damit angefangen hat …

ERGIBT 16 STÜCK

150 G BUTTER
4 EL ZUCKERRÜBEN-SIRUP ODER FLÜSSIGER HONIG
400 G IN STÜCKE GEBROCHENE VOLLMILCHSCHOKOLADE
10 ROSA UND WEISSE MARSHMALLOWS (ETWA 100 G)
12 WEICHE VOLLKORNKEKSE (ETWA 150 G)
20 KANDIERTE KIRSCHEN (ETWA 100 G)
4 EL SULTANINEN

Die Butter mit dem Sirup oder dem Honig und der Schokolade in einer Pfanne bei schwacher Hitze langsam schmelzen. Die Mischung etwas abkühlen lassen.

In der Zwischenzeit die Marshmallows klein schneiden, die Kekse in kleine Stücke brechen und die Kirschen vierteln. Das Ganze zusammen mit den Sultaninen unter die Schokoladenmischung rühren. Die Masse in eine etwa 20 cm große, flache, quadratische, leicht gefettete Form gießen, anschließend abkühlen und im Kühlschrank zwei bis drei Stunden fest werden lassen. Zum Schluss in kleine Quadrate oder Riegel schneiden.

DIE VW-CAMPER-KULTUR

Zur Camper-Van-Kultur gehört viel mehr, als sich im Vorbeifahren zuzuwinken oder sich auf dem Campingplatz freundlich auf die Schulter zu klopfen. Besitzer von VW Bussen – in Deutschland liebevoll „Bullis" genannt – lieben ihre Fahrzeuge einfach über alles und zeigen das auch gern oder reden stundenlang darüber. Besuchen Sie einmal ein VW-Bus-Treffen, Sie werden sehen, was ich meine. Ihnen werden immer wieder Menschen begegnen, die viel mehr über VW Camper wissen als Sie selbst. Meiner Erfahrung nach sind sie aber generell sehr freundlich und geben ihr Wissen nur zu gern an andere Begeisterte weiter. Auf einem solchen Treffen sieht man erst, wie viel Liebe, Zeit und Aufwand die echten Bulli-Enthusiasten in ihre Fahrzeuge stecken.

Falls Sie selbst einen VW Camper besitzen, darüber nachdenken, einen zu erwerben, sich einen für das Wochenende gemietet oder für die Reise geborgt haben, sollten Sie einmal selbst bei einem Bulli-Treffen vorbeischauen (Anregungen finden Sie auf Seite 279). Sie werden einige unglaubliche Fahrzeuge bestaunen können. Alles wird dort ausgestellt, von alten, klapprigen Bullis mit geteilter Frontscheibe, bis zu auf Hochglanz polierten, restaurierten Oldtimern, bei denen weder Mühe noch Kosten eine Rolle spielten. Sie werden aus dem Staunen gar nicht mehr herauskommen, das kann ich Ihnen garantieren! Denn Sie werden nie wieder so viele schöne und heiß begehrte Fahrzeuge auf einem Fleck sehen.

Und dann gibt es da auch noch die VW-Bus-Fanseiten, diverse Foren, Ersatzteilebörsen, Zeitschriften und Spezialhändler, wo man komplette VW Busse, Ersatzteile oder einfach nur Ratschläge bekommt. Sie werden sogar jemanden finden, der Ihnen einen ganz neuen Satz Gardinen näht.

Aus eigener Erfahrung weiß ich, dass es sich oft lohnt, einem Club beizutreten. Als ich Pootle kaufte, schloss ich mich dem 89-90-Club an, einem freundlichen Club mit lebhaftem Forum. Ich benötigte einige Ersatzeinschübe für meinen Kühlschrank und postete einen entsprechenden Link. Drei Tage später erhielt ich die Einschübe mit der Post – das nenne ich einen großartigen Service!

SELTSAME VERANSTALTUNGEN DIE SIE NICHT VERPASSEN SOLLTEN

Manche Menschen sind wirklich seltsam. Wirklich! Sie tun in ihrer Freizeit allerhand verrückte Dinge. Überall finden Menschen gute Gründe zusammenzukommen, alte Traditionen wiederaufleben zu lassen, neue Traditionen einzuführen, an unglaublichen Sportveranstaltungen teilzunehmen, die Behörden auf den Arm zu nehmen oder einfach nur Spaß zu haben. Na, wie wär's?

STROHBÄR-FESTIVAL, Whittlesea, Cambridgeshire
Im Januar, am ersten Montag nach dem Dreikönigsfest
Bei dieser Tradition aus dem 19. Jahrhundert wird ein Gemeindemitglied in Stroh gewickelt und an einer Leine durch die Stadt geführt. Im Austausch gegen Geld und Bier muss der „Bär" tanzen.

BRIGHTON BEACH SWIM, *am Weihnachtsmorgen*
Ich gehe zur Weihnachtszeit zwar durchaus surfen, allerdings nicht ohne einen Neoprenanzug. Die verrückten Typen hier – wie viele andere Bewohner Großbritanniens auch – gehen jedoch mit feinen Kostümen ins Wasser. Ich wette, der eine oder andere hat trotzdem einen Neoprenanzug darunter an.

KÄSEROLLEN, Brookworth, Gloucestershire, *Bankfeiertag im Mai*
Alles, was Sie tun müssen ist, einen Käse den Hügel hinunterzujagen – das kann doch nicht so schwer sein, oder? Aber haben Sie den Hügel gesehen? Verletzungen sind an der Tagesordnung.

TEERFASSRENNEN, Ottery St. Mary, Devon, *5. November*
„Hier Kumpel, nimm das brennende Teerfass und lauf damit so schnell du kannst!" „Ok." Ernsthaft? Die Health and Safety Executive (HSE) hätte wenig Freude daran, aber es macht viel Spaß zuzuschauen. Außerdem endet das Ganze mit einem riesigen Freudenfeuer.

SHROVETIDE-FUSSBALL, Ashbourne, Derbyshire, *Fastnachtsdienstag und Aschermittwoch*
Das größte Fußballspiel der Welt, mit Hunderten von Spielern in jeder Mannschaft. Das Spielfeld ist knapp fünf Kilometer lang und drei Kilometer breit, und in der Mitte steht das Dorf. Verrückt.

COTSWOLDS OLIMPICKS, Dover's Hill, Gloucestershire
Im Mai, am Freitag nach dem Bankfeiertag
Wie wäre es mit einem Wettbewerb im „Gegen-das-Schienbein-treten"? Warum nicht – hört sich witzig an. Andere Zeitgenossen nehmen lieber am Moriskentanz, den Hindernisrennen oder dem Tauziehen teil.

NUTTERS DANCE, Bacup, Lancashire, *Ostersamstag*
Die Brittania Coco-Nut-Dancers haben eine faszinierende Geschichte, was auch immer davon wahr ist. Wer kennt schon den genauen Ursprung? Waren es Bergarbeiter aus Cornwall oder war es doch ein heidnisches Ritual? Jedenfalls ist es der ultimative Volkstanz, der von Tänzern in verrückten Kostümen aufgeführt wird.

HAXEY HOOD GAME, Haxey, North Lincolnshire, *6. Januar*
Menschen in verrückten Kostümen kämpfen um eine symbolische Haube. Klingt einfach, aber ganz so leicht ist es dann doch nicht. Bei diesem 650 Jahre alten prächtigen und feierlichen Spiel versuchen Hunderte von Spielern eine Art Lederzylinder zu ihrem Lieblings-Pub zu bringen, wo er anschließend das ganze Jahr über verbleibt. Klingt nach einem perfekten Freitagabend. Sehen Sie es sich doch selbst einmal an.

MOORSCHNORCHEL-MEISTERSCHAFT, Waen Rhydd Torfmoor, Llanwrtyd Wells, *Feiertag im August*
Na, ich weiß nicht. In einem Moor schnorcheln? Wer kommt denn auf so eine Idee? Nun, sie war so erfolgreich, dass es inzwischen gar einen Moorschnorchel-Triathlon und anderen Unsinn gibt. Das sollten Sie sich nicht entgehen lassen.

DIE ANTIKE FEUERBALL-ZEREMONIE, High Street, Stonehaven, *Silvesterabend*
Echte Feuerbälle – wirklich. 60 Einheimische, die Feuerkugeln schwingen, machen das Ganze zu einem Fackelzug der etwas anderen Art.

TEDFEST, Inis Mór, vor der Küste von Galway, *letztes Wochenende im Februar*
Ein alljährliches Fest zu Ehren von Father Ted (eine in den 1990er Jahren produzierte Sitcom über das Leben dreier Priester). Großartig! Hübsche Mädchen und jede Menge Bier. Ich bin dabei!!!!

SAMSTAGMITTAG

Zurück zur Natur

So langsam sollten wir über das Mittagessen nachdenken. Wir befinden uns mitten in der Natur, die uns mit ausreichend Nahrung versorgen könnte, aber leider haben die meisten von uns vergessen, wie viel Essbares es da draußen tatsächlich gibt und wie man es von ungenießbaren Dingen unterscheidet. Also stehen wir mitten im Feld oder am Strand, umgeben von Nahrungsmitteln, und finden dennoch nichts zu essen.

ZURÜCK ZUR NATUR

(Oder warum das Sammeln mehr Spaß macht als einzukaufen)

Etwas so Einfaches wie eine Schale frisch gepflückter Brombeeren kann unglaublich köstlich sein. Der Geizhals in mir denkt, dass sie deshalb so gut schmecken, weil sie umsonst waren, aber in Wirklichkeit steckt mehr dahinter. Es ist der Jäger-Sammler-Instinkt. Wir gehen aus Prinzip nicht in den Supermarkt, wir machen es uns bewusst ein bisschen schwieriger und lassen unsere „Nahrungssuche" zu einem Abenteuer werden. Für viele von uns, die daran gewöhnt sind, ihre Lebensmittel im Supermarkt zu kaufen, ist es vermutlich das Frischeste, das sie jemals probieren werden – und das allein ist es doch schon wert.

Wenn Sie bereit sind, lassen Sie uns zur Natur zurückkehren.

DAS SAMMELN VON NAHRUNGSMITTELN

Ob Sie auf dem Land oder am Meer unterwegs sind, es gibt immer einige wichtige Regeln und Richtlinien, an die Sie sich unbedingt halten sollten.

Ein guter Naturführer ist unbezahlbar. Ich habe die Taschenbuchversion von Richard Mabey's großartigem *Essbar: Wildpflanzen, Pilze, Muscheln für die Naturküche* im Bulli. Das Buch ist sehr nützlich und hilft mir dabei, auch tatsächlich die richtigen Pflanzen auszuwählen. Es gibt allerdings noch viele andere Naturführer mit eindeutigen Fotos und detaillierten Informationen. Suchen Sie sich einfach einen heraus, der Ihnen gefällt.

Lesen Sie darin und merken Sie sich die Informationen, dann kann Ihnen kaum noch etwas passieren. Noch besser ist es, mit einem Profi loszuziehen und vom ihm oder ihr zu lernen. Einige bieten richtige Kurse an. Vielleicht planen Sie gar einen Kurs in Ihr Campingwochenende mit ein.

Bedenken Sie immer, dass Sie Pilze, Früchte und Kräuter für nicht gewerbliche Zwecke sammeln dürfen, sofern Sie die Erlaubnis des Landbesitzers eingeholt haben. Solange Sie also kein Geschäft aus den gesammelten Nahrungsmitteln machen wollen, sollten Sie keine Schwierigkeiten bekommen.

- Nehmen Sie nur das, was Sie brauchen, und nicht mehr.
- Vergewissern Sie sich, dass Sie alles (z. B. Pilze) richtig identifiziert haben, bevor Sie es mitnehmen.
- Essen Sie nur das, was Sie kennen.
- Nehmen Sie niemals den ganzen Bestand von einem Ort – so kann alles wieder nachwachsen.
- Sammeln Sie keine geschützten oder seltenen Pflanzen. Lernen Sie, diese zu erkennen.
- Sammeln Sie nur Muscheln und Meerestiere über der gesetzlich vorgeschriebenen Mindestgröße.
- Werfen Sie bei Garnelen, Hummern oder Langusten tragende Weibchen stets wieder zurück ins Wasser, unabhängig von ihrer Größe.
- Betreten Sie Grundstücke nicht, wenn Sie keine Erlaubnis dafür haben. Holen Sie die Genehmigung des Landbesitzers ein.
- Sammeln Sie nicht an viel befahrenen Straßen oder in Industriegebieten.
- Achten Sie darauf, beim Sammeln keine anderen Pflanzen zu beschädigen oder Tiere zu stören, besonders in Gezeitentümpeln.

DIE KÜSTE LIEBEN LERNEN

(Oder, wie vermeide ich es, gerettet werden zu müssen)

Was immer Sie an der Küste vorhaben – nach Nahrung oder Strandgut suchen, an einer Strandsäuberungsaktion teilnehmen, surfen oder einfach faul in der Sonne liegen – Sie sollten ein bisschen über Ihre Umgebung wissen. Tun Sie das nicht, könnten Sie sich unwissentlich in allerlei Schwierigkeiten bringen. Auch wenn es auf den ersten Blick spannend erscheint, mit dem Hubschrauber oder dem Rettungsboot abtransportiert zu werden, glauben Sie mir, so toll ist das in der Realität nicht. Zudem kann es Sie viel mehr kosten als nur Geld.

DIE GEZEITEN VERSTEHEN LERNEN

Manche Menschen sind erstaunt, dass sich die Gezeiten jeden Tag unterscheiden. Sie kommen an einem Tag an den Strand und finden Wasser vor, eine Woche später um die gleiche Zeit herrscht dagegen Ebbe. Wirklich.

Hat einen erst einmal das Sammelfieber gepackt, vergisst man darüber sehr leicht, wo man sich befindet und wann die nächste Flut kommt. Sie können die Höhe der nächsten Flut schätzen, indem Sie sich den oberen Teil des Strandes anschauen. Falls Sie dort Linien aus Seetang sehen, wird die Flut bis zu der Linie steigen, die sich am nächsten zum Wasser befindet (plus/minus einige Meter).

Ebbe und Flut verändern sich jeden Tag um etwa eine Stunde und die Zeiten sind natürlich von Ort zu Ort unterschiedlich. Es empfiehlt sich daher immer, sich eine lokale Gezeitentabelle zu besorgen.

Die Gezeiten richten sich nach den Mondphasen – wie der Mond laufen auch die Gezeiten in Zyklen ab. Bei Voll- und Neumond, genau genommen kurz danach, entstehen sogenannte Springfluten. In dieser Phase ist der Tidenhub am größten, d. h., das Wasser steigt höher bzw. zieht sich weiter vom Strand zurück. Bei Nippfluten im ersten und dritten Viertel der Mondphase ist der Gezeitenunterschied dagegen am geringsten. Aufgrund dieser Unterschiede können Sie z. B. in der einen Woche bei Flut am Strand entlang laufen, während dieser zur gleichen Zeit eine Woche später vollständig überflutet ist. Davon auszugehen, dass man in Sicherheit ist, weil man zu wissen glaubt, wie hoch das Wasser steigen wird, kann fatale Folgen haben. Steht man z. B. gerade in einer abgelegenen Höhle und stellt fest, dass man sich verschätzt hat, kann einem schnell der Rückweg durch das rasch ansteigende Wasser versperrt werden.

Springfluten steigen und sinken zudem schneller als andere Gezeiten, da sie in der gleichen Zeit weitere Strecken zurücklegen müssen. Dort, wo der Strand sehr flach ist, kann die Flut regelrecht hereingerauscht kommen. Ob eine solche Flut tatsächlich ein galoppierendes Pferd überholen kann – wie es der Legende nach heißt – weiß ich nicht, da ich kein Pferd besitze, mit dem ich es ausprobieren könnte. An Orten wie der Mündung des Severn, wo auf einen Schlag große Wassermassen in einen schmalen Flusslauf rauschen, entstehen durch die Flut sogar Wellen, auf denen man surfen kann!

SCHEUEN SIE SICH NICHT, ZU FRAGEN

Fragen Sie ruhig die Einheimischen um Rat, wenn Sie vorhaben, am Strand sammeln oder einfach nur spazieren zu gehen. Je erfahrener die Leute sind, desto besser. Sie können Ihnen nicht nur sagen, wo Sie etwas finden, sondern auch, worauf Sie unterwegs achten müssen (und ein Glas Bier ist doch ein geringer Preis für derartige Auskünfte, oder?). Vielleicht verraten sie Ihnen ja sogar den einen oder anderen Geheimtipp.

MUSCHELN SAMMELN

Für mich gehört das Sammeln von Muscheln zu den klassischen Strandabenteuern. Es macht Spaß, sie zu suchen, es kostet nichts, sie einzusammeln, sie sind einfach zuzubereiten, gelingen eigentlich immer und verursachen praktisch keinen Abwasch. Muscheln tun sogar Ihrem Gewissen gut, denn gemäß der grünen Liste der Marine Conservation Society gehören sie zu den nachhaltigen Meeresfrüchten. Außerdem sind Muscheln einfach köstlich.

Haben Sie schon einmal das Ammenmärchen gehört, man soll Muscheln nur in Monaten mit einem „R" im Namen essen? Zugrunde liegt dieser Geschichte die Tatsache, dass die Sommermonate (Mai–August) für viele Meerestiere Fortpflanzungszeit ist. Um den langfristigen Bestand an Muscheln zu gewährleisten, sollten wir unseren kleinen zweischaligen Freunden auch ihren Spaß lassen. Im Herbst werden wir dann für unsere Rücksichtnahme belohnt.

Sobald Sie eine Muschelbank gefunden haben, sollten Sie stets an die oberste Sammelregel denken und nur die Menge mitnehmen, die Sie wirklich benötigen. Am besten sammelt man Muscheln bei Ebbe. Die größten findet man eher im Niedrigwasserbereich. Sammeln Sie bevorzugt Muscheln, die sauber und frei von Seetang und Rankenfußkrebsen sind – so sparen Sie später Zeit und Arbeit.

SÄUBERN UND VORBEREITEN

Die richtige Vorbereitung ist der Schlüssel zum Erfolg, deshalb sollten Sie sich ruhig die Zeit dafür nehmen. Jede Muschel hat einen Bart – zähe Fasern, mit denen sie sich am Felsen festhält. Diesen müssen Sie entfernen, aber das geht mit etwas Drehen und Ziehen recht einfach. Sortieren Sie alle kaputten oder geöffneten Muscheln aus und legen Sie den Rest in frisches Wasser, in das Sie einen Schuss Essig gegeben haben. Das hilft beim Reinigen und veranlasst die Muscheln, den Sand auszuspucken.

Spülen Sie die Muscheln anschließend sorgfältig ab und entfernen Sie den restlichen Seetang und eventuelle Rankenfußkrebse. Muscheln, die im Wasser nach oben treiben, werfen Sie weg.

MUSCHELN ZUBEREITEN

Prinzipiell werden Muscheln gedünstet. Geben Sie dazu etwas Flüssigkeit in einen Topf, erhöhen Sie die Temperatur, fügen Sie die Muscheln hinzu und dünsten Sie das Ganze dann mit geschlossenem Deckel, bis sich die Muscheln öffnen (das dauert meist nur einige Minuten). So einfach ist das. Man kann sie sogar über dem Lagerfeuer am Strand dünsten, wenn man Lust hat. Bei den ganzen Varianten geht es nur um die Saucen und dafür benötigt man nur wenige Zutaten. Denken Sie aber stets daran, nur die Muscheln zu essen, die sich geöffnet haben. Alle geschlossenen Muscheln sollten Sie unbedingt entsorgen.

Werfen Sie die leeren Muschelschalen aber nach dem Essen nicht einfach in den Müll. Stattdessen spülen Sie die Schalen sorgfältig ab und legen sie unterhalb der Hochwassermarke wieder an den Strand – im Laufe der Zeit werden sie dort zu Sand.

MUSCHELN in Kokosmilch mit KORIANDER

Ich liebe Koriander, deshalb verwende ich ihn sehr oft, am liebsten ganz frisch und in großen Mengen. Dieses Thai-Rezept befriedigt meine Lust auf Koriander voll und ganz. Es ist einfach zuzubereiten, besteht aus frischen Zutaten und schmeckt leicht scharf. Hoffentlich finden Sie hinten im Schrank eine Büchse Kokosmilch und etwas Knoblauch, damit Sie nicht so viel einkaufen müssen. Die Hauptzutat bekommen Sie ja – zum Glück – kostenlos.

FÜR 2 PORTIONEN

1 KLEINES STÜCK BUTTER
OLIVENÖL
1 FEIN GEHACKTE ROTE CHILISCHOTE (ENTKERNT, FALLS SIE ES NICHT SO SCHARF MÖGEN) ODER 1 PRISE GETROCKNETE CHILIFLOCKEN
2 FEIN GEHACKTE KNOBLAUCHZEHEN
SAFT VON 1 LIMETTE
1 STÜCK (ETWA 2 CM) GESCHÄLTER UND GERIEBENER INGWER
2 IN FEINE RINGE GESCHNITTENE FRÜHLINGSZWIEBELN
160 ML KOKOSMILCH
ETWA 4 KG GESÄUBERTE, VORBEREITETE MUSCHELN (SIEHE SEITE 87)
1 GROSSE HANDVOLL KORIANDER
KNUSPRIGES BROT ZUM SERVIEREN

Die Butter und einen kräftigen Schuss Öl in einen großen Topf geben und erhitzen. Die gehackte Chilischote oder die Chiliflocken, den Knoblauch, den Limettensaft, den Ingwer und die Frühlingszwiebeln einige Minuten dazugeben und anbraten. Anschließend mit der Kokosmilch aufgießen, aufkochen und einige Minuten köcheln lassen. Die Muscheln dazugeben, die Flüssigkeit erneut aufkochen und zugedeckt drei bis vier Minuten dünsten. Dabei den Topf gelegentlich anheben und durchrütteln.

Den Deckel abnehmen, die geschlossenen Muscheln entfernen und den Koriander hinzufügen. Gut umrühren und anschließend zusammen mit dem Brot in Schüsseln servieren – am besten mit Blick auf die Muschelbank genießen.

Dazu passt ein kühles Bier (um dem thailändische Aroma treu zu bleiben, wäre ein Singha ideal). Anschließend empfiehlt sich ein Nickerchen im Liegestuhl.

Campingbus-MUSCHELN

Diese äußerst einfache Zubereitungsmethode eignet sich hervorragend für den Einflammenkocher. Das Rezept gehört zu meinen Favoriten, da es sehr salzig und frisch ist (der wahre Geschmack des Meeres), mit würzigem Sellerie, um das Ganze ein bisschen aufzupeppen. Sie können den Boden eines Dampfgarers oder einfach einen großen Topf mit Deckel verwenden. Dazu passen frisches Krustenbrot mit Butter und ein kühles Glas Weißwein.

FÜR 4 PORTIONEN

1 STÜCKCHEN BUTTER
OLIVENÖL
1 GROSSE, GEHACKTE ZWIEBEL
2 IN FEINE SCHEIBEN GESCHNITTENE KNOBLAUCHZEHEN
2–3 IN STÜCKE GESCHNITTENE SELLERIESTANGEN
FRISCH GEMAHLENER SCHWARZER PFEFFER NACH GESCHMACK
1 HANDVOLL GEHACKTE PETERSILIE
1 GROSSES GLAS WEISSWEIN
ETWA 4 KG GESÄUBERTE, VORBEREITETE MUSCHELN (SIEHE SEITE 87)
KNUSPRIGES BROT ZUM SERVIEREN

Die Butter und einen kräftigen Schuss Öl in einen großen Topf geben und erhitzen. Die Zwiebel, den Knoblauch und den Sellerie dazugeben und acht bis zehn Minuten bei mittlerer Hitze braten, bis die Zwiebel weich ist. Etwas Pfeffer und den Großteil der Petersilie hinzufügen. Mit dem Wein aufgießen und die Muscheln in den Topf geben. Aufkochen und zugedeckt drei bis vier Minuten köcheln lassen, bis sich die Muscheln öffnen, den Topf dabei gelegentlich durchrütteln. Die geschlossenen Muscheln entfernen.

In Schüsseln geben und mit der restlichen Petersilie bestreuen. Vergessen Sie Gabeln und Löffel! Verwenden Sie leere Muscheln als eine Art Pinzette, um die Muscheln herauszupicken. Tunken Sie das Brot in die köstliche Flüssigkeit.

GARNELEN FANGEN

Die Nahrungssuche am Meer macht – besonders an sonnigen Sommertagen – immer viel Spaß. Bei traumhaftem Sommerwetter und einer frischen Brise in einem Gezeitentümpel zwischen dem Seetang nach etwas Essbarem zu suchen, ist für mich das größte Vergnügen. Garnelen fangen ist einfach toll! Sie werden meine Begeisterung teilen, falls Sie Glück haben und einige der kleinen Biester fangen. Wenn man weiß, wo man suchen muss, findet man sie überall an der Küste. Es ist nicht einmal schwierig. Allerdings benötigen Sie die richtige Ausrüstung, eine gehörige Portion Geduld und jemanden, mit dem Sie später Ihren Fang teilen können.

Nordseegarnelen fangen Sie in sandigen, schlickigen Flussmündungen mit einem einfachen Kescher (ein feinmaschiges Netz, das mit einem stabilen Draht an einem Holzstiel befestigt ist). Diesen schieben Sie dann in Strandnähe über den Meeresboden. Die Bewegung des Keschers schreckt die Garnelen aus ihren Schlupflöchern auf (sie sind eigentlich nachtaktiv). Während die Tierchen durch Ihre unhöfliche Störung in Panik geraten, fangen Sie diese einfach mit dem Kescher ein. Das ist eine uralte Methode, die nach wie vor großartig funktioniert – wenn Sie wissen, wo sich die Garnelen aufhalten. Ansonsten werden Sie nur nass und bekommen kalte Füße.

Das Einzige, was noch aufregender ist als die Garnelensuche im Gezeitentümpel, ist die Jagd nach Hummern und Langusten. Man weiß im Voraus nie genau, was einem alles ins Netz gerät. Wir haben bereits Tintenfische, Krebse, winzige Steinbutte, viele Schleimfische, einige Sandaale und jede Menge andere kleine Fische gefangen. Jeder neue Fang entlockt dem glücklichen Sammler Freudenrufe. Es ist ein sehr lehrreiches Abenteuer und zugleich ein Einkaufstripp der etwas anderen Art. Und sobald ein weiteres „Cool! Seht euch mal an, wie groß der ist!“ über die Felsen hallt, kommen alle angelaufen, um den neuesten Fang zu bewundern.

Bei Ebbe mit relativ hohem Wasserstand, die reichlich Gezeitentümpel zurücklässt, fängt man die meisten Garnelen. Außerdem brauchen Sie einen guten, stabilen Kescher, mit dem Sie im Seegras „herumwühlen“ können, ohne dass er abbricht. Nehmen Sie die Seegrasbündel vorsichtig mit dem Kescher hoch und schütteln Sie diese sanft, damit sich die Garnelen, die sich eventuell darin versteckt haben, lösen. Nun müssen Sie Ihren Kescher nur noch vorsichtig aus dem Wasser heben.

ZUBEREITUNG DES FANGES

Warum wollen Sie warten, bis Sie zurück im Camper sind, wenn Sie Ihre Ausbeute doch auch gleich am Strand zubereiten können? Garnelen müssen ohnehin nicht großartig gekocht werden. Ein kleiner Campingkocher und ein kleiner Kochtopf reichen völlig aus. Kochen Sie etwas Wasser (Sie können ruhig Meerwasser verwenden!) und geben Sie dann die Garnelen im Ganzen hinein. In wenigen Minuten sind sie schön rosa und gar. Sie können die Köpfe entfernen und die Garnelen schälen oder sie gleich ganz verzehren, je nachdem, was Sie lieber mögen. Wir bevorzugen dazu einen einfachen, hausgemachten Dip. Mehr brauchen Sie gar nicht.

Falls Ihnen jedoch nicht danach ist, Dinge direkt aus dem Meer zu essen, halten Sie auf dem Weg zum Strand beim Fischhändler an und kaufen Sie dort einige Nordseegarnelen. Nehmen Sie ein Glas Mayonnaise zum Dippen mit, so können Sie doch noch frische Garnelen genießen und gleichzeitig Ihr Gewissen beruhigen, indem Sie die selbst gefangenen Tierchen zurück ins Wasser setzen.

Riesengarnelen werden mittels zweifelhafter Praktiken in Aquakultur gezüchtet. Sie sehen zwar köstlich aus, man sollte sie aber dennoch nicht kaufen, da sie auf der „Zu vermeiden"-Liste der Marine Conservation Society stehen.

DIE HUMMERJAGD

Von allem Essbaren, was man in der Natur sammeln kann, ist der Hummer (mal abgesehen von Trüffeln) der Hauptgewinn. Einen Hummer zu fangen ist ein entsprechend großes Abenteuer. Viele der Hummer, die beim Fischhändler enden, werden von Booten aus in Hummerkörben gefangen, aber man kann sie mit viel Glück auch unter Felsen und bei sehr niedriger Ebbe in Felshöhlen an der Küste entdecken. Sie müssen nur mit einem Hummerhaken in genügend Löchern herumstochern und abwarten, was herauskommt. Hummerhaken sind einfache Stäbe mit einem Haken am Ende. Mithilfe eines Bambusstabes und eines Kleiderbügels aus Metall können Sie sich selbst einen basteln. Viel Glück!

Langusten sind heute sehr selten geworden. Wenn Sie also eine entdecken, lassen Sie sie in Ruhe ihres Weges ziehen, egal wie groß sie ist.

Die Mindestfanggröße für europäische Hummer beträgt neun Zentimeter, in einer geraden Linie vom hinteren Rand der Augenhöhle bis zum Ende des Körpers (ohne Schwanz) gemessen.

In vielen Gebieten ist es verboten, tragende Weibchen zu fangen, unabhängig von deren Größe. Entdecken Sie einen weiblichen Hummer mit Eiern an der Unterseite des Körpers, so lassen Sie diesen unbedingt in Ruhe!

Finden Sie einen Hummer, der auf der Unterseite eine v-förmige Kerbe im Schwanz hat, lassen Sie diesen ebenfalls in Ruhe, denn er stammt aus einem Zuchtprogramm.

Falls Sie einen Hummer fangen, der die richtige Größe hat, der weder tragend ist noch aus einem Zuchtprogramm stammt, dann hören Sie umgehend auf zu suchen. Ein Hummer reicht vollkommen aus.

SCHEIDENMUSCHELN

Scheidenmuscheln sind köstlich, aber schwer zu fangen. Sie vergraben sich tief im Sand und es braucht einiges an Überredungskünsten, um sie hervorzulocken. Der Trick besteht darin, ihnen mit etwas Salz vorzugaukeln, die Flut sei bereits zurückgekehrt (man sucht die Muscheln nur bei Ebbe).

Suchen Sie bei Ebbe nach den ovalen Atemlöchern der Muscheln. Streuen Sie etwas Salz hinein und warten Sie dann ab. Mit etwas Glück kommen sie hervor. Nun müssen Sie nur noch rasch zupacken und sie aus ihren Verstecken ziehen – leichter gesagt als getan. Viel Spaß dabei.

NAPFSCHNECKEN

Bevor ich vor etwa zehn Jahren an meinem heimischen Strand zum ersten Mal Napfschnecken probierte, hatte ich sie nur als Krabbenköder verwendet. Ich hätte nie gedacht, dass man sie essen kann, aber das kann man durchaus.

Nun ja, Gary das Knie (nicht sein richtiger Name), ein VW-Camper-Profi, überzeugte mich als Erster davon, Napfschnecken zu probieren. Die Sonne ging unter, die Wellen rauschten und die Napfschnecken kochten über dem offenen Feuer. Ich wurde neugierig. Also, sie werden nie zu meinen Favoriten zählen. Wie auch immer, nehmen Sie wieder nur so viel, wie Sie brauchen und aus einem relativ großen Areal.

VENUS- UND HERZMUSCHELN

Diese kleinen Schalentiere leben nebeneinander in sandigen, schlickigen Flussmündungen. Beide sind köstlich und können bei den meisten Rezepten nach Belieben gegenseitig ausgetauscht werden.

Bei Ebbe (besonders nach Springfluten) findet man Venus- und Herzmuscheln überall an der Küste. Erkundigen Sie sich aber vorher, denn in einigen Gebieten dürfen nur lizenzierte Muschelsammler ans Werk. Achten Sie auf die zurückkehrende Flut und nehmen Sie jemanden mit, falls Sie im Schlamm stecken bleiben.

Zum Sammeln brauchen Sie nicht einmal eine Harke (die traditionelle Sammelmethode), denn Sie können die Muscheln beim Wandern im Schlamm mit den nackten Füßen erspüren. Falls Sie also gerne Matsch zwischen den Zehen haben, dann ist es für Sie sicherlich ein Spaß. Spüren Sie jeden Schritt mit den Zehen. Treten Sie auf etwas Hartes, graben Sie ein wenig, denn es könnte durchaus eine Venus- oder Herzmuschel sein. Achten Sie aber auf die Mindestgröße (20 mm), bevor Sie Ihren Fang einpacken.

HUMMERsalat

Haben Sie Lust auf Hummersalat, erwischen aber einfach keinen Hummer? Keine Sorge – fahren Sie einfach zum nächsten Hafen und kaufen Sie einen von einem Fischerboot (oder beim Fischhändler). Nachdem Sie den ganzen Tag mit der Jagd nach dem schwierig zu fangenden Biest verbracht haben, haben Sie sich jetzt ein schönes kühles Glas Weißwein zu diesem köstlichen Salat verdient.

FÜR 2 PORTIONEN

½ GURKE
1 ROTE ODER PINKFARBENE GRAPEFRUIT
1 REIFE, NICHT ZU WEICHE AVOCADO
400–500 G GEMISCHTER SALAT
2 KLEINE (ODER 1 GROSSER) GEKOCHTE HUMMER (DAS FLEISCH AUSGELÖST UND IN MUNDGERECHTE STÜCKE GESCHNITTEN)
1 KRÄFTIGE PRISE MEERSALZFLOCKEN

FÜR DAS DRESSING

1 EL SÜSSE THAI-CHILISAUCE
SAFT VON 2 LIMETTEN
2 TL FEIN GEHACKTER INGWER
1 EL OLIVENÖL

Die Gurke der Länge nach halbieren und in halbmondförmige Scheiben schneiden. Mit einem scharfen Messer die beiden Enden der Grapefruit entfernen. Die Frucht auf ein Brett stellen, rundherum die Schale sorgfältig herunterschneiden, den Rest in Scheiben schneiden und diese anschließend vierteln. Die Avocado halbieren, schälen und den Stein herauslösen. Den Rest in Scheiben schneiden und jede Scheibe noch einmal halbieren. Alles in einer Schüssel mischen. Die Zutaten für das Dressing ebenfalls vermischen.

Die Gurken-Grapefruit-Avocado-Mischung mit dem gemischten Salat und den Hummerstücken in eine große Schüssel geben, das Dressing darübergießen und alles mit einer kräftigen Prise Meersalzflocken abschmecken. Zum Servieren in Schalen oder auf Teller geben.

Garnelen mit MAYO-DIPS

Dies sind zwei ganz einfache und schnell zubereitete Dips für Ihre Garnelen. Zusammen mit frisch am Strand gegarten Garnelen zaubern Sie daraus ein Festessen allererster Güte und beweisen wieder einmal, dass die einfachsten Dinge oft die besten sind. Verwenden Sie möglichst qualitativ hochwertige Mayonnaise – den Unterschied schmeckt man.

Geräucherte PAPRIKA-Mayonnaise

- 8 EL MAYONNAISE
- ½ TL PIMENTÓN
- 1 PRISE MEERSALZ

Die Zutaten sorgfältig vermischen.

LIMETTEN-Chili-Mayonnaise

Falls Kinder mitessen, können Sie die Chilischote ohne Weiteres weglassen (allerdings fehlt dann das gewisse Etwas).

- 8 EL MAYONNAISE
- SCHALE VON 2 LIMETTEN
- 1 KRÄFTIGER SPRITZER LIMETTENSAFT
- 1 GROSSZÜGIGE PRISE GETROCKNETE, ZERSTOSSENE CHILISCHOTE
- 1 PRISE MEERSALZ

Die Zutaten sorgfältig vermischen und nach Geschmack etwas mehr Limettensaft dazugeben.

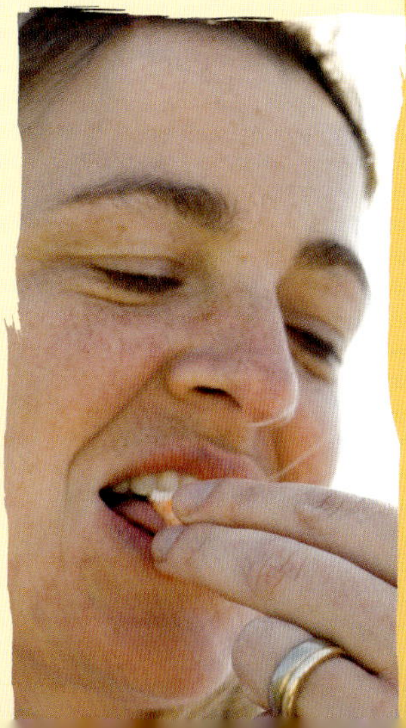

Scheidenmuscheln
mit Knoblauch

Frisch aus dem Meer, einmal rasch abgespült und ab in den Topf – schneller können Sie ein Festessen gar nicht zubereiten! Falls Sie mögen, können Sie einen Löffel der Geräucherten Paprika-Mayonnaise (siehe Seite 96) in die Kochflüssigkeit rühren.

FÜR 2 PORTIONEN

12 SCHEIDENMUSCHELN
1 SPRITZER OLIVENÖL
1 GLAS WEISSWEIN
2 EL WEICHE BUTTER
1 GROSSE, GEPRESSTE KNOBLAUCHZEHE ODER 1 EL GEHACKTEN BÄRLAUCH
2–3 EL GEHACKTE PETERSILIE
KRUSTENBROT ZUM SERVIEREN

Die Muscheln sorgfältig in kaltem Wasser abspülen, mit dem Olivenöl und dem Wein in einen Topf geben, aufkochen und drei bis vier Minuten zugedeckt köcheln lassen, bis sich die Schalen geöffnet haben.

Den Deckel abnehmen, die Butter und den Knoblauch dazugeben und mit der Petersilie bestreuen. Den Topf wieder zudecken und etwa eine Minute ziehen lassen. Anschließend den Topf hochnehmen und einmal durchrütteln, damit sich die Aromen verbinden.

In Schüsseln geben und mit Krustenbrot servieren. Tipp: Den langen, fleischigen Teil aus der Muschelschale ziehen, da der dunkle Teil am Ende oft sehr zäh ist.

Linguini mit VENUS-, HERZ- UND MIESMUSCHELN und Brunnenkresse

Falls Sie gerade Frühstücksspeck zur Hand haben sollten, können Sie ruhig einige klein geschnittene Streifen beim Anbraten der Zwiebel dazugeben. Am besten schmeckt das Ganze, wenn man es mit Blick auf den Strand zubereitet.

FÜR 4 PORTIONEN

500 G VENUSMUSCHELN
500 G HERZMUSCHELN
500 G MIESMUSCHELN (DEN BART ENTFERNEN)
3 EL OLIVENÖL
1 GEHACKTE ZWIEBEL
3 FEIN GEHACKTE KNOBLAUCHZEHEN
300 G LINGUINI (ODER SPAGHETTI)
1 KLEINER BECHER FINO-SHERRY, TROCKENER WEISSWEIN ODER CIDER
3 EL CRÈME FRAÎCHE ODER SAHNE
2–3 HANDVOLL GEHACKTE BRUNNENKRESSE (ODER RUCOLA)
1 KRÄFTIGE PRISE SALZ UND PFEFFER

Die Muscheln unter fließendem, kalten Wasser abspülen, dabei diejenigen aussortieren, die sich nicht sofort schließen, wenn man darauf klopft. Für die Nudeln einen Topf mit Salzwasser aufkochen.

In einem zweiten Topf das Öl und die Zwiebel etwa 10 Minuten sanft dünsten, dann den Knoblauch dazugeben und einige Minuten mitdünsten. Die Nudeln nach Packungsanweisung zubereiten.

In der Zwischenzeit die Muscheln zu den Zwiebeln geben und mit dem Sherry aufgießen. Aufkochen und dann zugedeckt fünf bis sechs Minuten köcheln lassen, bis sich die Muscheln geöffnet haben. Dabei den Topf gelegentlich etwas durchrütteln. Zum Schluss alle ungeöffneten Muscheln entfernen.

Die Muscheln aus dem Topf nehmen und in eine Schüssel geben, den Sud aufheben. Die Nudeln abtropfen lassen, zurück in den Topf geben und mit Crème fraîche, Brunnenkresse sowie einer kräftigen Prise Salz und Pfeffer mischen.

Den Muschelsud durch ein feinmaschiges Sieb streichen, zurück in den Topf geben und die Muscheln wieder hinzufügen. Die Nudeln auf vier Schüsseln verteilen, je ein Viertel der Muscheln und etwas Sud darübergeben.

Zu all den köstlichen Meeresfrüchten darf natürlich auch ein bisschen Grünzeug nicht fehlen. Am Strand finden sich viele Möglichkeiten, denn die meisten Seetangarten sind für den Verzehr geeignet. Zudem gibt es da noch so einige andere Dinge ...

MEER-MANGOLD

Meer-Mangold gehört zur Familie der Rüben. Die Pflanze wächst fast überall an oder oberhalb der Hochwassermarke, unabhängig von den äußeren Bedingungen. An anderen Stellen findet man Meer-Mangold nur selten. Er hat schaufelförmige, wächsern aussehende Blätter. Am besten eignen sich die jungen Blätter zum Verzehr. Man kann sie dünsten oder kochen und in Rezepten z. B. Spinat damit ersetzen.

SEETANG

Seetang gedeiht eigentlich überall. An der Küste Nord-Devons, wo ich lebe, gilt er jedoch als eine Art regionale Spezialität und wird dort sogar an den Pommesbuden paniert und frittiert serviert. Seetang kann zu allen Phasen der Gezeiten gesammelt werden, da er im gesamten Bereich des Tidenhubs wächst. Die Zubereitung dauert zwar etwas länger (ungefähr vier Stunden beim Kochen, etwas weniger beim Dünsten), aber er gehört schließlich zu jenen Lebensmitteln, die man an der Küste theoretisch überall findet, praktisch jedoch so gut wie nie isst. Liebhaber essen ihn gern mit einer dicken Scheibe Räucherspeck. Die Waliser mischen Seetang mit Hafer, braten ihn im Fett von ausgelassenem Speck und machen dann Seetang-Küchlein daraus.

MEER-FENCHEL

Falls Sie sich jemals im Sommer an den schlammigen Ufern einer Flussmündung aufhalten, sollten Sie unbedingt nach Meer-Fenchel Ausschau halten. Es ist eine leuchtend grüne Sukkulente, die hervorragend zu jeder Art Fisch passt. Für uns ist das Sammeln dieser Pflanze ein echtes Familienereignis und das macht die Ernährung aus der Natur mitunter zu etwas so Besonderem. Die Kinder lieben es. Und weil Meer-Fenchel auch noch im Matsch wächst, ist das Ernten für sie ein ganz besonderes Vergnügen.

In einigen Landesteilen Englands kann man Meer-Fenchel auch am Straßenrand kaufen, so z. B. an der Küste von Nord-Norfolk, wo er im Überfluss wächst. Auch einige Fischhändler haben ihn im Angebot. Falls Sie dort welchen sehen, sollten Sie zugreifen.

Die fleischigsten Teile kann man gleich roh knabbern, aber die meisten Menschen kochen ihn lieber einige Minuten in (ungesalzenem) Wasser. Schneiden Sie dazu einfach die zähen, älteren Teile ab und garen Sie nur die Spitzen. Der Geschmack ist einzigartig.

GEZEITENTÜMPEL

Wer hat mehr Spaß in Gezeitentümpeln, die Kinder oder ich? Vermutlich ich. Trotz zahlloser Ausflüge an den Strand bin ich noch immer ganz begeistert, wenn ich in einem der Tümpel an der Küste etwas Neues, Ungewöhnliches oder gar Bedrohtes entdecke.

Kürzlich fand ich einen Tintenfisch, der mich tatsächlich mit Tinte bespritzte. Das löste bei den Kindern einen wahren Sturm an Fragen aus. Manchmal ist der Strand das beste Klassenzimmer. Jeder Gezeitentümpel ist ein Mikrokosmos des Meeres und in jedem findet man etwas zum Bestaunen.

Sie hätten gerne eine Anleitung? Kein Problem. Am besten geht man beim ersten Mal mit einem ausgebildeten Naturführer los, der einem den Weg weist und allerhand spannende Dinge zeigt. Suchen Sie im Internet nach geführten Touren, z. B. bei den Local Authority Rangers, dem Wildlife Trust und dem National Trust.

Die lebendigsten und besten Gezeitentümpel findet man nahe der Niedrigwassermarke. Zunächst mag es Ihnen erscheinen, als sei darin nicht viel los, denn viele der Bewohner verstecken sich im Seetang, in dunklen Ecken oder sind gar im Sand vergraben. Mit etwas Geduld und Zeit kann man aber jedem Tümpel seine Geheimnisse entlocken. Je genauer Sie hinsehen, desto mehr werden Sie entdecken. Achten Sie auf Garnelen, Krebse, kleine Fische, Seesterne, Muscheln und Seeanemonen.

Tintenfisch

Napfschnecke

Schleimfisc

Seestern

SCHATZSUCHE AM STRAND

Strandgut im Überfluss.

Die Schatzsuche am Strand ist eine uralte Beschäftigung. Selbst bei einem Spaziergang an den ungemütlichsten Tagen findet man z. B. stets Muscheln, Treibholz oder Meerglas. Manchmal hält der Strand aber auch einige Überraschungen für den tapferen Spaziergänger bereit.

Es ist unheimlich spannend, was so alles angespült wird: Taue, alte Fischernetze, Bootsteile, Bojen, Schwämme, Eikapseln (verschiedener Hai- und Rochenarten). Ein alter Nachbar fand so viel Holz an einem Strand, dass er sich daraus seine Küche baute.

Bitte denken Sie stets daran, weder Steine noch Kiesel, Kies oder Sand mitzunehmen. Wenn jeder von uns nur einige hübsche Steine als Souvenir mit nach Hause nimmt, gibt es bald keine Strände mehr! Zudem gehört alles, was Sie an Privatstränden (die in Großbritannien bis zur mittleren Gezeitenmarke reichen) finden, dem Besitzer des Strandes. Sie sollten ihn also vorher stets um Erlaubnis bitten. Dazu gehören übrigens theoretisch auch Pflanzen.

An einigen Orten gibt es eine Art Verhaltenskodex für das Sammeln am Strand. Alles, was oberhalb der Hochwasserlinie deponiert wurde, gehört demjenigen, der es dort abgelegt hat. Finden Sie dort etwas, sollten Sie es liegenlassen, denn der Eigentümer kommt es sicher später abholen.

Scholle

Pferdeaktinie

Erdbeer-anemone

Krabbe

Garnele

VERHALTENSREGELN FÜR STRANDGUTSAMMLER

- Falls Sie lebende Tiere oder Pflanzen entdecken, lassen Sie diese bitte in Frieden.
- Wenn Sie einen Stein umdrehen, um darunter zu schauen, legen Sie ihn hinterher wieder zurück.
- Gehen Sie vorsichtig mit Lebewesen um.
- Seien Sie verantwortungsbewusst und nehmen Sie weder Steine noch Sand vom Strand mit.
- Fassen Sie bedrohte Tier- und Pflanzenarten nicht an.
- Falls Sie Lebewesen zum Verzehr sammeln, nehmen Sie nur so viel, wie Sie benötigen. Etwas ohne Lizenz zu verkaufen ist verboten.
- Alles, was verdächtig aussieht sowie jedes „Wrack", das Sie entdecken, müssen Sie der Küstenwache melden.
- Halten Sie sich von instabilen Klippen und Felsstürzen fern.
- Achten Sie stets auf die herannahende Flut.
- Tun Sie dem Strand einen Gefallen – sammeln Sie Müll ein, wenn Sie welchen entdecken und entsorgen Sie ihn ordnungsgemäß.

SUCHEN SIE NACH ENTEN, SCHILDKRÖTEN, FRÖSCHEN UND BIBERN

Im Januar 1992 wurden 29.000 Badespielzeuge unbeabsichtigt in die freie Wildbahn entlassen, als sich bei einem Sturm im Pazifik ein Container von einem Schiff löste. Die gelben Gummienten, roten Biber, blauen Schildkröten und grünen Frösche waren leicht auszumachen. Ihre Reise über das Meer entfachte eine inzwischen berühmte ozeanografische Studie über die Strömungen in den Weltmeeren. Einige der Tierchen landeten in Europa, nachdem sie Tausende von Kilometern über das Nordpolarmeer getrieben waren.
Halten Sie die Augen offen!

MÜLL AUS DEM MEER

Bei einer Studie der Strandwache der Marine Conservation Society wurden an den Stränden im Südwesten Großbritanniens pro Strandkilometer 4700 Müllgegenstände entdeckt. Als jemand, der häufig an den Strand geht, finde ich diese Statistik überaus enttäuschend. Ist es wirklich so schwierig?

Müll tötet Meerestiere und vergiftet diesen wundervollen Lebensraum. Das Meer kann die Unmengen an Müll, die wir dort entsorgen, nicht mehr verkraften. Warum tun wir nicht etwas dagegen? Selbstverständlich sollte man all seinen Müll vom Strand wieder mit nach Hause nehmen, aber zusätzlich kann man bei jedem Strandbesuch einen kleinen Beitrag zum Umweltschutz leisten. Nehmen Sie einfach ein bisschen Müll (z. B. leere Flaschen) mit, der Ihnen nicht gehört und recyceln Sie diesen zu Hause. So einfach geht das und die Welt ist gleich ein etwas schönerer Ort.

Vielleicht haben Sie ja auch Spaß an einer Strandsäuberungsaktion (www.beachclean.net ist ein guter Ausgangspunkt für derartige Aktionen im Südwesten Englands). Sie finden an nahezu jedem Strand statt, also halten Sie die Augen offen. Noch besser wäre es sogar, selbst eine Aufräumaktion zu organisieren. Sie benötigen nur einige Freunde und/oder Familienmitglieder, einige Müllsäcke und den Wunsch, den Strand vom Müll zu säubern. Wie wäre es dann als Abschluss mit leckerem, über Treibholz zubereitetem Essen und kühlem Bier? Klingt das nicht großartig?

DIE BESTEN GEBIETE FÜR STRANDGUTSAMMLER IN GROSSBRITANNIEN

An jedem Strand kann man interessante Dinge finden, an einigen mehr als an anderen. Das hat in erster Linie mit einer Kombination aus Wind, Gezeiten, Strömung und Wetter zu tun sowie mit der Geologie des Gebietes. An Stränden, die den Elementen und den auflandigen Winden ungeschützt ausgesetzt sind, sammelt sich mehr Treibgut an als an geschützteren Stränden. Nach einem Sturm oder in Bereichen, in denen Strömungen Treibgut einfangen und an Land spülen, findet man öfter neue Dinge.

JURASSIC COAST, DEVON

Das Gebiet um Charmouth an der Jurassic Coast World Heritage Site in Süd-Devon ist unter Fossiliensuchern berühmt. Man findet dort Ammoniten und Belemniten direkt am Strand. Im Jurassic Coast Centre erfahren Sie, wie es geht und es erlaubt Ihnen zugleich, Ihre besten Fundstücke mit nach Hause zu nehmen. Im Gegenzug sollten Sie den Mitarbeitern mitteilen, wenn Sie etwas ganz Besonderes finden. Nach schlechtem Wetter und Stürmen ist die Ausbeute am größten.

NORDKÜSTE, CORNWALL

An den Atlantikstränden Cornwalls findet man alte Fischernetze, Seegras, Treibholz und allerlei anderes faszinierendes Treibgut. Strände wie Polzeath, Penhale Sands, Sennen Cove und Watergate Bay, die der vollen Gewalt der Elemente ausgesetzt sind, sind beliebte Ausflugsziele für Schatzsucher, deshalb sollten Sie möglichst früh am Morgen dort sein.

SOUTHWOLD, EAST ANGLIA

Southwold und Aldeburgh sind wegen des vielen Bernsteins berühmt, der aus den Wäldern stammt, die heute von der Nordsee überflutet sind. Nach großen Stürmen finden Sie vielleicht Ihr ganz eigenes kostbares Stück Geschichte. Falls es nicht klappt, könnten Sie ja an der alljährlichen Bernsteinsuche im August teilnehmen.

ÄUSSERE HEBRIDEN, SCHOTTLAND

Die Äußeren Hebriden besitzen eine wilde Küstenlinie mit großartigen Stränden, die der ganzen Gewalt des Nordatlantiks ausgesetzt sind. Der Golfstrom trägt Überraschungen aus der ganzen Welt heran. Wundern Sie sich nicht, wenn Sie Kokosnüsse aus der Karibik oder eines der Gummientchen aus dem japanischen Containerschiff finden.

DINOSAUR COAST, NORD-YORKSHIRE

Hier gibt es weitere Überraschungen von vor 100 Millionen Jahren zu entdecken. Achten Sie auf Fußabdrücke von Dinosauriern und auf fossile Haifischzähne sowie das übliche Treibgut. Die besten Chancen bestehen nach kräftigem Nordwind und einer hohen Springflut.

PEMBROKESHIRE, WEST-WALES

Die nach Westen ausgerichteten Strände von Newgale, Freshwater West, Marloes Sands und Broad Haven nehmen alles an, was ihnen der Atlantik anbietet, inklusive Treibgut. Zudem besitzt Pembrokeshire mehr Strände mit Blauen Flaggen (Gütezeichen für nachhaltigen Tourismus) als jedes andere Land. Das allein ist einen Besuch wert.

HELL'S MOUTH, NORD-WALES

Dieser fantastische Strand heißt nicht umsonst „Teufelsmaul“. Es ist ein wilder, unerbittlicher Ort, der direkt zum tiefen St.-George‘s-Kanal führt. Dafür bietet er Strandsuchern aber Schätze aller Art. Mit etwas Glück finden Sie dort sogar einen feuerroten Halbedelstein, einen Jaspis. Vergessen Sie Ihr Surfbrett nicht – der Strand ist das beste Surfgebiet der Region.

Einer der größten Vorteile beim Strandgutsammeln ist die Tatsache, die ganze Zeit im Freien zu sein – bei all der Seeluft und dem Seegras bekommt man rasch Hunger, oder? Vielleicht ist es an der Zeit, die ganzen Schätze einzupacken, sich die Taschen mit Muscheln zu füllen und zurück zum Camper zu gehen. Das Mittagessen wartet.

MAISSUPPE mit SPECK und PETERSILIE

Diese Suppe ist schnell zubereitet und schmeckt fantastisch mit frischem, knusprigem Weißbrot. Verwenden Sie im Sommer unbedingt frischen Mais!

Sie können zwei großzügige Handvoll geräucherten und in mundgerechte Stücke geschnittenen Rotbarsch (etwa 200 g) hinzugeben.

FÜR 4 PORTIONEN

ÖL
4 KLEIN GESCHNITTENE STREIFEN RÄUCHERSPECK
ETWA 150 G GESCHÄLTE UND IN MUNDGERECHTE STÜCKE GESCHNITTENE PASTINAKEN ODER KARTOFFELN
850 ML MILCH
1 LORBEERBLATT
1 DOSE (CA. 330 G) ABGETROPFTEN MAIS (ABTROPFGEWICHT 260 G)
2–3 IN FEINE RINGE GESCHNITTENE FRÜHLINGSZWIEBELN
2 EL SAHNE
MUSKATNUSS ZUM REIBEN (OPTIONAL)
SALZ UND PFEFFER NACH GESCHMACK
2–3 GEHÄUFTE EL GEHACKTE PETERSILIE
KRUSTENBROT ZUM SERVIEREN

Etwas Öl in einem mittelgroßen Topf erhitzen und den Speck darin etwa fünf Minuten knusprig braten. Die Pastinaken- oder Kartoffelstücke, die Milch, das Lorbeerblatt und 200 ml Wasser dazugeben. Das Ganze aufkochen und zugedeckt 20 Minuten sanft köcheln lassen. Achtung, es kocht rasch über!

Nun das Lorbeerblatt herausnehmen, den Mais und die Frühlingszwiebeln sowie die Sahne unterrühren und alles mit frisch geriebener Muskatnuss abschmecken. Weitere fünf Minuten köcheln lassen. Nach Geschmack mit Salz und Pfeffer würzen, die Petersilie unterrühren und in Schüsseln servieren.

Zu Ehren der GAZPACHO

Dieses Rezept ist beim besten Willen keine echte Gazpacho, aber es kommen ähnliche Aromen darin vor. Falls Sie mögen, können Sie 650 ml Passata (passierte Tomaten) verwenden, anstatt diese selbst herzustellen. Eventuell müssen Sie jedoch ein wenig Wasser hinzugeben. Diese leichte Suppe wird gut gekühlt serviert. Sie ist eine hervorragende Vorspeise zu einem Salat als Hauptgericht oder den Chorizo-Jakobsmuschel-Spießen (siehe Seite 159).

FÜR 2 PORTIONEN

750 G REIFE TOMATEN
OLIVENÖL
1 GROSSE GEPRESSTE KNOBLAUCHZEHE
2–3 TROPFEN TABASCO
2–3 TL ROT- ODER WEISSWEINESSIG
1 PRISE STREUZUCKER

ZUM SERVIEREN

JE 2 TL FEIN GEHACKTE TOMATEN, GURKEN UND ROTE PAPRIKASCHOTEN
1 EL GEHACKTE ROTE ZWIEBELN
SEHR FEIN GEHACKTES BASILIKUM

Die Tomaten in einer Schüssel mit kochendem Wasser übergießen und etwa eine Minute ziehen lassen. Anschließend abgießen, die Haut abziehen und das Fruchtfleisch klein schneiden. Dabei die Kerne entfernen. Das kann man wunderbar an einem warmen Sommermorgen draußen im Freien tun.

Die Tomaten mit einem Schuss Öl in einen Topf geben und aufkochen. Die Hitze reduzieren und zugedeckt 15–20 Minuten sehr weich kochen, bis die Tomaten praktisch zerfallen. Anschließend abkühlen lassen.

Die erkaltete Tomatenmasse durch ein Sieb in eine Schüssel streichen. Das macht zwar etwas Arbeit, aber es lohnt sich durchaus. Den Knoblauch, den Tabasco, den Essig, den Zucker und einen Teelöffel Olivenöl unterrühren. Anschließend kalt stellen (idealerweise über Nacht).

Vor dem Servieren abschmecken. In Schüsseln verteilen und mit je einem Teelöffel fein gehackten Tomaten, Gurken, Paprika, Zwiebeln und Basilikum garnieren.

FrühSommerliche MINESTRONE

Diese Suppe sollte sofort verzehrt werden, sobald das grüne Gemüse gar ist. Falls Sie auf Fleisch nicht verzichten möchten, geben Sie klein geschnittenen, luftgetrockneten Schinken in die Schüsseln, bevor Sie sie mit Suppe füllen. Sie können auch eine kleine Menge Pesto unterrühren.

FÜR 6 PORTIONEN

* 1 EL OLIVENÖL
1 MITTELGROSSE, GEHACKTE ZWIEBEL
1 FEIN GEHACKTE KNOBLAUCHZEHE
6 GESCHÄLTE, IN WÜRFEL GESCHNITTENE BABYKAROTTEN
100 G GEPUTZTE, KLEIN GESCHNITTENE, JUNGE, GRÜNE BOHNEN
150 G SPARGELSPITZEN (ODER IN 3 TEILE GESCHNITTENE SPARGELSTANGEN)
1 ¾ L HEISSE GEMÜSE- ODER HÜHNERBRÜHE
200 G BROKKOLIRÖSCHEN
10 IN FEINE RINGE GESCHNITTENE FRÜHLINGSZWIEBELN (NUR DER WEISSE TEIL) ODER 5 STANGEN JUNGER, SEHR DÜNNER UND IN RINGE GESCHNITTENER BABYLAUCH
200 G FRISCH GESCHÄLTE ERBSEN (ETWA 500 G MIT SCHALE)
410 G (1 DOSE) ABGETROPFTE CANNELLINI-BOHNEN (ABTROPFGEWICHT 240 G)

ZUM GARNIEREN

3 EL FEIN GEHACKTES BASILIKUM
3 EL FEIN GEHACKTE MINZE
6 EL OLIVENÖL
6 EL FRISCH GERIEBENER PARMESAN
1 PRISE ZERSTOSSENES MEERSALZ

Das Olivenöl in einem großen Topf erhitzen, die Zwiebel dazugeben und bei niedriger Hitze acht bis zehn Minuten weich dünsten. Gegen Ende der Garzeit den Knoblauch hinzufügen.

Die Karotten mit der Brühe dazugeben, aufkochen und fünf Minuten köcheln lassen. Die Bohnen, den Spargel, die Brokkoliröschen, die Frühlingszwiebeln oder den Babylauch, die Erbsen und die Cannellini-Bohnen dazugeben. Das Ganze erneut aufkochen und weitere drei bis vier Minuten köcheln lassen. Das Gemüse soll gar, aber noch bissfest sein. In der Zwischenzeit das Basilikum und die Minze mit dem Öl, dem Parmesan und einer Prise zerstoßenem Meersalz vermischen.

Die Suppe abschmecken und in Schüsseln verteilen. Einen Löffel der Kräutermischung über jede Portion geben und während des Verzehrs unterrühren.

Warmer QUINOA-Kichererbsen-Salat mit GEGRILLTEM GEMÜSE

Wer Couscous mag, Weizen aber meidet, wird diesen Salat lieben. Für Menschen, die an Zöliakie leiden, ist er nahezu perfekt. Quinoa ist ein vollkommen glutenfreies sogenanntes Pseudogetreide aus Südamerika, das den Inka heilig war. Wenn es Ihnen schmeckt, befinden Sie sich also in bester Gesellschaft.

Sie können dieses Rezept als Beilage oder als Hauptgericht zubereiten. Wir haben dazu Chorizo gegessen und fanden es fantastisch. Falls Sie aber schon den Grill (oder die Grillpfanne) angeheizt haben, probieren Sie dazu einmal drei bis vier Scheiben Halloumi pro Person, mit etwas Zitronensaft beträufelt und mit zerrupften Kräutern bestreut. Als Beilage eignet sich der Salat prima zu Fischgerichten.

FÜR 4 PORTIONEN

2 DER LÄNGE NACH IN DÜNNE STREIFEN GESCHNITTENE ZUCCHINI

2 ENTKERNTE UND IN GROSSE STÜCKE GESCHNITTENE ROTE, GELBE ODER ORANGE PAPRIKASCHOTEN

OLIVENÖL

150 G QUINOA

1 DOSE (410 G) ABGETROPFTE KICHERERBSEN (ABTROPFGEWICHT 240 G)

1 EL ROTWEINESSIG

2 EL GEHACKTES BASILIKUM ODER GEHACKTE PETERSILIE

1 EL GEHACKTE MINZE ODER SCHNITTLAUCH (OPTIONAL)

SALZ UND PFEFFER NACH GESCHMACK

Das Gemüse mit Olivenöl bepinseln und drei bis vier Minuten braten oder grillen, bis es weich und leicht gebräunt ist.

Die Quinoasamen waschen und in einen Topf mit 350 ml kaltem Wasser geben. Aufkochen und bei reduzierter Hitze etwa 15 Minuten köcheln lassen, bis die Samen weich sind und das Wasser aufgenommen haben. Nun die Kichererbsen dazugeben und vermischen.

Das gegarte Gemüse in mundgerechte Stücke schneiden und zusammen mit den restlichen Zutaten mit der Quinoa-Kichererbsen-Mischung vermengen. Nach Bedarf mit etwas Salz und Pfeffer abschmecken.

GRIECHISCHER Couscous-Salat

Dieser reichhaltige Salat eignet sich gut als Hauptmahlzeit, z. B. mit etwas Rucola und Olivenöl. Er passt aber auch hervorragend zu gegrilltem bzw. gebratenem Lamm oder Fisch als Beilage.

FÜR 6 PORTIONEN

- 200 G COUSCOUS
- 1 EL OLIVENÖL
- ¼ KLEIN GESCHNITTENE GURKE
- 2 KLEIN GESCHNITTENE TOMATEN
- 200 G KLEIN GESCHNITTENER FETA
- ½ IN DÜNNE SCHEIBEN GESCHNITTENE, ROTE ZWIEBEL
- SCHALE UND SAFT VON 1 ZITRONE
- 2–3 EL GEHACKTE PETERSILIE
- 1–2 EL GEHACKTE MINZE
- ETWAS GETROCKNETER ODER FRISCHER, GEHACKTER OREGANO (ODER THYMIAN)
- 1 HANDVOLL SCHWARZE OLIVEN (OPTIONAL)

Den Couscous in eine Schüssel geben, mit dem Olivenöl beträufeln und mit 350 ml kochendem Wasser übergießen. Etwa fünf Minuten ziehen lassen.

Alle Zutaten miteinander vermischen und abschmecken.

Hähnchen-Couscous mit Aprikosen und Pistazien

Couscous ist unglaublich vielseitig. Man kann ihn mit fast allem kombinieren. In diesem Rezept gibt ihm Sumak – ein säuerliches Gewürz aus dem Nahen Osten – eine besondere Note. Falls Sie das Gewürz nicht bekommen, nehmen Sie einfach etwas mehr Zitronenschale. Im Winter verwenden wir Granatapfelkerne und Datteln als nette Abwechslung zu den Aprikosen. Dieses Gericht eignet sich gut für Picknicks als Hauptmahlzeit, kann aber auch als Beilage – wenn man das Hühnchen weglässt – zu gegrilltem Fleisch oder Fisch gegessen werden.

FÜR 4 PORTIONEN

200 G COUSCOUS
1 EL OLIVENÖL
SCHALE UND SAFT VON 1 GROSSEN ZITRONE
1 TL GEMAHLENER KREUZKÜMMEL
2 EL SUMAK
1 EL FLÜSSIGER HONIG
1 PRISE MEERSALZ
10 WEICHE, GETROCKNETE UND KLEIN GESCHNITTENE APRIKOSEN
1 KLEINES VORGEKOCHTES HUHN
2 EL GEHACKTE PISTAZIEN (ODER ANDERE NÜSSE)
2 EL SESAMSAMEN
1 KLEINE HANDVOLL FEIN GEHACKTE MINZE
3 GEHACKTE FRÜHLINGSZWIEBELN
¼ KLEIN GESCHNITTENE GURKE
GRIECHISCHER JOGHURT ODER EIN ANDERER DICKFLÜSSIGER NATURJOGHURT (ETWAS HARISSA, GEHACKTE CHILIS ODER GETROCKNETE CHILIFLOCKEN UNTERRÜHREN)

Den Couscous in eine Schüssel geben, mit dem Olivenöl beträufeln und mit 350 ml kochendem Wasser übergießen. Etwa fünf Minuten ziehen lassen. Für das Dressing die Zitronenschale und den -saft, den Kreuzkümmel, den Sumak, den Honig sowie eine Prise Meersalz vermischen.

Das Hühnerfleisch von den Knochen lösen, die Haut entfernen und das Fleisch in kleine Stücke rupfen. Den Couscous mit dem Dressing und den restlichen Zutaten (außer dem Joghurt) mischen.

Vor dem Servieren den gewürzten Joghurt darübergeben.

Caesar-SALAT

Genießen Sie den Salat einfach so oder geben Sie gekochte Garnelen oder zerrupftes Hühnchen hinein. Für eine geschummelte „Eilversion" verwenden Sie anstelle von Eigelb und Olivenöl fünf Esslöffel mit etwas Milch verdünnter Mayonnaise.

FÜR 4 PORTIONEN

2 KÖPFE RÖMERSALAT
50 G ABGETROPFTE UND HALBIERTE SARDELLENFILETS

FÜR DIE CROÛTONS

4 SCHEIBEN EIN BIS ZWEI TAGE ALTES TOASTBROT
OLIVENÖL ZUM BRATEN

FÜR DAS MAYONNAISE-DRESSING

1 GROSSES EIGELB
1 KLEINE, GEPRESSTE KNOBLAUCHZEHE
2 TL ZITRONENSAFT
1 TL DIJON-SENF
150 ML OLIVENÖL
2 EL GERIEBENER PARMESAN
EINIGE TROPFEN WORCESTERSHIRE- ODER TABASCO-SAUCE
EVENTUELL ETWAS MILCH
2 HANDVOLL PARMESANSPÄNE
FRISCH GEMAHLENER PFEFFER NACH GESCHMACK

Das Brot grob würfeln. Etwas Öl in einer Pfanne erhitzen und die Brotwürfel darin portionsweise goldbraun braten – ggf. etwas mehr Öl dazugeben – und in eine Schüssel geben.

Für das Dressing das Eigelb, den Knoblauch, den Zitronensaft und den Senf in einer kleinen Schüssel verrühren. Das Olivenöl unter ständigem Rühren zunächst tropfenweise dazugeben, dann nach und nach größere Mengen hinzufügen. Sobald das gesamte Öl verarbeitet ist, den geriebenen Parmesan und die Worcestershire- oder die Tabasco-Sauce unterheben. Falls das Dressing zu dickflüssig ist, etwas Milch dazugeben.

Den Salat waschen, grob zerrupfen und in eine große Schüssel geben. Die Sardellen, die Croûtons und die Parmesanspäne hinzufügen. Mit frisch gemahlenem schwarzem Pfeffer abschmecken. Nach und nach das Dressing dazugeben und vermischen. Sofort servieren.

KÖSTLICHE Nudeln

Dieses Rezept ist eine Nachahmung des thailändischen Klassikers Phat Thai. Es ist äußerst vielseitig – Sie können die Krabben z. B. durch gekochtes Hühner- oder Entenfleisch ersetzen (oder, falls Sie Vegetarier sind, gleich ganz weglassen). Anstelle der Zuckererbsen können Sie in Stücke geschnittene, grüne Bohnen oder grünen Spargel verwenden.

Erdnüsse zu hacken, ist mühselig. Es ist viel einfacher, sie in einen Ziplock-Beutel zu geben, diesen in ein Handtuch zu wickeln und dann mit einem sauberen, glatten Stein draufzuhauen. Nun müssen Sie nur noch die Tüte öffnen und die Erdnusskrümel über das Gericht geben.

FÜR 2 PORTIONEN

150 G DÜNNE REISNUDELN
ÖL
1 GROSSE, FEIN GEHACKTE KNOBLAUCHZEHE
1 KLEINES STÜCK GERIEBENER INGWER
2 GESCHÄLTE UND IN FEINE STIFTE GESCHNITTENE KAROTTEN
100 G DER LÄNGE NACH HALBIERTE ZUCKERERBSEN
2 EL SESAMSAMEN
1 LEICHT VERQUIRLTES EI
2 HANDVOLL GESCHÄLTE UND GEKOCHTE KRABBEN
1 EL SÜSSE THAI-CHILI-SAUCE
1 EL SOJASAUCE
1 HANDVOLL GROB GEHACKTER KORIANDER
(OPTIONAL MIT ETWAS GEHACKTER MINZE VERMISCHEN)
2 EL UNGESALZENE, GERÖSTETE UND GEHACKTE ERDNÜSSE

Die Nudeln nach Packungsanweisung einweichen und anschließend sorgfältig abtropfen lassen.

Etwas Öl in einer großen Pfanne (oder einem Wok) stark erhitzen und den Knoblauch und den Ingwer darin 30 Sekunden scharf anbraten. Die Karotten und die Erbsen hinzufügen, die Temperatur reduzieren und drei bis vier Minuten braten.

Nun die Sesamsamen dazugeben. Das Ganze in der Pfanne beiseiteschieben und das Ei auf die freigewordene Fläche gießen. Sobald das Ei zu stocken beginnt, mit dem Gemüse vermischen und die Nudeln, die Krabben, die Chili- und die Sojasauce sowie die Kräuter dazugeben und vermengen (mit einer Küchenzange gelingt es leichter).

In Schüsseln geben und vor dem Servieren mit den Erdnüssen bestreuen.

20-MINUTEN-Hähnchen-Käse-QUESADILLAS

Dieses sehr schnell zubereitete Rezept eignet sich als Brunch, Mittag- oder Abendessen. Die gehackten Chilis können Sie auch durch süße Thai-Chili-Sauce ersetzen, falls Sie welche dabei haben – und das sollten Sie, denn die Sauce passt eigentlich zu fast allem!

ERGIBT 4 STÜCK

- ÖL
- 8 WEICHE WEIZENTORTILLAS
- 4 EL TOMATENRELISH, CHUTNEY ODER EINE ANDERE WÜRZSAUCE
- 4 HANDVOLL GEKOCHTES UND ZERRUPFTES HÜHNCHEN
- 4 EL GERIEBENER CHEDDAR ODER MOZZARELLA
- 4 GEHACKTE FRÜHLINGSZWIEBELN
- 4 TL FEIN GEHACKTE, GRÜNE ODER ROTE CHILISCHOTEN (ODER JALAPEÑOS AUS DEM GLAS)
- 1 GROSSE, SAFTIGE, HALBIERTE LIMETTE
- 4 EL CRÈME FRAÎCHE ODER SAUERRAHM

Etwas Öl in einer Pfanne erhitzen und eine Tortilla hineinlegen. Einen Esslöffel Relish darauf verteilen und eine Handvoll Hühnchen, einen Esslöffel Käse, einige gehackte Frühlingszwiebeln und Chilis sowie etwas Limettensaft darübergeben. Zum Schluss etwas Crème fraîche oder Sauerrahm darauf verteilen und das Ganze mit einer zweiten Tortilla bedecken.

Inzwischen sollte die Unterseite der ersten Tortilla goldbraun sein. Vorsichtig wenden und einige Minuten weiterbraten, bis die andere Seite ebenfalls goldbraun ist. Auf ein Schneidebrett gleiten lassen, vierteln und essen, bevor Sie die nächste Quesadilla zubereiten.

Was-immer-Sie-gerade-zur-Hand-haben-PILAW

Diese Köstlichkeit ist sehr vielseitig, sodass Sie sie beliebig variieren können. Tauschen Sie das Schweinefleisch mit Hühnchen (am besten eignen sich Hühnerkeulen) aus. Verwenden Sie rote Paprikaschoten anstelle von Zucchini und Rosinen oder gehackte Aprikosen statt Sultaninen. Auch unter den Kräutern können Sie beliebig wählen. Und Ras-el-Hanout lässt sich durch Currypulver ersetzen. Die Nüsse kann man problemlos weglassen. Messen Sie den Reis mit Ihrem Messbecher ab, falls Sie einen mitgenommen haben.

FÜR 2 (HUNGRIGE) PORTIONEN

2 DICKE (ETWA 600 G) SCHWEINEKOTELETTS (DIE KNOCHEN, DIE SCHWARTE UND ÜBERSCHÜSSIGES FETT ENTFERNEN)
2 EL ÖL
1 GEHACKTE ZWIEBEL
1 IN FEINE STIFTE GESCHNITTENE KAROTTE
1 IN FEINE STIFTE GESCHNITTENE ZUCCHINI
1 FEIN GEHACKTE KNOBLAUCHZEHE
ETWA 200 G BASMATIREIS
ETWAS ORANGEN- ODER ZITRONENSCHALE
1 HANDVOLL SULTANINEN
3 TL RAS-EL-HANOUT (MAROKKANISCHE GEWÜRZMISCHUNG)
570 ML GEMÜSE- ODER HÜHNERBRÜHE
2 GEHACKTE TOMATEN
3 EL GEHACKTE PETERSILIE
2 EL GEHACKTE MINZE
2 EL GEHACKTE PISTAZIEN, MANDELN ODER PINIENKERNE

Das Fleisch in Stücke schneiden. Einen Esslöffel Öl in einer großen Pfanne stark erhitzen, das Fleisch darin scharf anbraten, auf einen Teller geben und beiseitestellen.

Einen zweiten Esslöffel Öl in der Pfanne erhitzen. Die Zwiebel, die Karotte, die Zucchini und den Knoblauch dazugeben und vier bis fünf Minuten braten. Den Reis, die Orangen- oder die Zitronenschale, die Sultaninen, das Ras-el-Hanout, einen halben Teelöffel Salz und das Fleisch hinzufügen und das Ganze etwa eine Minuten braten.

Nun mit der Brühe aufgießen, alles gut durchrühren und aufkochen. Zugedeckt 15 Minuten köcheln lassen. Anschließend die Tomaten, die Kräuter und die Nüsse unterrühren.

RISOTTO mit ZITRONE, Parmesan und KRÄUTERN

Risotto ist eines dieser großartigen Campingbus-Gerichte – ein enormer Fortschritt zu Konserven-Mahlzeiten und kinderleicht zuzubereiten. Dieses Rezept schmeckt, so wie es ist, großartig, aber natürlich können Sie es mit verschiedenen Zutaten weiter aufpeppen, z. B. mit Krabben und Erbsen, Muscheln, Gorgonzolawürfeln und Spinat, Hühnchen oder Parmaschinken, blanchierten Bohnen oder Brokkoliröschen, Krebsfleisch oder knusprig gebratener Pancetta.

FÜR 4 PORTIONEN

- OLIVENÖL
- 1 FEIN GEHACKTE ZWIEBEL
- 2 FEIN GEHACKTE KNOBLAUCHZEHEN
- ETWA 250 G RISOTTOREIS
- 1 KLEINER BECHER WEISSWEIN
- 1 L HEISSE GEMÜSEBRÜHE
- SCHALE VON 1 ZITRONE
- SAFT VON ½ ZITRONE
- FRISCH GERIEBENER PARMESAN
- EIN GROSSES STÜCK BUTTER
- 1 HANDVOLL GEHACKTER SCHNITTLAUCH (ODER PETERSILIE ODER THYMIAN)
- SALZ UND PFEFFER NACH GESCHMACK

Zwei Esslöffel Öl in einer großen Pfanne erhitzen, die Zwiebel dazugeben und acht bis zehn Minuten garen, bis sie weich ist. Nach etwa sechs Minuten den Knoblauch hinzufügen. Anschließend den Reis in die Pfanne geben, gut vermischen und etwa eine Minute braten. Mit dem Wein aufgießen und aufkochen. Solange köcheln lassen, bis der Wein fast vollständig verdunstet ist.

Nun die Hälfte der Brühe dazugießen und das Ganze unter ständigem Rühren zehn Minuten kochen lassen, bis die Brühe aufgesogen ist. Anschließend den Rest der Brühe hinzufügen und weitere acht Minuten kochen lassen, bis der Reis bissfest ist.

Zum Schluss die Zitronenschale und den -saft, drei bis vier Esslöffel Parmesan, die Butter und die Kräuter dazugeben und vermischen. Nach Bedarf mit Salz und Pfeffer abschmecken, auf Schüsseln verteilen und vor dem Servieren noch einmal großzügig mit Parmesan bestreuen.

Nudeln mit Artischocken, Tomaten und Mozzarella

Nicht ohne Grund gehören Nudeln zu den Grundnahrungsmitteln im Vorratsschrank – sie sind unglaublich vielseitig. Den Mozzarella können Sie je nach Geschmack durch zwei Dosen abgetropften und mit der Gabel zerteilten Thunfisch ersetzen und noch einige Teelöffel Kapern hinzufügen. Verwenden Sie z. B. geröstete Pinienkerne sowie gehackte Petersilie oder gehacktes Basilikum zum Garnieren.

FÜR 4 PORTIONEN

300 G NUDELN (Z. B. PENNE ODER EINE ANDERE KURZE SORTE)
1 DOSE (400 G) GEVIERTELTE ARTISCHOCKENHERZEN
2 HANDVOLL HALBIERTE KIRSCHTOMATEN
1 SCHUSS OLIVENÖL
1 DOSE (400 G) GEHACKTE TOMATEN
ETWA 10 ENTSTEINTE UND HALBIERTE GRÜNE ODER SCHWARZE OLIVEN
ABGERIEBENE SCHALE + SAFT VON 1 KLEINEN ZITRONE
¼ TL ZERSTOSSENE CHILIFLOCKEN (OPTIONAL)
SALZ UND PFEFFER NACH GESCHMACK
1 GEWÜRFELTE KUGEL MOZZARELLA

Die Nudeln in einem großen Topf mit Salzwasser nach Packungsanweisung kochen. Anschließend abtropfen lassen und mit einem Schuss Olivenöl wieder in den Topf geben. Die gehackten und halbierten Tomaten, die Oliven, den Zitronenabrieb und den -saft sowie die Chiliflocken (optional) unterrühren und mit Salz und Pfeffer abschmecken. Leicht erhitzen, bis die Tomaten weich werden. Zum Schluss den Mozzarella hinzufügen.

THAILÄNDISCHE Linsen-Kokos-SUPPE

Eine leckere Suppe zum Aufwärmen an kühleren Tagen. Thailändische Currypaste ist in kleinen Tütchen erhältlich, die sich prima transportieren lassen, ohne viel Platz wegzunehmen.

FÜR 4–6 PORTIONEN

1 EL ÖL
2 EL GRÜNE THAILÄNDISCHE CURRYPASTE
2 GROSSE (ETWA 300 G) GESCHÄLTE, KLEIN GEHACKTE KAROTTEN
2 MITTELGROSSE (ETWA 250 G) GESCHÄLTE, FEIN GEHACKTE PASTINAKEN
400 ML KOKOSMILCH
400 ML HÜHNER- ODER GEMÜSEBRÜHE
1 DOSE (400 G) ABGETROPFTE GRÜNE LINSEN
SALZ NACH GESCHMACK
4 GROSSZÜGIGE HANDVOLL JUNGER SPINAT

Das Öl in einem großen Topf erhitzen, die Currypaste hinzufügen und die Karotten sowie die Pastinaken etwa zehn Minuten unter gelegentlichem Umrühren darin braten. Die Kokosmilch und die Brühe dazugeben und aufkochen. Anschließend die Temperatur reduzieren und die Suppe 15 Minuten halb zugedeckt köcheln lassen, bis das Gemüse weich wird.

Die Linsen einrühren und das Ganze erneut aufkochen. Mit Salz abschmecken und unter Rühren die Hälfte des Spinats unterheben, bis dieser zusammengefallen ist. Dann die zweite Hälfte dazugeben. Sobald der ganze Spinat zusammengefallen ist, die Suppe auf Schüsseln verteilen und sofort servieren.

Vietnamesisches Hähnchencurry

Dieses Curry ist mild und frisch. Durch die thailändische Fischsauce erhält es einen sehr authentischen Geschmack. Falls Sie keine zur Hand haben, können Sie ganz einfach mit Salz würzen. Servieren Sie Basmatireis dazu.

FÜR 6 PORTIONEN

* ÖL
* 4 FEIN GEHACKTE SCHALOTTEN (ODER 1 ZWIEBEL)
* 1 DAUMENGROSSES STÜCK FEIN GEHACKTER INGWER
* 4 FEIN GEHACKTE KNOBLAUCHZEHEN
* 3 ENTKERNTE UND FEIN GEHACKTE ROTE CHILISCHOTEN
* JE 1 TL KURKUMA-, KORIANDER- UND KREUZKÜMMELPULVER
* 800 ML KOKOSMILCH
* 1 PRISE ZUCKER
* 4 IN DÜNNE STREIFEN GESCHNITTENE HÜHNERBRÜSTE OHNE HAUT
* 2 GROSSE GESCHÄLTE, FEIN GESTIFTELTE KAROTTEN
* 3–4 REIFE, IN SPALTEN GESCHNITTENE TOMATEN
* 2 FEIN GEHACKTE FRÜHLINGSZWIEBELN
* SCHALTE UND SAFT VON 2 LIMETTEN
* 3–4 EL THAILÄNDISCHE FISCHSAUCE
* 1 HANDVOLL GEHACKTES BASILIKUM
* 1 KLEINE HANDVOLL GEHACKTE MINZE
* 4 HANDVOLL UNGESALZENE, GERÖSTETE UND GEHACKTE ERDNÜSSE

Etwas Öl in einer großen Pfanne erhitzen, die Schalotten, den Ingwer, den Knoblauch, die Chilis sowie das Kurkuma-, Koriander- und Kreuzkümmelpulver hinzufügen und bei niedriger Hitze zehn Minuten braten.

Die Kokosmilch und den Zucker dazugeben und aufkochen. Das Fleisch und die Karotten hinzufügen und fünf Minuten köcheln lassen. Die Tomaten und die Frühlingszwiebeln unterrühren und weitere fünf Minuten köcheln lassen. Sobald das Fleisch gar ist, den Kocher ausschalten und die Limettenschale und den -saft, die Fischsauce, das Basilikum und die Minze hinzufügen. Das Ganze noch einmal abschmecken und ggf. nachwürzen. Das Curry auf Schüsseln verteilen und mit den Erdnüssen bestreuen.

Das SURFDOTCOM-Toastie

Dieses Rezept ist nach einem Internet-Café benannt, das meine Frau Joanne und ich einst in Barnstaple betrieben. Wir verbinden sehr schöne Erinnerungen damit – und wir verkauften Tausende von Toasties. Obwohl es eigentlich für einen Sandwichtoaster erfunden wurde, lässt sich das Surfdotcom-Toastie auch prima im Campingbus zubereiten. Sie benötigen nur wenige Zutaten, die man meist zur Hand hat und leicht transportieren kann. Verwenden Sie immer frisches Brot – denken Sie daran, dass sich Baguettes nicht lange halten.

FÜR 2 PORTIONEN

1 BAGUETTE
1 KLEINES GLAS PESTO
2 KUGELN (BÜFFEL-)MOZZARELLA
10 SONNENGETROCKNETE TOMATEN
FRISCH GEMAHLENER SCHWARZER PFEFFER NACH GESCHMACK
OLIVENÖL-STREICHFETT ODER BUTTER

Die Grillpfanne vorheizen. Das Baguette in der Mitte teilen und anschließend der Länge nach aufschneiden. Zwei Hälften mit Pesto bestreichen. Den Mozzarella in Scheiben schneiden und beide Hälften damit belegen. Die Tomaten darauf verteilen und mit etwas frisch gemahlenem schwarzem Pfeffer bestreuen.

Nun die anderen Brothälften darauflegen und beide Sandwiches schön flach drücken. Von außen mit Butter oder dem Streichfett bestreichen und bei mittlerer Hitze in die Pfanne legen. Von jeder Seite vier bis fünf Minuten braten, bis der Käse geschmolzen ist.

Der perfekte Snack nach dem Surfen

Pasta mit WURST, FENCHEL und Spinat

FÜR 4 PORTIONEN

300 G PASTA (Z. B. PENNE)

OLIVENÖL

1 GEHACKTE ZWIEBEL

8 WÜRSTCHEN AUS SCHWEINEFLEISCH

1 EL FENCHELSAMEN

2 KRÄFTIGE PRISEN ZERSTOSSENE CHILIFLOCKEN

2 EL CRÈME FRAÎCHE ODER SAHNE

2 GROSSZÜGIGE HANDVOLL JUNGER SPINAT

Die Nudeln in einem großen Topf mit Salzwasser nach Packungsanweisung kochen. In der Zwischenzeit in einem zweiten Topf etwas Olivenöl erhitzen und die Zwiebel darin fünf Minuten anbraten.

Das Wurstbrät aus der Pelle drücken (oder die Würste in Scheiben schneiden) und zu der Zwiebel in den Topf geben. Das Ganze etwa zehn Minuten braten, dabei das Wurstbrät mit einem Löffel zerteilen. Zum Schluss die Fenchelsamen und die Chiliflocken dazugeben.

Die Nudeln abgießen, in den Topf mit der Wurstmischung geben und die Crème fraîche und den Spinat unterheben. Möglichst heiß servieren.

„Und wie wascht ihr euch?“

Nun wird es Zeit, sich vor dem Abend etwas frisch zu machen. Egal, mit wem Sie über das Leben im VW Camper reden, unweigerlich wird eine Frage gestellt: „Und wie wascht ihr euch?“ Gute Frage. Und, wie waschen Sie sich? Je nachdem, wer Sie sind und wie robust Sie sind, gibt es darauf mehrere mögliche Antworten.

Nur wenige Campingbusse sind mit Duschen ausgerüstet. Das warme Bad mit sanfter Musik in angenehmem Ambiente können Sie definitiv vergessen – es sei denn, Sie geben auf und gehen in ein Hotel. Vielleicht sind Sie aber auch auf einem gut ausgerüsteten Campingplatz mit anständigen Bädern. Wenn nicht, müssen Sie improvisieren.

Flüsse, Bäche, Seen und Wasserfälle

Abgesehen von der Möglichkeit, sich gar nicht zu waschen, ist dies die Hardcore-Variante für echte Naturburschen (und -mädchen). Es macht richtig Spaß, ist aber fast immer eisig kalt. An Flussbiegungen ist das Wasser meist tiefer und besser zum Baden geeignet.

Springen Sie schnell hinein – wenn es tief genug ist – und verwenden Sie auf alle Fälle biologisch abbaubare Seife (oder gar keine). Denken Sie stets an die Umwelt und die Menschen, die sich flussabwärts von Ihnen befinden.

Hängen Sie eine eigene Dusche auf

Solarduschen sind eine großartige Erfindung, wiegen fast nichts und sind in jedem Campinggeschäft zu haben. Man füllt am Morgen einen großen schwarzen Plastiksack mit Wasser und lässt ihn den ganzen Tag in der Sonne hängen. Durch seine Farbe speichert er die Sonnenwärme und erhitzt das Wasser im Inneren. Am Abend haben Sie dann eine schöne warme Dusche. Man kann sich zudem in einen Eimer stellen und das Wasser für die nächste Person recyceln – hoffentlich sind nicht Sie „die nächste Person“. Auch hier sollten Sie biologisch abbaubare Seifen und Shampoos verwenden.

OBEN UND UNTEN

… ist auch als Festival-Katzenwäsche bekannt. Diese Art der Körperhygiene mit einem Waschlappen sollte man sich wirklich für den Notfall aufheben, denn schön ist sie nicht gerade. Zumindest fühlt man sich hinterher etwas sauberer und es ist immer noch besser, als sich gar nicht zu waschen. Feucht- und Babytücher klingen zwar nach einer guten Idee, sind aber nicht gut für die Umwelt, deshalb sollten Sie lieber einen Waschlappen verwenden.

CHECKEN SIE AUF EINEM CAMPINGPLATZ EIN

Dies ist die beste Variante. Selbst wenn Sie nur eine Nacht bleiben und den Rest der Zeit in freier Wildbahn verbringen, kann eine schöne lange, heiße Dusche durchaus Wunder bewirken. Außerdem können Sie gleich noch Wäsche waschen – nehmen Sie aber reichlich Kleingeld mit! Sollte Ihnen das nicht reichen, sind Sie in einem Hotel vielleicht besser aufgehoben.

SCHWIMMEN GEHEN

In Schwimmbädern gibt es Duschen – nutzen Sie das aus! Für die paar Euro kann man sogar auf das Schwimmen verzichten und nur duschen gehen. Man hat zwar nicht so viel Privatsphäre, aber ggf. ist es eine wirklich gute Alternative.

SEIEN SIE FRECH

Diesen Trick habe ich selbst schon (leider vergeblich) ausprobiert. Vielleicht lag es aber an mir? Nun, versuchen kann man es ja mal. Suchen Sie sich ein Hotel mit einer Bar und einem Wellness-Bereich. Trinken Sie etwas an der Bar. Verschwinden Sie dann heimlich in die Dusche, während Ihr Partner auf Ihre Sachen aufpasst. Wechseln Sie sich ab, aber beeilen Sie sich – niemand will halb eingeseift rausgeworfen werden.

NACKTBADEN

Wer sagt denn, dass man das Angenehme nicht mit dem Nützlichen verbinden kann? Falls Sie vorhaben, sich zu betrinken und alle Hemmungen zu verlieren, sollten Sie das Ganze wenigstens zum Nacktbaden nutzen. Ich liebe es, alle meine Sachen von mir zu werfen und mich ins Meer zu stürzen. Es ist befreiend und erfrischend. Niemand wird es bemerken, da es ja höchstwahrscheinlich dunkel sein wird, wenn Sie sich dabei gleich ein bisschen waschen. Preiswert, gesund und lustig, was will man mehr? Auf die Sache mit meinem alljährlichen Nacktsurfen bei Stanbury Mouth will ich hier jetzt lieber nicht eingehen …

DAS UNAUSSPRECHLICHE

Es tut mir leid, aber kein Buch über das Leben im Campingbus wäre vollständig, wenn man nicht auch das stille Örtchen ansprechen würde. Bären machen einfach in die Wälder, das heißt aber nicht, dass Sie das auch tun müssen. Falls es aber doch einmal nötig wird, sollten Sie sich an die folgenden Regeln halten:

- **Falls Sie sich in der Natur erleichtern müssen, sollten Sie mindestens 30 Meter vom nächsten fließenden Gewässer entfernt sein. Sie wollen doch nicht das Wasser verschmutzen.**
- **Pinkeln Sie dort, wo der Urin vom nächsten Regenguss verdünnt wird, also nicht an versteckten Orten.**
- **Müssen Sie ein größeres Geschäft verrichten, graben Sie ein mindestens 15 Zentimeter tiefes Loch und nutzen Sie dieses. Der Kot verrottet besser, wenn er mit Erde bedeckt ist.**
- **Können Sie kein Loch graben, bedecken Sie Ihr Geschäft zumindest mit etwas Erde.**
- **Seien Sie diskret und halten Sie sich von Wegen und Häusern fern!**
- **Haben Sie kein biologisch abbaubares Toilettenpapier dabei, verbrennen Sie Ihr Papier.**

TOILETTEN IM BUS

Mit zwei Kindern muss man für alle Eventualitäten gerüstet sein, deshalb haben wir eine Toilette im Bus installiert. Im Notfall kann sie einem viel Stress ersparen. Wenn alle anderen herumfahren und verzweifelt nach einer Toilette suchen, sind wir fein raus. Glauben Sie mir, die Investition lohnt sich, vor allem, wenn Sie gern auf Festivals gehen.

Was kann schon schiefgehen?

Es ist nicht nur unverantwortlich und umweltschädlich, sondern kann auch für andere eine ziemliche Belästigung sein. Vermeiden Sie, wenn es irgendwie geht, sich in der Natur zu erleichtern. Nutzen Sie öffentliche Toiletten, wann immer es möglich ist.

SAMSTAGABEND

Am Lagerfeuer

Samstagnacht ist die beste Nacht der Woche. Sofern Sie auf einem Campingplatz sind, auf dem Sie ein offenes Feuer entzünden dürfen, ist der Abend gerettet. Ebenso, wenn Sie irgendwo in der Natur campen und sich dort an die Regeln für ein sicheres Lagerfeuer (siehe Seite 136) halten. Schauen Sie in die Flammen und entspannen Sie sich, denn ein Feuer bedeutet Wärme, Licht und Schutz.

IN DAS FEUER SCHAUEN

Hoffentlich sind Sie nicht allein, denn so ein Samstagabend ist am schönsten, wenn man ihn mit Freunden und/oder der Familie teilt. Mit guten Freunden bei einem leckeren Essen am Lagerfeuer zu sitzen ist eine tolle Sache. Etwas daran spricht jeden von uns an, denn es erinnert uns – wie viele unserer Campingabenteuer – an einfachere Zeiten. Wir rösten Marshmallows über dem offenen Feuer, ohne uns über irgendetwas sorgen zu müssen, schauen die Sterne an, schreiben mit glühenden Stöcken unseren Namen in die Luft (wie es uns unsere Eltern beigebracht haben) und suchen den Himmel nach Sternschnuppen ab. Und wir freuen uns unseres Lebens – was braucht man mehr?

Setzen wir uns zusammen und reden über das Leben und die Liebe, über die Wellen, die wir heute bezwungen haben – und die, die uns entgangen sind. Lasst uns Geschichten über unsere eigenen Torheiten erzählen, bis wir vor Lachen von unseren Stühlen kippen. Nehmen wir uns Zeit füreinander, anstatt stur in den Fernseher zu starren. Veranstalten wir unsere eigene Talentshow.

Feiern wir das Leben im Campingbus!

DAS OFFENE FEUER BEIM CAMPEN

Das Lagerfeuer ist das Schönste am ganzen Campingurlaub. Falls diese ganze Campinggeschichte neu für Sie sein sollte, werden auch Sie bald dem Zauber des Lagerfeuers verfallen. Es ist eines der Grundbedürfnisse jedes Campers. Aus diesem Grund sollten Sie sich bei jedem Campingplatz als erstes danach erkundigen, ob Sie überhaupt Feuer machen dürfen. Rufen Sie einfach an oder schauen Sie im Internet nach. Eine gute Internetadresse für Campingplätze in Deutschland ist http://www.camping-in-deutschland.de/, für Deutschland, Italien, Spanien und die Schweiz http://www.nature-x.com/natur-camping.html und für Großbritannien www.campfires-allowed.co.uk.

Sollte Ihr Campingplatz offenes Feuer verbieten – nun, es gibt genügend Orte, an denen das anders ist. Lagerfeuer am Strand z. B. sind unvergleichlich. Zudem wird es niemanden stören, wenn Sie ein wenig Treibholz verbrennen.

Auf diese Weise können Sie doch noch Marshmallows rösten und am Lagerfeuer Gitarre spielen und Lieder singen. Und ich habe die Möglichkeit, die lange, aber sehr interessante Geschichte zu erzählen, wie ich einst beim Surfen auf einem Felsen strandete.

Gottseidank.

Was Sie über Feuer wissen sollten

- ★ Achten Sie beim Grillen oder beim Anzünden eines Lagerfeuers immer penibel darauf, das Feuer jederzeit unter Kontrolle zu haben. Halten Sie Wasser und/oder Sand zum Löschen bereit.
- ★ Bauen Sie eine Feuerstelle, indem Sie eine flache Grube ausheben und Steine außen herum legen. Die Steine verhindern ein Ausbreiten des Feuers, und mit der ausgehobenen Erde können Sie die Grube später wieder zuschütten.
- ★ Wer sich in der freien Natur aufhält, sollte so wenig wie möglich von sich zurücklassen. Sollte das Feuer, das Sie entzünden wollen, in irgendeiner Weise einen negativen Einfluss auf die Gegend haben, in der Sie sich befinden, lassen Sie es lieber sein.
- ★ Fällen Sie keine Bäume und brechen Sie auch keine Äste und Zweige ab, um ein Feuer zu machen.
- ★ Verwenden Sie nicht das gesamte Totholz in einem Gebiet – die Käfer wollen schließlich auch irgendwo leben.
- ★ Am Strand sollten Sie das Feuer dort entzünden, wo es die geringsten Auswirkungen hat. Verwenden Sie ausschließlich Treibholz.
- ★ Sammeln Sie Ihr Feuerholz, bevor es dunkel wird. Suchen Sie nicht erst nach Sonnenuntergang danach.

Na, sind Sie startklar? Haben Sie so viel Feuerholz gesammelt, wie Sie benötigen? Haben Sie die Streichhölzer gefunden und die Nachbarn eingeladen? Nähert sich die Sonne dem Horizont? Prima, dann kann der Samstagabend ja losgehen.

Leben nach dem Sonnenstand

Es ist unglaublich befreiend, seine Uhr wegzuwerfen – natürlich nicht im wahrsten Sinne des Wortes. Nachdem man aber erst einmal das Bedürfnis überwunden hat, ständig seine E-Mails zu kontrollieren und Sprachnachrichten abzuhören, ist der nächste Schritt, sich von den Zwängen der Zeit zu befreien.

Sie müssen im Grunde nur wissen, wann es Zeit zum Aufstehen (wann immer Ihnen danach ist) ist, und wann es Zeit für das Abendessen wird (vor Sonnenuntergang). Die Zeit dazwischen gilt es einfach nach Belieben zu nutzen, auch wenn man manchmal gerne wüsste, ob es schon spät genug ist, ein Bier zu öffnen.

Wann geht die Sonne unter?

Da Sie sicherstellen wollen, dass das Bett aufgeschlagen und das Abendessen fertig ist, bevor es dunkel wird, ist es sinnvoll zu wissen, wie lange es ungefähr noch bis zum Sonnenuntergang dauert. Das kann man ganz einfach anhand seiner Finger abschätzen. Strecken Sie den Arm vor sich aus und drehen Sie dann die Handfläche nach innen (wie auf dem Foto). Wie viele Finger befinden sich zwischen der Sonne und dem Horizont? Jeder Finger entspricht, grob geschätzt, zehn Minuten. Natürlich gibt es hier einen großen Spielraum für Fehleinschätzungen, insbesondere, wenn Sie „Wurstfinger“ oder kurze Arme haben.

Diesen Trick lernte ich übrigens von einem Kameramann, mit dem ich einmal zusammenarbeitete. Würde ich ihm heute noch einmal begegnen, würde ich mir seine Hände genau anschauen. Er nutzte die Methode um abzuschätzen, wie viel Zeit ihm blieb, sein Meisterwerk zu filmen, wenn wir draußen am Set waren. Sobald die Sonne untergegangen war, war die Sache erledigt – Zeit für die Crew, nach einem langen Tag auf den kalten, feuchten Feldern in den nächsten Pub einzufallen.

ZEITBESTIMMUNG
OHNE UHR

In einer Zeit, in der die Uhr noch nicht erfunden worden war, konnten die Menschen die Tageszeit mithilfe von Sonnenuhren und der Bestimmung der Sonnenposition am Himmel dennoch recht genau einschätzen. Sicherlich hatten sie auch keine Besprechungstermine, mussten nicht rechtzeitig am Flughafen sein oder jeden Tag Tausende von Dingen erledigen. „Wir treffen uns beim ersten Hahnenschrei" oder „In der Scheune nach Sonnenuntergang" waren für sie gut genug.

Das Geheimnis der (recht groben) Zeitbestimmung ohne Uhr liegt darin, den Tag in Quadranten zu unterteilen und mit „Sonnenzeit" zu arbeiten. Gegen Mittag steht die Sonne am höchsten. Im Durchschnitt geht sie gegen sechs Uhr auf und gegen 18 Uhr unter. Wenn Sie wissen, in welche Himmelsrichtung Sie schauen, können Sie diese Angaben als Ausgangspunkt verwenden. Der halbe Weg zwischen Sonnenaufgang und Mittag entspricht etwa neun Uhr, zwischen Mittag und Sonnenuntergang ungefähr 15 Uhr. Das Ganze hängt natürlich von der Jahreszeit und Ihrem Standort ab, aber so funktioniert es im Prinzip. Außerdem, wo müssen Sie jetzt schon sein?

EINE SONNENUHR BAUEN

Die Uhr wegzuwerfen ist für viele eine unangenehme Erfahrung, und sich nach der Sonnenzeit zu richten, geht ihnen einfach zu weit. Falls es Ihnen ähnlich geht, könnten Sie sich doch auf einen Kompromiss einigen und Ihre eigene, einfache Sonnenuhr bauen. Das macht viel Spaß, wenn man es nicht zu genau nimmt. Sie benötigen einen Kompass, einen ein Meter langen Stab und 12 Steine.

Zuerst bestimmen Sie mithilfe des Kompasses die Himmelsrichtung. Markieren Sie Norden, Süden, Westen und Osten mit einem Kreuz. Stecken Sie den Stab in einem Winkel von etwa 51 Grad (für Deutschland bzw. Großbritannien) bzw. dem Längengrad, auf dem Sie sich befinden, in die Mitte des Kreuzes, und zwar nach Norden ausgerichtet. Nun zeichnen Sie einen Halbkreis mit etwa 60 Zentimetern Durchmesser vom Osten durch den Norden nach Westen. Markieren Sie Norden mit einem Stein (dieser entspricht etwa 12 Uhr mittags, GMT), Osten mit einem weiteren Stein (etwa 18 Uhr abends) und Westen mit einem dritten Stein (etwa sechs Uhr morgens). Unterteilen Sie den Rest des Halbkreises in Abschnitte.

Der Schatten des Stabes sollte nun die ungefähre Uhrzeit anzeigen. Ich sage extra „ungefähre Uhrzeit“, da das Ganze natürlich wesentlich komplizierter ist, als ich es hier ausführen kann. Zudem nützt einem die Uhr ohne Sonnenschein nicht viel. Und denken Sie an die Sommerzeit! Wenn Sie also einen wichtigen Termin haben, sollten Sie sich besser nicht auf Ihre Sonnenuhr verlassen.

HAPPY HOUR

Da wir nun wissen, dass es inzwischen in der Tat spät genug ist, wird es Zeit, den VW-Camper-Cocktailshaker herauszukramen. In unserem Fall ist das ein Marmeladenglas. Diese Gläser sind äußerst nützlich – man kann darin nicht nur Konfitüre, sondern auch viele andere Dinge aufbewahren, z. B. Nägel. Ich verwende sie außerdem zum Mixen von Salatsaucen und Cocktails. Wer braucht schon das komplette Bar-Zubehör? Wir jedenfalls nicht.

MARMELADENGLAS-MOJITO für heiße Sommertage

Der Mojito ist vermutlich als Piratengetränk geboren worden – er macht einen manchmal richtig abenteuerlustig.

ERGIBT 1 GLAS

- 12 MINZBLÄTTER
- 3 TL ZUCKER
- ½ IN SPALTEN GESCHNITTENE LIMETTE
- 2 EL LIMETTENSAFT
- 4 EL RUM
- EIS(-WÜRFEL)
- 50–75 ML SODAWASSER

Die Minzblätter und den Zucker in ein Marmeladenglas geben. Die Limettenspalten hinzufügen und mit einem Löffelstiel ordentlich zerdrücken, damit sich die Aromen mischen. Den Limettensaft und den Rum dazugeben. Das Marmeladenglas verschließen und kräftig schütteln. Das Eis und den Cocktail in ein Glas geben und mit dem Sodawasser auffüllen.

MARMELADENGLAS-Whisky-Mac für den KALTEN WINTERABEND

Wenn es draußen kühl wird, wärmt Sie dieser Whisky Mac von innen.

ERGIBT 1 GLAS

- 2 EL WHISKY
- 2 EL GREEN GINGER WINE (IM INTERNET ODER IN AUSGESUCHTEN WEINGESCHÄFTEN ERHÄLTLICH)
- ETWAS ABGESCHABTE ZITRONENSCHALE

Alle Zutaten in ein Marmeladenglas geben und leicht verrühren. In ein kleines Glas gießen und in kleinen Schlucken genießen.

Prost!

Martins BLOODY MARY

Jedes Mal, wenn ich eine Bloody Mary trinke, muss ich an sonntägliche Mittagessen im Pub und Gartenpartys an heißen Sommertagen denken. Es ist ein schönes Gefühl, begleitet von Erinnerungen an träge Nachmittage und warme Abende unter dem Sternenhimmel. Im Laufe der Jahre wurden viele verschiedene Bloody Marys von berühmten Köchen und Barkeepern erfunden, aber meine Variante ist einfach und effektiv. Vielleicht liegt es an meiner Vorgehensweise – ich werfe alles zusammen und hoffe auf das beste Ergebnis. Trotzdem muss man irgendwo anfangen.

Mit gut gekühlten Bloody Marys auf Eis wird der Abend richtig gemütlich und entspannend. Sie sind würzig, frisch und meist nur leicht alkoholhaltig – es sei denn, es geht mit Ihnen durch, in diesem Fall können sie sehr alkohollastig werden.

FÜR 4 HOHE GLÄSER

1 EL MEERRETTICH-CREME
2 EL WORCESTERSHIRE-SAUCE
1 SPRITZER TABASCO-SAUCE
SAFT VON 1 LIMETTE
FRISCH GEMAHLENER SCHWARZER PFEFFER NACH GESCHMACK
1 L TOMATENSAFT
200–300 ML WODKA
EISWÜRFEL
1 HANDVOLL KORIANDERBLÄTTER
ETWAS SELLERIESALZ ZUM BESTÄUBEN

Die Meerrettich-Creme in einen Krug geben. Die Worcestershire- und die Tabasco-Sauce sowie den Limettensaft hinzufügen. Mit etwas frisch gemahlenem schwarzem Pfeffer würzen. Das Ganze verrühren, mit Tomatensaft aufgießen und ein weiteres Mal verrühren.

Mit dem Wodka aufgießen und eine Handvoll Eiswürfel (falls vorhanden) dazugeben. Das Ganze gut mischen und in vier hohe Gläser gießen. Jedes Glas mit einigen zerrupften Korianderblättern garnieren und mit etwas Selleriesalz bestäuben.

Sarahs MARMELADENGLAS-Bloody-Mary

Eine weitere Version des Cocktailklassikers. Probieren Sie doch einfach einmal beide Varianten.

FÜR 1 PERSON

200 ML TOMATENSAFT

2 EL WODKA

1 EL TROCKENER SHERRY

1 TL WORCESTERSHIRE-SAUCE

½ TL LIMETTEN- ODER ZITRONENSAFT

5 TROPFEN TABASCO-SAUCE

ETWAS SELLERIESALZ ZUM BESTÄUBEN

ZUM SERVIEREN

3–4 EISWÜRFEL

1 SELLERIESTANGE

Alle Zutaten in ein Marmeladenglas geben und kräftig durchschütteln. Anschließend in ein Glas füllen. Einige Eiswürfel hinzufügen und mit der Selleriestange garnieren.

GLÜHMOST mit Orangen und Nelken

Manchmal kann es nach Sonnenuntergang etwas kühler werden. Ihre Bekannten werden sich garantiert freuen, wenn Sie Ihnen dann etwas zum Aufwärmen anbieten. Dieser heiße Glühmost ist dafür geradezu ideal.

FÜR 4 PORTIONEN

- 500 ML CIDRE
- 500 ML APFELSAFT
- 3 EL BRANDY
- 1 HALBIERTE UND MIT NELKEN GESPICKTE ORANGE
- ETWAS ABGESCHABTE ZITRONENSCHALE
- 2 ZIMTSTANGEN
- 3 EL BRAUNER ZUCKER
- 1 IN SCHEIBEN GESCHNITTENER APFEL (DAS KERNGEHÄUSE ZUVOR ENTFERNEN)

Alle Zutaten in einem Topf erhitzen. Das Ganze aufkochen und mindestens 15 Minuten sanft köcheln lassen. In hitzebeständigen Bechern servieren.

Ein Krug PIMM'S für die MEUTE

Wenn Sie Ihre Nachbarn einladen, sollten Sie es mit Stil tun. Dieses Rezept für Pimm's ist da genau richtig. Bitten Sie sie, ihren größten Krug mitzubringen. Für dieses Rezept benötigen Sie eigentlich Borretsch, ein Kraut mit hübschen blauen Blüten, das dem Longdrink traditionell hinzugefügt wird. Sollten Sie keinen finden, ist das nicht schlimm – der Drink schmeckt auch ohne das Kraut sehr gut.

FÜR 10 PORTIONEN (GENUG, UM NACHZUSCHENKEN)

- 2 HANDVOLL MINZBLÄTTER
- 1 IN SCHEIBEN GESCHNITTENE ZITRONE
- 1 KLEINE, IN SCHEIBEN GESCHNITTENE ORANGE
- ½ LÄNGS HALBIERTE UND IN SCHEIBEN GESCHNITTENE GURKE

2–3 HANDVOLL HALBIERTE ERDBEEREN
SEHR VIEL EIS
70 CL PIMM'S
1 GROSSE FLASCHE LIMONADE
1 GROSSE FLASCHE GINGER ALE
BORRETSCHZWEIGE (OPTIONAL)

Die Minze, die Zitronen-, die Orangen- und die Gurkenscheiben sowie die Erdbeerhälften auf zwei bis drei Krüge verteilen. In jeden Krug ein bis zwei Handvoll Eiswürfel geben.

In jeden Krug nun die Hälfte bzw. ein Drittel des Pimm's geben und das Ganze mit zwei Teilen Limonade und einem Teil Ginger Ale aufgießen. Zum Schluss einige Borretschzweige hinzufügen. Das Ganze gut verrühren und 15 Minuten ziehen lassen. Jetzt kann die Party losgehen.

RINDERBRATEN im DUTCH OVEN

Ein Dutch Oven ist eine schwere, gusseiserne Kasserolle (deren Deckel man oft als Bratpfanne verwenden kann), die sich perfekt zum Kochen über dem Lagerfeuer eignet, da sie Hitze sehr gut speichert.

Sie können die Kartoffeln weglassen und diese alternativ in Alufolie gewickelt separat im Feuer garen. Geschälte Pastinaken-, Kohlrüben- oder Kürbisstücke passen gut zum Rinderbraten, ebenso wie eine Handvoll getrockneter Steinpilze (die man zur gleichen Zeit wie die Kartoffeln und Karotten hinzufügt). Als Beilage essen wir am liebsten knuspriges Weißbrot, und das in großen Mengen.

FÜR 4 PORTIONEN

4 GESTRICHENE EL MEHL
MEERSALZ UND FRISCH GEMAHLENER SCHWARZER PFEFFER
1 KG RINDEROBERSCHALE
ÖL
500 ML ROTWEIN
500 ML RINDERBRÜHE
3 EL TOMATENMARK
1 EL ROTES JOHANNISBEER- ODER QUITTENGELEE
200 G RÄUCHERSPECK IN STREIFEN
EINIGE ZWEIGE THYMIAN ODER ROSMARIN
3–4 LORBEERBLÄTTER
2 STREIFEN ABGESCHABTE ORANGENSCHALE
8 GESCHÄLTE (UND, FALLS SIE SEHR GROSS SIND, GGF. HALBIERTE) SCHALOTTEN
4 GESCHÄLTE, GANZE KNOBLAUCHZEHEN
250 G GESCHÄLTE UND IN 5 CM LANGE STÜCKE GESCHNITTENE KAROTTEN
200 G HALBIERTE FRÜHKARTOFFELN

Das Mehl in eine flache Schale geben und mit Meersalzflocken und frisch gemahlenem schwarzen Pfeffer würzen. Das Fleisch darin wälzen, bis es vollständig mit Mehl bedeckt ist (den Rest des Mehls aufbewahren). Etwas Öl in einem Schmortopf (oder einem normalen, feuerfesten Topf) erhitzen, das Fleisch auf beiden Seiten scharf anbraten, dann herausnehmen und auf einem Teller beiseitestellen.

Das restliche Mehl in den Topf geben und mit dem Wein und der Brühe aufgießen. Das Tomatenmark und das Gelee unterrühren und einige Minuten köcheln lassen. Das Fleisch wieder in den Topf geben und die Speckstreifen, die Kräuter, die Lorbeerblätter, die Orangenschale, die Schalotten und den Knoblauch drumherum verteilen. Das Ganze aufkochen (ggf. auf dem Kocher, falls es über dem Feuer zu lange dauert), den Topf fest verschließen und auf dem Grillrost über dem Feuer (oder dem Campingkocher) eine Stunde garen, dabei das Fleisch alle 20 Minuten wenden. Anschließend die Karotten und die Kartoffeln hinzufügen und zugedeckt weitere 30 Minuten garen, bis das Fleisch und das Gemüse weich sind.

IM FEUER gebackener Loup de mer mit LAUCH, MEER-FENCHEL und Estragon

Der Loup de mer ist der Erzfeind des Fischers. Nun ja, meiner zumindest. Ich habe schon so oft versucht, einen zu fangen – so langsam wird es albern. Nein, schon wieder nichts – und schon geht es erneut zum Fischhändler.

Falls Sie keinen Meer-Fenchel bekommen, verwenden Sie dünnen, grünen Spargel, Spargelspitzen oder junge, grüne Bohnen. Diese benötigen nur vier bis fünf Minuten Garzeit.

FÜR 4 PORTIONEN

- 2 (JE ETWA 750 G) GANZE, VORBEREITETE LOUPS DE MER
- MEERSALZ UND FRISCH GEMAHLENER SCHWARZER PFEFFER
- 2 ZITRONEN (EINE IN SCHEIBEN GESCHNITTEN, DIE ANDERE AUSGEPRESST)
- 2 IN DÜNNE SCHEIBEN GESCHNITTENE KNOBLAUCHZEHEN
- 8 LORBEERBLÄTTER
- OLIVENÖL
- 1 KLEINES STÜCK BUTTER (PLUS 1 WEITERER EL)
- 4 STANGEN GEPUTZTEN UND IN DÜNNE RINGE GESCHNITTENEN LAUCH
- 2 KLEINE BECHER WEISSWEIN ODER WERMUT
- 4 GROSSZÜGIGE HANDVOLL MEER-FENCHEL
- 2 EL GEHACKTEN ESTRAGON (ODER PETERSILIE, SCHNITTLAUCH, DILL BZW. KERBEL)

Die Haut der Fische auf beiden Seiten einritzen. Jeden Fisch innen und außen mit Meersalz und frisch gemahlenem schwarzen Pfeffer einreiben. Die Fische mit Knoblauchscheiben und Lorbeerblättern füllen und mit Zitronensaft beträufeln.

Die Fische nun über dem Lagerfeuer oder auf dem Grill in einem Fischkorb 20–30 Minuten garen. Nach der Hälfte der Zeit einmal wenden (das Timing hängt von der Temperatur und der Größe der Fische ab). Alternativ jeden Fisch in Alufolie bzw. Backpapier und in feuchtes Zeitungspapier wickeln. Sollen die Fische direkt in der Glut gegart werden, stattdessen in eine Doppelschicht eingeölte Alufolie wickeln. Achtung, die Folie wird sehr heiß!

Währenddessen in einer feuerfesten Pfanne einen Schuss Olivenöl mit der Butter erhitzen und den Lauch darin acht bis zehn Minuten garen. Mit dem Wein bzw. dem Wermut aufgießen und so lange köcheln lassen, bis nur noch einige Löffel Flüssigkeit

in der Pfanne verblieben sind. Nun den Meer-Fenchel hinzufügen und das Ganze zugedeckt weitere drei bis vier Minuten garen. Den Deckel abnehmen, mit etwas frisch gemahlenem schwarzem Pfeffer würzen und den Esslöffel Butter sowie den Estragon unterheben. Die Zugabe von Salz ist nicht nötig, da der Meer-Fenchel ausreichend salzig ist. Zusammen mit dem Fisch servieren.

BRATÄPFEL auf dem Lagerfeuer

Nachtisch – für manche Menschen muss das einfach sein. Dieses Rezept können Sie in Ihrem Schmortopf zubereiten oder aber auch über der Glut des Lagerfeuers. Garen Sie die Äpfel über der Glut, füllen Sie sie mit Früchten, Nüssen und Orangenschale und wickeln Sie sie dann einzeln in eine doppelte Lage Alufolie. Geben Sie dabei etwas Butter, Honig, Orangen- und Apfelsaft mit hinzu. Genießen Sie die heißen Äpfel mit Crème fraîche, griechischem Joghurt oder Vanillesauce. Oder einfach nur mit Sultaninen.

FÜR 8 PORTIONEN

8 ÄPFEL
4 EL KLEIN GESCHNITTENE, GETROCKNETE FEIGEN
2 EL KLEIN GESCHNITTENE, GETROCKNETE DATTELN
4 EL SULTANINEN
3 EL GEHACKTE HASEL- ODER PEKANNÜSSE
2 ORANGEN
200 ML APFELSAFT (ODER CIDRE)
3 EL FLÜSSIGER HONIG (ODER ZUCKERRÜBENSIRUP)
EIN GROSSZÜGIGES STÜCK BUTTER

Die Kerngehäuse der Äpfel vorsichtig mit einem Entkerner oder einem kleinen scharfen Messer entfernen. Die Schale der Äpfel in der Mitte rundherum einschneiden, damit sie nicht platzt. Die Äpfel nun in den Schmortopf oder etwas Ähnliches geben.

Die Trockenfrüchte mischen und in die Äpfel füllen, den Rest rundherum verteilen. Anschließend die Nüsse darüberstreuen. Die Schale der Orangen über den Äpfeln abreiben, die Orangen auspressen und den Saft zusammen mit dem Apfelsaft über die Äpfel gießen. Zum Schluss alles mit Honig beträufeln und auf jeden Apfel einige Butterflocken geben.

Das Ganze aufkochen (ggf. auf dem Kocher, falls es über dem Feuer zu lange dauert), den Topf fest verschließen und die Bratäpfel 20 Minuten über dem Lagerfeuer (oder dem Campingkocher) garen. Die fertigen Äpfel auf Teller verteilen. Die Flüssigkeit weiter einkochen, bis sie eine sirupartige Konsistenz hat. Anschließend über die Äpfel träufeln.

ANGELN AM ABEND

Mit meinem Unwissen über das Angeln könnte man vermutlich ganze Bibliotheken füllen. Wirklich, ich bin ein furchtbar schlechter Angler – aber dennoch macht es mir wahnsinnig viel Spaß. Wahrscheinlich liegt das einfach daran, dass es jedes Mal so unglaublich aufregend ist, wenn ich doch einmal einen Fisch an den Haken bekomme, was tatsächlich hin und wieder vorkommt. Die nächsten Tage kann mir dann rein gar nichts die Laune verderben. Für jemanden wie mich, der seit Jahren verzweifelt nach seinem inneren Jäger-Sammler-Instinkt sucht, ist es zudem die Bestätigung, dass ich durchaus fähig bin und meinen Platz in der Welt habe. Meine Familie hingegen, die mich für meine Männlichkeit und Gerissenheit über alle Maßen loben sollte, bleibt wie immer völlig unbeeindruckt.

Es ist einfach ein tolles Gefühl, mit einer Angel in der Hand auf einem Felsen zu stehen und etwas zu tun, über das man nicht viel nachdenken muss, mit nichts als der See, der Angelrute und sehr selten einmal einem Fisch als Gesellschaft. Sollte ich doch etwas fangen, wandert meine Beute sofort in den Topf und wird zu einem köstlichen Mahl.

Das eigene Abendessen fangen

MAKRELEN mit Kartoffelpüree nach Campingbus-ART

Makrelen – am liebsten frisch aus dem Meer – brate ich am allerliebsten kurz in Knoblauch und Butter. So kann ihr reichhaltiges, öliges Fleisch das volle Aroma am besten entfalten.

Aber Achtung, man sollte den Fisch möglichst außerhalb des Campingbusses zubereiten. Makrelen riechen ziemlich stark, und dieser Geruch hält sich eine ganze Weile in den Polstern.

FÜR 4 PORTIONEN

- 8 GROSSE, MEHLIGKOCHENDE KARTOFFELN
- 1 PRISE ZERSTOSSENE CHILIFLOCKEN
- MEERSALZ UND FRISCH GEMAHLENER SCHWARZER PFEFFER
- 1 BECHER MEHL
- 8 MAKRELENFILETS
- BUTTER
- OLIVENÖL
- 1 GESCHÄLTE UND IN SCHEIBEN GESCHNITTENE KNOBLAUCHZEHE
- ETWA 1 EL KÖRNIGER SENF
- ETWA 1 EL SAHNEMEERRETTICH
- 2–3 EL MILCH
- 300 G BLATTSPINAT

In einem großen Topf eine ausreichende Menge Wasser mit etwas Salz zum Kochen bringen und die Kartoffeln etwa 20 Minuten darin garen. In der Zwischenzeit die Chiliflocken in einer Schüssel mit etwas frisch gemahlenem schwarzem Pfeffer, etwas Meersalz und dem Mehl vermischen. Die Makrelenfilets vorsichtig in der Mehlmischung wälzen. Sobald die Kartoffeln fast gar sind, etwas Butter, einen Schuss Olivenöl und den Knoblauch in eine Pfanne geben und sanft erhitzen, bis die Butter schmilzt. Den Knoblauch entfernen, die Fischfilets (möglichst viele auf einmal, je nachdem, wie groß die Pfanne ist) hineinlegen und bei starker Hitze einige Minuten braten. Anschließend wenden und die andere Seite einige Minuten goldbraun braten. Falls nötig, noch etwas Butter und etwas Öl erhitzen und die restlichen Makrelen braten.

Die Kartoffeln abgießen (etwas Wasser zum Dämpfen aufbewahren) und mit einer Gabel grob zerquetschen. Den Senf, den Meerrettich, zwei großzügige Stücke Butter und einen Schuss Milch unterrühren, bis das Püree die gewünschte Konsistenz hat. Zum Schluss den Spinat dämpfen, bis er zusammenfällt, in etwas Olivenöl schwenken und mit etwas Salz und Pfeffer abschmecken. Zum Servieren einen großen Löffel Kartoffelpüree auf den Teller geben und darüber einen Löffel Spinat. Je zwei Makrelenfilets darüberlegen. Das Ganze mit einem Lächeln garnieren und bei Sonnenuntergang servieren. Danken Sie Ihrem Glücksstern, dass Sie an das Geschirrspülmittel gedacht haben.

MAKRELE mit Zwiebeln, Kapern und SULTANINEN

Als ich dieses Makrelenrezept von Sarah zubereitete, entpuppte es sich bei unseren Gästen als absoluter Renner. Die Kombination aus salzigen Kapern, süßen Sultaninen und reichhaltigem Fisch war einfach großartig.

Dieses Gericht sollten Sie unbedingt am Strand kochen, z. B. mit Frühkartoffeln als Beilage. Geben Sie erst die Kartoffeln auf den Teller und legen Sie dann die Zwiebeln und den Fisch darauf. Sollten Sie öfter mal eine Makrele fangen, können Sie die Kapern und Sultaninen durch einen gestrichenen Teelöffel Ras-el-Hanout (marokkanische Gewürzmischung) ersetzen, die Sie mit den Zwiebeln mischen, bevor Sie diese wieder in die Pfanne geben.

FÜR 4 PORTIONEN ALS SNACK ODER FÜR 2 PORTIONEN ALS HAUPTGERICHT

2 ROTE (ODER BRAUNE) ZWIEBELN
OLIVENÖL
4 MAKRELENFILETS MIT HAUT
MEERSALZ UND FRISCH GEMAHLENER SCHWARZER PFEFFER
3 EL ROT- ODER WEISSWEINESSIG
1 EL KAPERN
2 EL SULTANINEN

Die Zwiebeln schälen, halbieren und in dünne Scheiben schneiden. Etwas Öl in einer Pfanne erhitzen und die Zwiebelscheiben darin zehn Minuten weich braten. Die Haut der Makrelenfilets einritzen.

Die Zwiebeln in eine Schüssel geben. Erneut etwas Öl in der Pfanne erhitzen und den Fisch mit der Hautseite nach unten bei starker Hitze drei bis vier Minuten braten, bis die Haut goldbraun ist. Die Filets einmal wenden und etwas Meersalz sowie frisch gemahlenen schwarzen Pfeffer darüberstreuen.

Die Zwiebeln, den Essig, die Kapern und die Sultaninen in die Pfanne geben. Das Ganze noch einige Minuten braten und anschließend sofort servieren.

MeeresfrüchteSUPPE mit CHILI, Fenchel und Orange

Falls es Ihnen nicht gelungen ist, selbst Makrelen zu fangen, können Sie für dieses Rezept auch anderen Fisch verwenden – und diesen beim Fischhändler kaufen. Achten Sie aber stets darauf, Fisch aus einer nachhaltigen Fischfarm zu nehmen bzw. Fisch, der auf umweltfreundliche Weise gefangen wurde. Zu diesem Rezept empfehle ich gegrilltes Knoblauch-Petersilien-Baguette. Anstelle der Passata können Sie übrigens auch gehackte Dosentomaten verwenden.

FÜR 6 PORTIONEN ALS VORSPEISE
(ODER FÜR 4 PORTIONEN ALS HAUPTGERICHT)

- 1 ROTE PAPRIKASCHOTE
- 1 KLEINE FENCHELKNOLLE
- 1 SELLERIESTANGE
- 1 LAUCHSTANGE
- 2 TL OLIVENÖL
- 2 FEIN GEHACKTE KNOBLAUCHZEHEN
- 700 G PASSATA
- 2 STÜCKE ABGESCHABTE ORANGENSCHALE
- 1 TL ZERSTOSSENE CHILIFLOCKEN
- ½ TL SALZ
- 450 G IN MUNDGERECHTE STÜCKE GESCHNITTENES FISCHFILET (ROTBARSCH ODER EIN ANDERER FESTER, WEISSFLEISCHIGER FISCH)
- 200 G MITTELGROSSE BIS GROSSE GESCHÄLTE GARNELEN
- 750 G GESÄUBERTE UND VORBEREITETE MUSCHELN
- 2 GEHÄUFTE EL GEHACKTE PETERSILIE ODER GEHACKTEN KORIANDER

Die Paprikaschote halbieren und putzen, erst in dünne Streifen und dann in kleine Stücke schneiden. Die Fenchelknolle und die Selleriestange ebenfalls klein schneiden. Die Lauchstange putzen, halbieren und in dünne Streifen schneiden.

Das Öl in einem großen Topf erhitzen, das Gemüse und den Knoblauch dazugeben und zugedeckt bei geringer Hitze 15 Minuten garen. Dabei gelegentlich umrühren.

Die Passata und 400 ml Wasser hinzufügen und die Orangenschale, die Chiliflocken und das Salz unterrühren. Die Suppe aufkochen. Anschließend den Fisch, die Garnelen und die Muscheln hineingeben, den Topf wieder verschließen und weitere zehn Minuten köcheln lassen. Zum Schluss die Petersilie unterrühren und die Suppe in Schüsseln servieren. Alle ungeöffneten Muscheln vorher entfernen.

DER GRILL

Meine Damen, bitte treten Sie einen Schritt zurück. Dies ist Männersache. Der Grill ist und bleibt die Domäne des Alphamännchens. Dieser außerordentliche Vertreter seiner Gattung trägt eine lustige Schürze, hat eine unbekümmerte Art, tritt selbstbewusst auf, trinkt kühles Bier und erzählt urkomische Geschichten – was kann da schon schiefgehen?

Es ist ein Klischee, trotzdem sieht man es tatsächlich immer wieder. Und nicht ohne Grund, ob zu Recht oder zu Unrecht. Der Mann (Narr, der er ist) fühlt sich vom Feuer magisch angezogen. Das ist einfach so. Sobald sich die Sonne blicken lässt, tauchen in vielen Gärten kahl werdende, dickbäuchige Männer auf. Dank ihres unglaublichen kulinarischen Könnens retten sie – unter Anfeuerung der Betamännchen ihrer Gruppe – im Alleingang ihre Familie vor dem Verhungern, indem sie einige gefrorene Hamburger und ein halbes Dutzend Würstchen auf dem Grill zu Holzkohle verarbeiten. Vermutlich sind diese im Inneren dann noch roh ...

Da kann ich nur sagen – zum Glück hat die Frau in der Küche schon die Hühnerkeulen im Ofen, schließlich wird es in drei Stunden dunkel! Oh, einen Moment! Wir haben ja gar keine Küche! Tja, dann sind Sie wohl auf sich selbst gestellt, mein Freund. Am besten, Sie gewöhnen sich gleich daran. Glücklicherweise sind Sarahs Grillrezepte einfach zuzubereiten und absolut köstlich.

Hilfreiche Tipps für Männer, die bereits einen Grill anzünden können

(und eigentlich keine Hilfe brauchen, die Tipps aber dennoch parat haben wollen, falls etwas schiefgeht und sie die Situation retten müssen, bevor jemand etwas merkt)

- Einweggrills sind praktisch, aber schlecht. Sie sind eine schreckliche Verschwendung und die Menschen, die sie nutzen, lassen sie hinterher meist am Strand stehen. Das ärgert mich sehr. Machen Sie sich lieber mit einem tragbaren Grill und dessen bezaubernden Eigenarten vertraut.
- Gasgrills sind etwas für Amateure. Das ist Schummelei und echte Männer verwenden sie nicht. Hier geht Bequemlichkeit einmal nicht vor!
- Eimergrills sind großartig und lassen sich prima im Campingbus transportieren.
- Grillbriketts brennen länger als Holzkohle.

- Bewahren Sie die Kohle stets an einem trockenen Ort auf, damit sie sich leichter entzünden lässt.
- Bauen Sie eine Kohlenpyramide, in die Sie Grillanzünder stecken. Sobald die Kohle brennt, verteilen Sie diese gleichmäßig. Achten Sie auf einen Bereich mit relativ niedriger Temperatur, wo Sie das Fleisch warm halten können.
- Fangen Sie erst mit dem Grillen an, wenn die Kohle komplett mit Asche bedeckt ist und sich keine Flammen mehr bilden.
- Grillen Sie nicht in der Nähe von entflammbaren Gegenständen. Sagen Sie nicht, ich hätte Sie nicht gewarnt.
- Falls sich das Grillgut entzündet (durch heruntertropfendes Fett), ziehen Sie es aus der Flamme. Wenn Sie es mit Wasser löschen, gelangt Asche darauf.
- Kommen Sie nicht auf die Idee, WD40 (oder Spiritus) auf die Kohle zu spritzen, wenn sie sich nicht richtig entzündet. Es sieht zwar sehr beeindruckend aus, ist aber keine Lösung – und außerdem extrem gefährlich. Fangen Sie lieber noch einmal von vorne an.

JAKOBSMUSCHEL-Chorizo-SPIESSE

Jakobsmuscheln sind etwas ganz Besonderes – wir lieben sie. Ich bin zwar noch nie selbst danach getaucht (der einzige wirklich nachhaltige Weg, Jakobsmuscheln zu bekommen) und werde es wohl auch nie tun, aber beim Gang zum Fischhändler kann ich einfach nicht widerstehen. Dieses Rezept schmeckt übrigens auch mit Riesengarnelen anstelle der Muscheln sehr gut.

FÜR 4 PORTIONEN ALS VORSPEISE ODER FÜR 2 PORTIONEN ALS HAUPTGERICHT (MIT EINEM GRÜNEN SALAT)

12 GROSSE JAKOBSMUSCHELN (MIT ODER OHNE ROGEN)
12 (ETWA 110 G) DICKE STÜCKE CHORIZO
1 HALBIERTE ZITRONE (DAVON EINE HÄLFTE IN STÜCKE, DIE ANDERE IN SPALTEN SCHNEIDEN)
1–2 EL FRISCHE THYMIANBLÄTTER
MEERSALZ

Falls Holzspieße verwendet werden, diese vor dem Grillen 30 Minuten in Wasser einweichen, damit sie nicht verbrennen (oder Metallspieße verwenden). Den Grill anzünden bzw. die Grillpfanne vorheizen, sofern kein Feuer angezündet werden darf.

Die Jakobsmuscheln und die Chorizostücke abwechselnd auf vier Spieße stecken. Das Ganze mit einem Zitronenstück abschließen.

Die Spieße fünf bis sechs Minuten grillen, dabei gelegentlich wenden. Anschließend auf Teller legen und mit Thymian und etwas Meersalz bestreuen. Die Zitronenspalten dazu reichen.

SEETEUFELSPIESSE mit Zitronen-KAPERN-DRESSING

Ein einfaches Essen für zwei Personen. Man kann die Spieße in der Grillpfanne oder auf dem Grill zubereiten. Falls Sie Holzspieße verwenden, sollten Sie diese vor dem Grillen 30 Minuten in Wasser einweichen, damit sie nicht verbrennen. Leckere Beilagen sind Couscous, Reis oder einfach nur ein gutes Brot zum Tunken. Dazu ein kühles Glas Pimm's und ein tosendes Lagerfeuer – wer kann da widerstehen?

FÜR 2 PORTIONEN

400 G IN 16 STÜCKE GESCHNITTENES SEETEUFELFILET
(ODER EIN ANDERER FESTER, WEISSFLEISCHIGER FISCH)
8 HALBIERTE SCHEIBEN LUFTGETROCKNETER SCHINKEN (Z. B. PARMA)
2 ZITRONEN
6 HALBIERTE BRAUNE ODER WEISSE CHAMPIGNONS
4 EL OLIVENÖL
2 EL KAPERN
MEERSALZ UND FRISCH GEMAHLENER SCHWARZER PFEFFER

Jedes Stück Seeteufel mit einer halben Scheibe Schinken umwickeln. Eine der Zitronen in acht Stücke schneiden. Auf jeden Spieß ein Stück Zitrone, ein Stück Fisch und einen halben Pilz stecken. Auf jedem Spieß sollten sich abwechselnd ein Stück Zitrone, vier Fischstücke und drei Pilzhälften befinden. Das Ganze mit einem weiteren Zitronenstück abschließen. Den Grill anzünden bzw. die Grillpfanne vorheizen.

Die Spieße zehn bis 12 Minuten goldbraun grillen, dabei gelegentlich wenden. Die zweite Zitrone auspressen und den Saft mit dem Olivenöl, den Kapern, etwas Meersalz und frisch gemahlenem schwarzem Pfeffer mischen. Vor dem Servieren die Spieße damit beträufeln.

GEGRILLTES LAMM mit Orangen, Knoblauch und KRÄUTERN

Für dieses Rezept eignet sich auch eine ganze Lammschulter hervorragend. Sie benötigen etwa 1,6 kg Fleisch (mit Knochen) für vier Portionen, lösen Sie den Knochen aber vor dem Marinieren aus.

FÜR 4 PORTIONEN (MIT NACHSCHLAG)

ETWA 1,25 KG LAMMKEULE OHNE KNOCHEN (ZIMMERTEMPERATUR)
2 ABGERIEBENE UND AUSGEPRESSTE ORANGEN
1 KNOBLAUCHKNOLLE
2–3 GEHACKTE ROSMARINZWEIGE (NUR DIE BLÄTTER)
2–3 GEHACKTE THYMIANZWEIGE (NUR DIE BLÄTTER)
2 EL DIJON-SENF
FRISCH GEMAHLENER SCHWARZER PFEFFER
MEERSALZ

Das Fleisch auf beiden Seiten mit einem scharfen Messer fünf- bis sechsmal einschneiden, in eine große Schüssel legen und die Orangenschale sowie den -saft darübergeben. Die Knoblauchknolle in Zehen zerteilen, schälen und pressen und mit dem Rosmarin, dem Thymian, dem Senf und etwas frisch gemahlenem schwarzen Pfeffer in einer zweiten Schüssel vermischen.

Das Fleisch damit einreiben, bis es vollständig damit bedeckt ist. Zugedeckt einige Stunden (über Nacht, falls die Geduld dafür ausreicht) ziehen lassen.

Den Grill anzünden. Das Lamm bei mittlerer Hitze etwa 20 Minuten grillen, anschließend wenden und weitere 20 Minuten grillen. Die Grillzeit hängt stark von der Grilltemperatur ab, aber mit diesen groben Richtlinien wird das Fleisch außen knusprig braun und ist innen noch rosa und saftig. Das Fleisch vor dem Anschneiden 15 Minuten ruhen lassen und vor dem Servieren mit etwas Meersalz bestreuen.

LAMMBURGER mit Frühlingszwiebeln und FETA

Während des Campings muss man mindestens einmal Hamburger grillen – das ist eine der Grundregeln. Unserer Ansicht nach müssen die Burger aber auch frisch zubereitet werden. Wer es gern scharf mag, kann eine Prise Chiliflocken dazugeben.

FÜR 4 STÜCK

500 G LAMMHACKFLEISCH
3 IN FEINE RINGE GESCHNITTENE FRÜHLINGSZWIEBELN
4 EL FEIN GEHACKTE MINZE UND/ODER KORIANDER
1 GEHÄUFTER TL GEMAHLENER KREUZKÜMMEL ODER KORIANDER
1 KRÄFTIGE PRISE ZIMTPULVER (OPTIONAL)
SALZ UND PFEFFER NACH GESCHMACK
1 MITTELGROSSES, VERQUIRLTES EI
2 REIFE, IN SCHEIBEN GESCHNITTENE TOMATEN
½ KLEINE, IN SCHEIBEN GESCHNITTENE ROTE ZWIEBEL
8 EL NATURJOGHURT
1 SPRITZER ZITRONENSAFT
8 SCHEIBEN FETA
4 GROSSE HAMBURGERBRÖTCHEN ODER WRAPS
1 PRISE MEERSALZ
1–2 HANDVOLL SALATBLÄTTER

Das Hackfleisch in eine Schüssel geben und mit einer Gabel zerteilen. Die Frühlingszwiebeln, die Hälfte der Kräuter, den Kreuzkümmel oder den Koriander, das Zimtpulver und etwas Salz und Pfeffer dazugeben. Gut durchkneten, das Ei hinzufügen und das Ganze erneut kneten (jedoch nicht zu lange, sonst wird das Fleisch zäh).

Vier Kugeln formen, auf einen großen Teller legen, flach drücken und 30 Minuten kalt stellen. In der Zwischenzeit den Grill anzünden und den Joghurt mit den restlichen Kräutern, etwas Zitronensaft sowie etwas Salz und Pfeffer verrühren.

Die Burger von jeder Seite vier bis fünf Minuten grillen. Die Burgerbrötchen aufschneiden. Auf jedes Brötchen bzw. jeden Wrap einen Löffel Joghurt streichen. Jeweils das Fleisch, zwei Scheiben Feta und einige Tomaten- und Zwiebelscheiben darauflegen. Mit etwas Meersalz bestreuen und zum Schluss einen weiteren Löffel Joghurt sowie einige Salatblätter daraufgeben.

Gegrillte HOCHRIPPE mit BRUSCHETTA und Haselnuss-SALSA

Wenn Sie sich kein ganzes Stück Hochrippe gönnen wollen, tun es auch einige schöne, große Ribeye-Steaks. Grillen Sie diese aber nur einige Minuten auf jeder Seite, sodass sie innen noch rosa und saftig sind.
Die Aromen der Salsa basieren auf der spanischen Romesco-Sauce und sind wirklich köstlich.

FÜR 4 GROSSZÜGIGE PORTIONEN

1 KG HOCHRIPPE (ZIMMERTEMPERATUR)
200 G SPARGELSPITZEN ODER IN 3 STÜCKE GESCHNITTENE SPARGELSTANGEN
8 SCHEIBEN SAUERTEIG-BAGUETTE ODER CIABATTA
OLIVENÖL

FÜR DIE SALSA

4 GEHÄUFTE EL BLANCHIERTE HASELNÜSSE
8 GEHACKTE, REIFE TOMATEN
4 FEIN GEHACKTE KNOBLAUCHZEHEN
2 TL GERÄUCHERTES PAPRIKAPULVER
2 GROSSZÜGIGE PRISEN ZERSTOSSENE CHILIFLOCKEN
2 EL ROTWEINESSIG
5 EL OLIVENÖL
MEERSALZ

Den Grill anzünden. Die Nüsse für die Salsa in einer Pfanne goldbraun rösten und abkühlen lassen.

Das Fleisch bei mittlerer Hitze 40 Minuten grillen. Die Grillzeit hängt stark von der Grilltemperatur ab, mit dieser groben Richtlinie wird das Fleisch außen knusprig braun und innen sehr rosa und saftig. Wer es durchgegarter mag, lässt das Fleisch einige Minuten länger auf dem Grill. Vor dem Aufschneiden 15 Minuten ruhen lassen.

In der Zwischenzeit den Spargel und die Brotscheiben von beiden Seiten grillen. Den Spargel ggf. auf ein Stück Alufolie legen. Das Brot anschließend auf eine große Platte oder ein Brett legen, mit Olivenöl beträufeln und mit etwas Meersalz bestreuen.

Für die Salsa die Nüsse hacken und in einer Schüssel mit den Tomaten, dem Knoblauch, dem Paprikapulver, den Chiliflocken, dem Essig, dem Olivenöl und zwei Prisen Meersalz vermischen. Das Ganze nicht zu früh vorbereiten, damit die Nüsse knackig bleiben.

Die Hälfte der Salsa auf den Brotscheiben verteilen. Das Fleisch in Scheiben schneiden und darauflegen. Nun den Spargel darüber verteilen und zum Schluss den Rest der Salsa darübergeben.

Sofort genießen

COUSCOUS als Beilage

Dies ist eine ganz einfach zuzubereitende Beilage, die prima zu gegrilltem Fleisch oder Fisch passt. Natürlich können Sie das Ganze wieder nach Belieben anpassen, z. B. mit knuspriger Chorizo oder Speck, gehackten, gerösteten Nüssen, reifen Tomaten oder – im Winter – mit gebratenem Butternuss-Kürbis anstelle der Bohnen.

FÜR 4 PORTIONEN

- 200 G COUSCOUS
- 1 EL OLIVENÖL
- 1 TL HARISSA-PASTE
- 3 HANDVOLL IN STÜCKE GESCHNITTENE STANGENBOHNEN ODER GRÜNE BOHNEN
- 4 HANDVOLL GEHACKTE PETERSILIE
- ABGERIEBENE SCHALE VON 1 ZITRONE
- SAFT VON ½ ZITRONE
- MEERSALZ

Eine großzügige Menge Salzwasser in einem Topf aufkochen. Den Couscous in eine Schüssel geben, mit dem Öl beträufeln und 350 Milliliter kochendes Wasser darübergießen. Die Harissa-Paste unterrühren und etwa fünf Minuten ziehen lassen. Die Bohnen zwei bis drei Minuten im restlichen Wasser blanchieren, dann abgießen.

Den Couscous mit einer Gabel auflockern, die Petersilie, die Zitronenschale und den -saft sowie die Bohnen unterrühren. Das Ganze sorgfältig vermischen und mit etwas Meersalz abschmecken. Die Beilage kann warm oder kalt gegessen werden.

NUDELN als Beilage

Das Rezept hat viele köstlich-sommerliche Aromen und ist die ideale Beilage zu gegrilltem Steak oder Fisch. Im Winter kann man es z. B. mit 400 Gramm Dosentomaten anstatt frischer Tomaten, mit drei Esslöffeln Thymian anstatt Basilikum und Mandarinenschale anstelle von Zitronenschale zubereiten. Anschließend gibt man noch eine Handvoll Kapern oder Olivenscheiben hinzu und erwärmt das Ganze, bevor die Nudeln darin geschwenkt werden.

FÜR 4 PORTIONEN

- 200 G NUDELN (Z. B. PENNE ODER EINE ANDERE KURZE SORTE)
- 6 REIFE TOMATEN
- 2 PRISEN GETROCKNETE, ZERSTOSSENE CHILIFLOCKEN
- 2 GEPRESSTE KNOBLAUCHZEHEN
- 1 GROSSZÜGIGE HANDVOLL ZERRUPFTES BASILIKUM
- ABGERIEBENE SCHALE VON 1 ZITRONE
- OLIVENÖL
- MEERSALZ

Die Nudeln nach Packungsanweisung in Salzwasser kochen. Die Tomaten grob hacken, dabei den Stielansatz entfernen. In eine große Schüssel geben und mit den Chiliflocken, dem Knoblauch, dem Basilikum, der Zitronenschale und etwas Olivenöl vermischen.

Die fertigen Nudeln abgießen und etwa fünf Minuten abkühlen lassen. Anschließend zu der Tomatenmischung geben und mit etwas Meersalz abschmecken. Schmeckt warm oder kalt.

GEDÄMPFTES Sommergemüse mit KRÄUTERN

Gemüse zu dämpfen ist eine großartige Zubereitungsart, denn auf diese Weise behält es seine wichtigen Inhaltsstoffe und schmeckt viel besser. Sie füllen einfach etwas Wasser in einen Topf, geben das Gemüse in den Dämpfeinsatz und dünsten es darin einige Minuten. Einige frische Kräuter sorgen für zusätzlichen Geschmack.

Gedämpftes Gemüse passt als Beilage zu fast allem: kaltem Brathuhn, gegrilltem Fisch, rotem Fleisch. In unserem VW Camper gehört der Dampfgarer zur Grundausstattung. Probieren Sie es im Winter doch einmal mit Wurzelgemüse und Kürbis. Rosmarin, Thymian und Petersilie verleihen dem Ganzen ein würziges Aroma, das nahezu unschlagbar ist. Einfach köstlich.

FÜR 2 PORTIONEN

- 2 LORBEERBLÄTTER (OPTIONAL)
- 6 KLEINE, HALBIERTE FRÜHKARTOFFELN (ODER 8 KLEINE RÜBEN)
- 8–10 IN STIFTE GESCHNITTENE BABYKAROTTEN (ODER 150 G GROSSE KAROTTEN)
- 8–10 IN RINGE GESCHNITTENE BABYLAUCHSTANGEN (ODER 75 G GEWÖHNLICHER LAUCH)
- ETWA 100 G SPARGELSPITZEN ODER 6–8 HALBIERTE SPARGELSTANGEN
- 1 STÜCK BUTTER ODER 1 EL OLIVENÖL
- 3 EL GEHACKTE KRÄUTER, Z. B. ESTRAGON, MINZE UND SCHNITTLAUCH ODER KERBEL, BASILIKUM UND PETERSILIE
- ½ TL ABGERIEBENE ORANGEN-, ZITRONEN- ODER LIMETTENSCHALE

Wasser in einem Topf aufkochen und ggf. einige Lorbeerblätter hinzufügen. Den Dampfgareinsatz daraufsetzen. Das Gemüse nach Bedarf waschen, putzen und klein schneiden. Die Kartoffeln und die Karotten in den Dampfgarer geben und zehn Minuten garen – das Wasser muss die ganze Zeit über kochen (ggf. kochendes Wasser nachgießen). Als nächstes den Lauch und den Spargel hineingeben und weitere vier bis fünf Minuten dämpfen.

Den Dampfgareinsatz aus dem Topf nehmen, das Kochwasser abgießen (oder als Grundlage für eine Gemüsebrühe aufheben) und das gegarte Gemüse mit der Butter oder dem Öl, den Kräutern und dem Schalenabrieb zurück in den Topf geben. Etwa eine Minute erhitzen und dann sofort servieren.

Salat mit BROKKOLI, Pinienkernen und CHILI

Grünzeug ist gesund – und mit etwas Chili zum Aufpeppen werden Sie diesen Salat erst recht lieben. Er schmeckt auch mit violettem Brokkoli und kann warm oder kalt gegessen werden. Verwenden Sie eine Prise zerstoßene Chiliflocken, falls Sie keine frischen Chilis zur Hand haben. Sie können den Salat auch mit heißen Nudeln und geriebenem Parmesan mischen.

FÜR 4 PORTIONEN

3 EL PINIENKERNE
1 PRISE SALZ
1 BROKKOLI (ETWA 400 G)
500 G ERBSEN IN DER HÜLSE, GESCHÄLT, ODER 200 G GESCHÄLTE ERBSEN
2 EL OLIVENÖL
1 ENTKERNTE UND FEIN GEHACKTE ROTE CHILISCHOTE (ODER EINE PRISE ZERSTOSSENE CHILIFLOCKEN)
MEERSALZ

Die Pinienkerne in einem Topf bei mittlerer Hitze drei bis vier Minuten goldbraun rösten. Auf einem Teller beiseitestellen. Eine ausreichende Menge Wasser mit einer Prise Salz in den Topf geben und aufkochen. Den Brokkoli in einzelne Röschen zerteilen, dabei den größten Teil des Strunkes entfernen.

Die Brokkoliröschen in den Topf geben, erneut aufkochen und vier bis fünf Minuten köcheln lassen. Zum Schluss die Erbsen hinzufügen und kurz garen. Das noch warme Gemüse mit den Pinienkernen, dem Olivenöl, dem Chili und einer Prise Meersalz vermischen.

FRISCHER grüner SALAT mit ZITRONE

Dieses Rezept eignet sich hervorragend, wenn man beim Straßenrandroulette mit dem Kochen an der Reihe ist. Zucchini, Gurken und dicke Bohnen? Im Sommer findet man sie an den Straßenständen im Überfluss! Sollte es dennoch keine dicken Bohnen geben, nehmen Sie junge, grüne Bohnen und schneiden Sie sie in kleine Stücke.

FÜR 4 PORTIONEN

2–3 ZUCCHINI
½ GRÜNE GURKE
500 G DICKE BOHNEN IN DER HÜLSE, GESCHÄLT, ODER 150 G GESCHÄLTE DICKE BOHNEN
MEERSALZ
2 EL OLIVENÖL
ABGERIEBENE SCHALE VON 1 ZITRONE
SAFT VON ½ ZITRONE
150 G NATURJOGHURT
1 GROSSZÜGIGE HANDVOLL GEHACKTE ODER ZERRUPFTE, FRISCHE KRÄUTER (Z. B. EINE MISCHUNG AUS BASILIKUM, SCHNITTLAUCH UND MINZE)

Wasser in einem Topf aufkochen. Die Zucchini und die Gurke waschen und in dünne Stifte schneiden. Die dicken Bohnen in das kochende Wasser geben und drei bis vier Minuten blanchieren. Anschließend abgießen.

Die Zucchini- und die Gurkenstifte in einer großen Schüssel mit etwas Meersalz, dem Olivenöl, der Zitronenschale und dem -saft vermischen und 15 Minuten ziehen lassen. Das weiße Häutchen der Bohnen entfernen, die Bohnen zu dem restlichen Gemüse geben und mit dem Joghurt und den Kräutern mischen. Bald verzehren.

Marts SALAT-Dressing

Das Beste an diesem Dressing ist die Tatsache, dass man es einfach in einem Marmeladenglas mischen und dann im Camper aufbewahren kann. In einem kühlen Schrank hält es sich problemlos tagelang. Das Dressing passt perfekt zu jedem Blattsalat und hat eine köstlich krautige, leicht knoblauchlastige Note. Geben Sie es über einfachen grünen Salat oder auch über Tomaten und Mozzarella. Auch zu frischen dicken Bohnen und Frühlingszwiebeln passt es sehr gut.

FÜR 4 PORTIONEN

2 KNOBLAUCHZEHEN
EINIGE FRISCHE ROSMARINZWEIGE
MEERSALZ UND SCHWARZER PFEFFER
1 TL KÖRNIGER SENF
1 TL FLÜSSIGER HONIG
BALSAMICO
OLIVENÖL
SESAMÖL (OPTIONAL)

Die Knoblauchzehen schälen und fein hacken. Die Rosmarinnadeln ebenfalls fein hacken und mit dem Knoblauch in ein Marmeladenglas geben. Nun den Senf, den Honig, etwas Meersalz und schwarzen Pfeffer dazugeben. Zwei fingerbreit Balsamico und zwei bis zweieinhalb fingerbreit Olivenöl (nach Geschmack) sowie ggf. einen Spritzer Sesamöl in das Glas füllen. Das Glas fest zuschrauben, kräftig schütteln und fertig ist das Dressing.

Einfacher KRAUTSALAT

Ebenfalls ein ideales Rezept für das Straßenrandroulette. Welcher Straßenstand, der etwas auf sich hält, führt wohl weder Karotten noch Kohl? Sie sagen es! Dieses Rezept ergibt eine ganze Menge Salat, der sich aber gekühlt einen guten Tag lang hält.

FÜR 8 PORTIONEN

- 4 KAROTTEN
- ½ WEISSKOHL
- 250 ML NATURJOGHURT
- 1 EL KÖRNIGER SENF
- 3 EL QUALITATIV HOCHWERTIGE (ODER SELBST GEMACHTE) MAYONNAISE
- SALZ UND PFEFFER

Die Karotten putzen (schälen ist nicht notwendig, es sei denn, sie sind sehr sandig) und in eine große Schüssel reiben. Den halben Kohlkopf durchschneiden, in Streifen schneiden und zu den Karotten geben. Den Joghurt mit dem Senf und der Mayonnaise verrühren und mit etwas Salz und Pfeffer abschmecken. Anschließend mit dem Rest vermischen.

Na, haben Sie für den Nachtisch Platz gelassen?

Zitronen-KÄSEKUCHEN im Glas

Ein köstlicher Nachtisch, der Ihre Geschmacksknospen aufweckt.

FÜR 4 PORTIONEN

* ETWAS ABGERIEBENE ZITRONENSCHALE
* SAFT VON 1 ZITRONE
* 5 EL PUDERZUCKER
* 150 ML SAHNE (MIT HOHEM FETTGEHALT)
* 200 ML DICKFLÜSSIGER NATURJOGHURT
* 4 INGWERKEKSE
* 4 EL HIMBEEREN, BLAUBEEREN, BROMBEEREN ODER KLEIN GESCHNITTENE ERDBEEREN (ODER GAR KEINE FRÜCHTE)

Den Puderzucker im Zitronensaft auflösen. Die Sahne halb steif schlagen, dann den Joghurt und die Zitronen-Puderzucker-Mischung unterheben.

Jeweils einen Keks zerkrümeln und in ein Glas geben. Darauf einen Esslöffel Obst legen, gefolgt von der Zitronen-Joghurt-Sahne-Mischung. Zum Schluss etwas Zitronenschale darüberstreuen. Vor dem Servieren etwa eine Stunde kalt stellen.

FrühSommerlicher FRUCHT-Fool

Soll das Ganze noch dekadenter werden, geben Sie einige zerkrümelte Baisers in die Masse. Falls Sie keine Stachelbeeren bekommen, können Sie auch Rhabarber oder eine Beerenmischung verwenden – diese müssen Sie jedoch fünf Minuten mit etwas Zucker köcheln lassen, bis sie ihre Säfte freisetzen.

FÜR 6 PORTIONEN

450 G GEPUTZTE STACHELBEEREN
3 EL HOLUNDERBLÜTENSIRUP (ODER WASSER)
4 EL FLÜSSIGER HONIG
200 ML SAHNE (MIT HOHEM FETTGEHALT)
300 G FERTIGER VANILLEPUDDING
HOLUNDERBLÜTEN (ODER ABGERIEBENE ZITRONENSCHALE, FALLS SIE KEINE HOLUNDERBLÜTEN BEKOMMEN)

Die Stachelbeeren mit dem Holunderblütensirup (oder dem Wasser) und dem Honig in einen Topf geben, langsam aufkochen und dann bei niedriger Hitze 15 Minuten zugedeckt sanft köcheln lassen. Anschließend vom Herd nehmen und vollständig abkühlen lassen.

Die Stachelbeeren nun zu einem Püree zerdrücken und durch ein Sieb in eine Schüssel streichen. Den aufgefangenen Saft in einem kleinen Topf bis auf einige Esslöffel einkochen lassen.

Die Sahne halbsteif schlagen, mit dem Vanillepudding und dem Stachelbeerpüree vermischen und in Gläser füllen. Etwas eingekochten Stachelbeersaft darüberträufeln und vor dem Servieren mit Holunderblüten (oder Zitronenschale) bestreuen.

Klebrige KARAMELL-PEKAN-Äpfel

Ist es draußen ein bisschen kühler geworden? Kein Grund, die Shorts zu verbannen – ziehen Sie einfach einen dicken Pulli und eine Mütze an und genießen Sie diesen köstlichen Nachtisch. Er schmeckt auch sehr gut mit Bananen oder Pflaumen.

FÜR 4 PORTIONEN

- 1–2 EL GEHACKTE PEKAN- ODER ANDERE NÜSSE
- 1 GROSSES STÜCK BUTTER
- 4 IN SPALTEN GESCHNITTENE ÄPFEL ODER BIRNEN (DAS KERNGEHÄUSE VORHER ENTFERNEN)
- 1 GROSSZÜGIGER SCHUSS CALVADOS, ARMAGNAC ODER DUNKLER RUM
- 2 EL BRAUNER ZUCKER
- 1 PRISE SALZ
- 1–2 EL SAHNE (NACH GESCHMACK GGF. ETWAS MEHR)

Die Nüsse in einer Pfanne goldbraun rösten, in eine Schüssel geben und abkühlen lassen. Nun die Butter in der Pfanne schmelzen. Sobald sie anfängt zu schäumen, die Apfel- oder Birnenspalten hinzufügen und einige Minuten braten. Dabei mehrmals wenden – das Obst soll eine leicht weiche Konsistenz haben. Anschließend die Hitze erhöhen, den Alkohol über das Obst geben und das Ganze noch einige Minuten braten.

Den Zucker und eine Prise Salz darüberstreuen und verrühren, bis eine Art Karamellsauce entsteht. Zum Schluss einen Schuss Sahne unterrühren und mit den gerösteten Nüssen bestreuen. Heiß servieren und dazu Schlagsahne reichen.

MUSIK AM LAGERFEUER

Zu jedem Lagerfeuer gehört jemand, der Gitarre spielt. Ohne Lieder zum Mitsingen, die den Rebellen in uns wecken, fehlt selbst dem schönsten und größten Lagerfeuer etwas. Das ist so, als würde man als Kind bei Freunden übernachten, ohne sich Gruselgeschichten zu erzählen – oder wie Camping ohne Campingbus. Es ist zwar schön, aber eben nicht perfekt.

Gibt es eine bessere Methode, die frühen Morgenstunden einzuläuten, als um die lodernde Glut herumzusitzen und Lieder zu singen, die uns emotional irgendwie ansprechen? Wen interessiert es dabei schon, ob man singen kann? Niemand stört sich daran, falls es ein bisschen schräg klingt. Wichtig ist nur, dabei zu sein. Und natürlich muss man Lieder singen, die jeder kennt.

Als Amateursänger und höchst mittelmäßiger Lagerfeuer-Gitarrist weiß ich, wie schnell das Ganze schiefgehen kann. Eine Minute sitzt man da und singt seine eigene melancholische Komposition über das Mädchen vom Obststand, in der nächsten starren alle auf ihre Schuhe, peinliches Schweigen senkt sich über die Versammlung und dann gehen sie in den nächsten Pub. Die Moral der Geschichte? Geben Sie den Leuten, was sie hören wollen! Nutzen Sie das Lagerfeuer bloß nicht zum Ausprobieren Ihrer neuen Songs, es sei denn, Sie möchten alleine vor sich hinsingen.

Hier sind einige einfache Lieder für die Gitarre, die man mit wenigen Akkorden spielen kann. Falls Sie jedoch ein gestandener Musiker sind, überspringen Sie die nächsten Seiten besser ...

DRUNKEN SAILOR

Volkslieder sind großartig! Wen interessiert es, ob man das Lied schon tausend Mal gehört hat? Nicht umsonst ist es zu einem Klassiker geworden. Jeder kennt den Text und wer nicht singen kann, der grölt eben. Ein Lied für den Volksliedsänger in uns.

1. STROPHE

Am
What shall we do with the drunken sailor?
G
What shall we do with the drunken sailor?
Am   C G   Am
What shall we do with the drunken sailor, earlye in the morning?

REFRAIN

Am
Hooray and up she rises!
G
Hooray and up she rises!
Am   C G   Am
Hooray and up she rises, earlye in the morning.

2. STROPHE

Put him in a long boat till he‘s sober ...

3. Strophe

Dip ’im in the drink until he‘s sober ...

Am

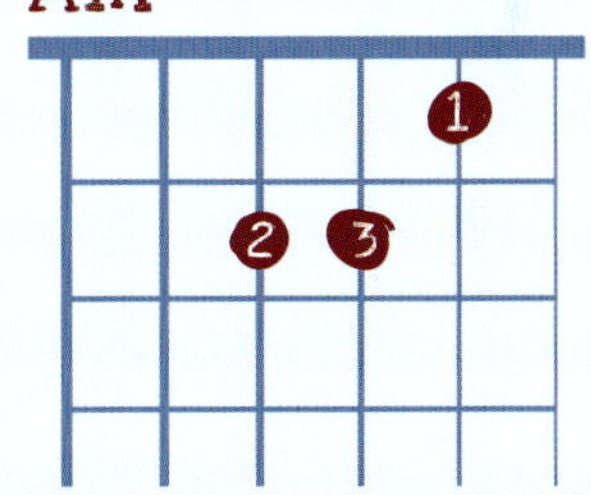

G

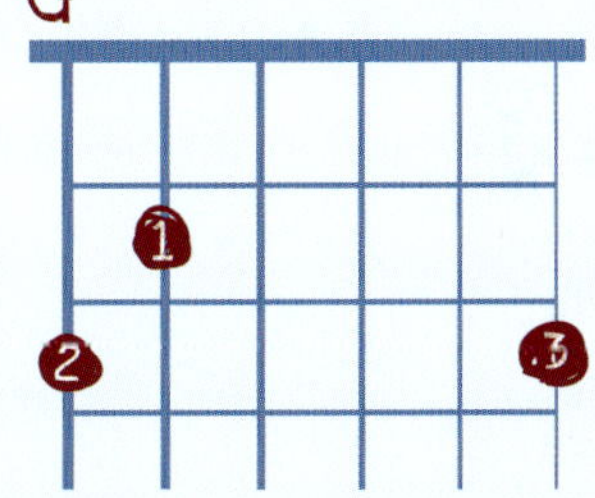

C

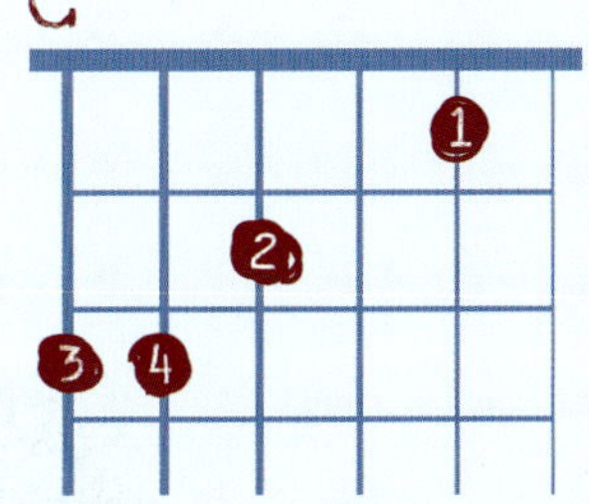

THE JOHN B. SAILS

Mein Schwiegervater, Ed Quill, und sein bester Freund, Tommy Radley, sangen dieses wunderschöne Lied zu meiner Hochzeit – in der Bar, nachdem die meisten Gäste bereits gegangen waren. Es ist ein sehr emotionales Lied, das aber mit viel Freude gesungen werden sollte. Am Lagerfeuer wird schließlich nicht ins Bier geheult!

1. STROPHE

C
We come on the sloop John B., my grandfather and me.
G
Around Nassau town we did roam.
C F
Drinkin' all night. Got into a fight.
C G C
Well, I feel so break up, I want to go home.

REFRAIN

C
Hoist up the John B's sails. See how the main sails set.
G
Call for the captain ashore, let me go home.
C F
Let me go home. I want to go home.
C G C
Well, I feel so break up, I want to go home.

2. STROPHE

First mate, he got drunk. Broke up the people's trunk.
Constable had to come and take him away.
Sheriff John Stone, why do n't you leave me alone?
Well, I feal so break up, I want to go home.

3. STROPHE

Well, the poor cook he caught the fits. Throw away all of my grits.
Then he took and he ate up all of my corn.
Let me go home. I want to go home.
This is the worst trip since I've been born.

C

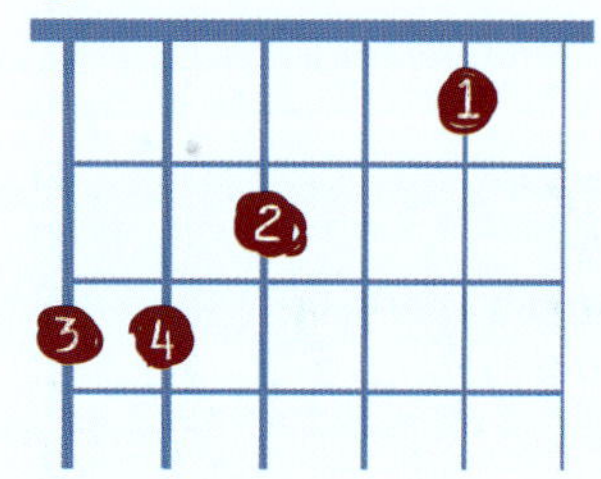

G

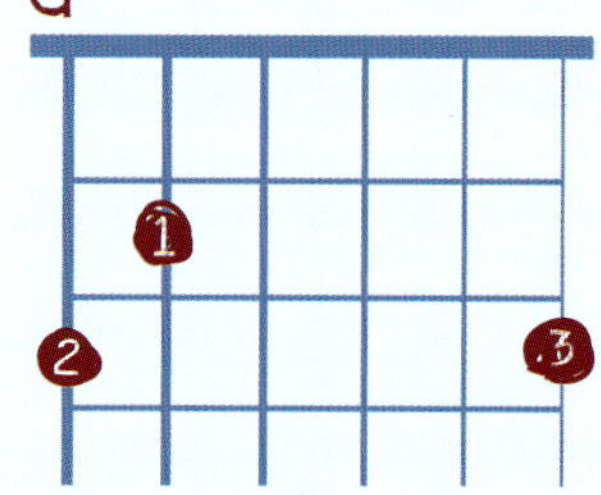

F

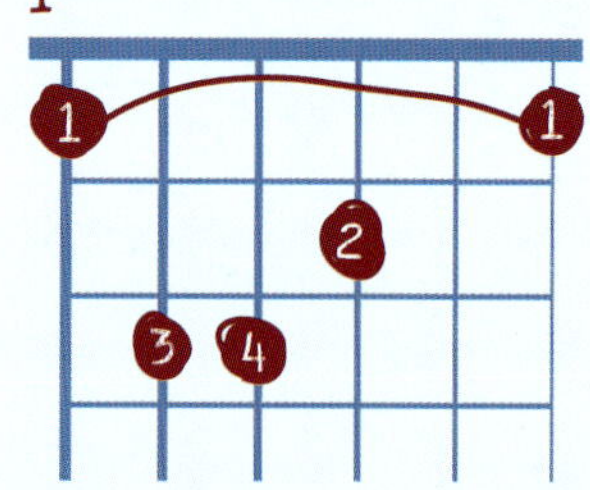

MARSHMALLOWS AM LAGERFEUER RÖSTEN

Hat jemand an Marshmallows gedacht? Sie gehören einfach zum Lagerfeuer, ebenso wie die Musik, und sind zudem das Laster aller Laster beim Camping. Wenn Sie beim nächsten Grillabend eine Tüte dieser rosafarbenen luftig-klebrigen Monster hervorzaubern, werden Sie garantiert zum Helden aller Gäste. Nicht nur, dass Sie die perfekte Ablenkung vom Gesang bieten, Sie geben allen auch ein Stückchen Kindheit zurück.

RÖSTEN IST EINFACH

Spießen Sie den Marshmallow auf einen langen, spitzen Stab und halten Sie ihn über die Flammen, bis er außen komplett karamellisiert und innen schön klebrig ist. Na, ist das nichts? Das dachte ich mir ...

LAGERKOLLER

Lassen Sie uns nach dem ganzen köstlichen Essen und der Musik kurz einmal einen Gang zurückschalten. Manchmal holt einen die Realität ein und der Himmel öffnet seine Schleusen. Was macht man also bis zum Schlafengehen, wenn es den ganzen Tag geschüttet hat, man nass und gelangweilt ist, bereits zu Abend gegessen wurde und der nächste Pub zu weit weg ist, um zu Fuß zu gehen? Manchmal kann sich die Zeit wirklich ganz schön lange hinziehen. Langsam aber sicher fängt man an, durchzudrehen.

Falls Sie dieses Gefühl noch nicht erlebt haben – das ist ein Lagerkoller. Selbst der unerschütterlichste Camper ist davor nicht gefeit. Zum Glück kann man der Langeweile aber mit einer ganzen Reihe von Methoden entgegenwirken. Und das muss nicht einmal viel kosten.

LERNEN SIE EINFACHE ZAUBERTRICKS

Ich habe kein Talent für das Zaubern, aber wenn es unbedingt sein muss, kann ich die Kinder mit einigen simplen Tricks unterhalten. Wir reden hier nicht von Kaninchen und Zylindern – alles, was Sie benötigen, ist ein Päckchen Spielkarten. Ehrlich gesagt könnte ich selbst ein Buch gebrauchen, in dem ich nachlesen kann, wie es besser funktioniert. Das würde die Kinder begeistern und einige der endlosen Stunden bis zur Schlafenszeit verkürzen, wenn man keinen Fernseher hat.

REGEN, VERZIEH' DICH

BECHER STAPELN

Sie haben das bestimmt schon einmal im Internet gesehen. Es kann absolut faszinierend sein, jemandem dabei zuzusehen, wie er in unglaublicher Geschwindigkeit Becher hin und her stapelt. Außerdem ist es viel schwieriger, als es den Anschein hat. Probieren Sie es selbst einmal aus – vielleicht werden Sie ja der nächste Weltmeister!

GESCHICHTEN ERFINDEN

Wenn man auf einem einsamen Feld mitten im Nichts sitzt, ist es vielleicht nicht die beste Idee, sich gegenseitig mit Gruselgeschichten zu erschrecken. Versuchen Sie es doch mit „Mein Vater besaß einen VW Camper. Darin hatte er … einen Autounfall." Beginnen Sie mit A und gehen Sie das ganze Alphabet durch. Wenn Sie bis Q kommen, können Sie Quinoa verwenden – auf Seite 112 finden Sie ein Rezept dazu, also haben Sie es ohnehin im Schrank.

HOLEN SIE DIE BRETTSPIELE HERVOR

Falls Sie meinem Rat gefolgt sind, haben Sie daran gedacht, einige Brettspiele einzupacken. Jetzt ist der Zeitpunkt gekommen, sie herauszuholen. Mühle, Dame, Schach, Backgammon, Schiffe versenken usw. So können Sie sich auf ganz altmodische, aber unterhaltsame Weise die Zeit vertreiben.

KAUFEN SIE SICH EINEN LAPTOP (MIT SEHR LANGER BATTERIELAUFZEIT)

Wie bitte? Sie dachten, beim Campen geht es darum, die ganze Zeit Wanderstöcke zu schnitzen oder Hängematten zu flechten? Sofern das Wetter schön ist, sind das gute Vorschläge, aber manchmal muss man einfach einen Trumpf im Ärmel haben, z. B. den Laptop mit DVD-Player. Er ist unsere schmutzige kleine Massenunterhaltungswaffe.

Falls Ihnen das alles nicht gefällt, bleibt immer noch die Möglichkeit, die Gummistiefel anzuziehen, die Taschenlampe herauszukramen und zum nächsten Pub zu gehen.

ZURÜCK-AUS-DEM-PUB-ESSEN

Jeder VW-Camper-Ausflug wird durch einen Besuch im Pub nur noch besser. In Großbritannien ist es einfach Teil der ganzen Campingerfahrung. Manchmal bietet es einem auch die Chance, vor dem Schlafengehen wenigstens einmal richtig durchzutrocknen und ein Gläschen zu genießen. Denken Sie aber um Himmels Willen an eine Taschenlampe! Draußen auf dem Land ist es abends dunkel – so richtig dunkel!

Es kann durchaus auch einmal vorkommen, dass ein Besuch im Pub den Ausflug davor rettet, zum schlimmsten Ausflug aller Zeiten erklärt zu werden. Wenn die Stimmung angespannt ist und es draußen wie aus Eimern gießt, kann der eine oder andere harte Drink mitunter die Wogen wieder glätten. Wenn Sie nun den ganzen Weg zum Pub und wieder zum Camper zurückgelaufen sind, haben Sie garantiert Hunger. Kein Problem. Unser Zurück-aus-dem-Pub-Rezept ist jetzt genau das Richtige.

GEBRATENES Käsebrot MIT Ei

Knuspriges Brot und schmelzender Käse – alles in einem Bissen. Auch als Abendessen-vor-dem-Morgen-danach-Kater sehr zu empfehlen. Natürlich kann man es auch prima zum Mittagessen servieren.

FÜR 2 PORTIONEN

- 1 GROSSES, MIT 2 EL MILCH VERQUIRLTES EI
- SALZ UND PFEFFER
- WEICHE BUTTER
- 2 DICKE SCHEIBEN WEISSBROT (MÖGLICHST KEIN TOAST)
- GERIEBENER CHEDDAR
- ÖL

Das Ei mit der Milch in eine flache Schale gießen und mit Salz und Pfeffer würzen. Das Brot mit Butter bestreichen, mit Käse belegen und eine weitere gebutterte Scheibe Brot darauflegen. Anschließend die Sandwiches in zwei oder vier Teile schneiden, abhängig von der Größe der Scheiben.

Etwas Butter und einen Schuss Öl in der Pfanne erhitzen. Beide Seiten der Sandwichstücke in die Eiermilch tauchen, dann auf jeder Seite einige Minuten braten, bis eine knusprige goldbraune Kruste entsteht und der Käse geschmolzen ist. Guten Appetit.

Stroopwafels

Diese niederländische Waffelspezialität mit Karamellsirup ist einfach himmlisch. Das genaue Rezept wird von Müttern ebenso wie von Bäckern im ganzen Land streng gehütet. Traditionell legt man sie vor dem Essen auf den Rand einer Tasse Tee, Kaffee oder Kakao, damit das Karamell schmilzt. In England und in Irland kann man sie überall als „toffee" oder „syrup waffles" kaufen. Auch in Deutschland sind sie in einigen Geschäften erhältlich – sieht man sie irgendwo, sollte man auf jeden Fall zugreifen. Unsere Freundin Marieke bekam sie immer von ihren niederländischen Verwandten und brachte sie uns mit. Ein wahrhaftiges Geschenk.

Stroopwafels schmecken allein schon köstlich, aber mit Crème fraîche und einigen frischen Erdbeeren oder selbst gepflückten Blaubeeren sind sie absolut unwiderstehlich. Erwärmen Sie die Waffeln auf Ihrer Tasse, geben Sie einen Löffel Crème fraîche und einige Beeren darauf und Sie haben den perfekten Snack.

ERDNUSSBUTTER-Speck-SANDWICHES

Die Süße der Erdnussbutter kombiniert mit dem salzig-knusprigen Speck auf weichem Weißbrot schmeckt jederzeit köstlich, aber nach einigen Bierchen wird es Ihnen wie Manna vorkommen.

2–3 STREIFEN FRÜHSTÜCKSSPECK PRO PERSON
WEICHE BUTTER
2 DICKE SCHEIBEN WEISSBROT (MÖGLICHST KEIN TOAST) PRO PERSON
GROBE ERDNUSSBUTTER

Den Speck knusprig braten. In der Zwischenzeit das Brot mit Butter und Erdnussbutter bestreichen. Darauf einige Streifen Speck legen, mit einer zweiten Scheibe Brot bedecken und mit den Händen leicht zusammendrücken. Eine Minute liegen lassen, damit alles schmelzen und sich vermischen kann.

FESTIVALS

Ich war schon auf einigen Festivals – nicht auf vielen, aber oft genug. Manchmal – aber nicht zwangsweise – kann das eine ganz schön schmuddelige Angelegenheit sein. Sollten Sie vorhaben, dieses Jahr selbst an einem Festival teilzunehmen, sollten Sie unbedingt mit dem eigenen Campingbus fahren. Im Zweifelsfall mieten (siehe Seite 276), borgen oder klauen Sie einen. Ich garantiere Ihnen, Sie werden es nicht bereuen.

Auf so einem Festival zeigt Ihr Camper erst richtig, was er alles kann. Draußen versinkt alles im Schlamm, aber drinnen sitzen Sie bequem im Trockenen, können kochen und waschen und Sie können sich vor allem zurückziehen, wenn alles im Chaos versinkt. Falls Sie Freunde mit VW Campern haben und rechtzeitig genug ankommen, um sich einen guten Platz zu sichern, können Sie sogar Ihre eigene kleine Wagenburg bauen. Stellen Sie einen Windschutz auf und spannen Sie eine Plane zwischen die Wagen, die Ihnen selbst bei schlechtem Wetter ausreichend Lagerraum bietet. Sobald Sie einmal in Ihrer Burg sind, kann Ihnen nichts mehr etwas anhaben und Sie können sich nach Lust und Laune amüsieren.

WELCHE FESTIVALS GEFALLEN IHNEN?

Es gibt zahllose Festivals jeder Größe und Art, in Großbritannien z. B. die großen und bekannten wie Glastonbury oder Reading, aber auch kleinere, gemütlichere Musikfeste wie Solfest in Cumbria. Auch in Deutschland finden viele Festivals statt, z. B. Rock am Ring am Nürburgring, das Highfield-Festival am Stausee Hohenfelden oder das Mittelater Rock Festival in Illingen. Einige sind familienfreundlicher als andere, deshalb sollten Sie sich gut informieren, bevor Sie die Kinder mitnehmen.

Im Grunde gibt es für jeden etwas. Schauen Sie sich doch einmal um. Sie können Volksmusik hören, VW-Bus-Klassiker bestaunen, Bücher durchforsten, Volksfeste und Paraden besuchen, die Nacht bei wilder Musik durchtanzen oder auch die bekanntesten Bands der Welt auf einigen der größten Bühnen hören.

Auf Seite 280 haben wir eine Liste von einigen der weniger bekannten und ungewöhnlicheren Festivals in Großbritannien für Sie zusammengestellt.

DIE ZEHN WICHTIGSTEN FESTIVALTIPPS

Treffen Sie eine sorgfältige Vorauswahl. Es gibt so viele verschiedene Festivals, da ist das manchmal gar nicht so einfach. Kleine Feste sind toll, aber oft gibt es dort nicht viel, was die lieben Kleinen bei Laune hält. Andererseits können die großen Festivals für manche Leute auch ganz schön abschreckend sein.

Kommen Sie rechtzeitig (d. h., so früh wie möglich) an. So müssen Sie nicht an einem Hang, am Hauptweg oder direkt neben den Toiletten parken.

Nehmen Sie eine Plane mit – Sie verdoppeln damit Ihren Platz und schaffen sich gleichzeitig einen exzellenten Ort zum Essen.

Nehmen Sie eine Campingtoilette mit. Vielleicht müssen Sie hinter Ihre Plane „gehen“, aber wenigstens müssen Sie so nicht stundenlang Schlange stehen, um sich den Schrecken der Festivaltoiletten zu stellen. Nehmen Sie ausreichend Toilettenpapier mit.

Füllen Sie Ihren Kühlschrank. Sofern Sie nicht nur Pommes oder Falafel essen wollen, sollten Sie wenigstens einmal am Tag kochen.

Fahren Sie zusammen mit Freunden. Treffen Sie sich vorher und fahren Sie im Konvoi – das macht mehr Spaß und Sie können hinterher eine Wagenburg bauen.

Denken Sie an Ausgleichskeile. Falls der Boden nicht ganz eben ist, müssen Sie manchmal ein bisschen nachhelfen.

Nehmen Sie Schminkutensilien mit. So kommt man leicht in die richtige „Hippielaune“. Wie wäre es mit einer schönen Kriegsbemalung?

Nehmen Sie eine markante Fahne an einer sehr langen Stange mit. Das ist der einfachste Weg, Ihren Campingbus in einem Meer aus anderen Campingbussen und Zelten wiederzufinden.

Nehmen Sie eine Flasche Champagner mit. Mir ist es egal, was andere Leute dazu sagen – genießen Sie das Leben! Eine Flasche Champagner inmitten der Anarchie eines Festivals macht ein großartiges Gefühl.

TLE 836M

ALPINE MEADOWS

CHILI

Es ist Samstagabend und die Nachbarn schauen kurz bei Ihnen vorbei, bevor sie losziehen, um sich die großen Bands anzuhören. Sie brauchen unbedingt etwas Warmes und Würziges für die kommende Nacht. Dieses Rezept eignet sich perfekt dafür. Es braucht zwar ein wenig Vorbereitungszeit, lohnt sich aber allemal. Falls Sie nicht genug Zeit haben, können Sie die schnelle Variante wählen und Hackfleisch verwenden, das schmeckt genauso gut. Aber eines ist sicher: Sie benötigen einen großen Topf. Und falls der ganze Campingplatz vorbeischaut, nehmen Sie am besten zwei Töpfe. Vielleicht hilft Ihnen ein netter Nachbar ja, den Reis zu kochen.

Servieren Sie Reis oder geröstetes Fladenbrot und etwas Guacamole (siehe Seite 192) dazu. Für die Kinder können Sie das Chili mit etwas Schmand in Wraps füllen und sie damit in das nächste Abenteuer schicken. Aber seien Sie vorsichtig mit dem Chili.

FÜR 8–10 PORTIONEN

2 GROSSE, GEHACKTE ZWIEBELN
2 GEPRESSTE KNOBLAUCHZEHEN
2 EL ÖL
1 ¼ KG RINDERGULASCH ODER HACKFLEISCH
2 TL GERÄUCHERTES, SÜSSES PAPRIKAPULVER
2 TL CHILIPULVER
2 TL GEMAHLENER KREUZKÜMMEL
1 TL ZIMTPULVER
3 EL TOMATENMARK
2 DOSEN (À 400 G) GEHACKTE TOMATEN
2 ENTKERNTE UND IN KLEINE STÜCKE GESCHNITTENE ROTE PAPRIKASCHOTEN
1 PRISE SALZ
2 DOSEN (À 410 G) ABGETROPFTE KIDNEYBOHNEN (ABTROPFGEWICHT 480 G)
2 STÜCKE ZARTBITTERSCHOKOLADE
3 EL GROB GEHACKTE KORIANDERBLÄTTER

ZUM GARNIEREN

1 FEIN GEHACKTE, ROTE CHILISCHOTE (ODER EINGELEGTE CHILIS)
SCHMAND
LIMETTENSPALTEN

Die Zwiebeln und den Knoblauch mit dem Öl in einem großen Topf bei niedriger Hitze acht bis zehn Minuten dünsten. Anschließend auf einen Teller geben und beiseitestellen.

Den Topf zurück auf die Kochfläche stellen und die Temperatur erhöhen. Das Fleisch portionsweise in den Topf geben, scharf anbraten und nach und nach auf einen Teller geben. Sobald das gesamte Fleisch angebraten ist, wieder zurück in den Topf geben, die Zwiebeln, den Knoblauch, die Gewürze und das Tomatenmark hinzufügen und sorgfältig mischen.

Die Tomaten, die Paprika und eine großzügige Prise Salz dazugeben. Eine der beiden leeren Tomatendosen mit Wasser füllen und das Wasser ebenfalls dazugeben. Das Ganze aufkochen und anschließend bei niedriger Hitze zugedeckt köcheln lassen (Gulasch 75 Minuten, Hackfleisch eine Stunde). Nach der Hälfte der Garzeit den Deckel abnehmen und die Bohnen unterrühren. Falls das Fleisch noch nicht ganz zart sein sollte, einige Minuten länger köcheln lassen.

Das Ganze abschmecken. Die Schokolade dazugeben und schmelzen lassen. Den Koriander unterrühren. Dazu in separaten Schüsseln gehackte Chilis, Schmand und Limettenspalten servieren.

HOLY MOLEY Guacamole

Diese frische, spritzige Guacamole passt perfekt zu unserem Chili (siehe Seite 190). Falls das Chili zu scharf wird, bietet sie eine angenehme Abkühlung, behält dabei aber ihre würzige Frische.

Auch dieses Rezept ist für eine größere Menge gedacht (passend zum Chili). Falls Ihnen die Menge zu viel ist, halbieren Sie die Zutaten einfach oder verdoppeln Sie sie, wenn doch mehr Gäste kommen.

FÜR 8–10 PORTIONEN ZUM CHILI

3–4 REIFE TOMATEN
3 GROSSE, REIFE AVOCADOS
1 PRISE ZERSTOSSENE CHILIFLOCKEN ODER PIMENTÓN
ABGERIEBENE SCHALE UND SAFT VON 1 LIMETTE
3 EL GROB GEHACKTER KORIANDER
1 PRISE SALZ

Die Tomaten häuten und klein schneiden. Die Avocados schälen, entsteinen und in einer Schüssel zerdrücken. Die Tomaten, die Chiliflocken, die Limettenschale und den -saft, den Koriander und eine Prise Salz dazugeben und das Ganze sorgfältig verrühren.

LAMM-CURRY mit Auberginen und SPINAT

Damit Sie nicht zahllose Gewürze mitnehmen müssen, verwenden wir eine fertige Currypaste für dieses milde, aromatische Currygericht. Dazu passen Papadam-Fladen, gegrilltes Naan-Brot oder Reis.

FÜR 8 PORTIONEN

- ÖL
- 1–1,2 KG IN MUNDGERECHTE STÜCKE GESCHNITTENE LAMMKEULE OHNE KNOCHEN
- 2 IN MUNDGERECHTE STÜCKE GESCHNITTENE AUBERGINEN
- 2 GEHACKTE ZWIEBELN
- 4 GEHACKTE KNOBLAUCHZEHEN
- 1 TL SALZ
- 1 GLAS (283 G) MITTELSCHARFE ROGAN JOSH CURRYPASTE
- 2 DOSEN (À 400 G) GEHACKTE TOMATEN
- 1 ZIMTSTANGE
- 250 G JUNGE SPINATBLÄTTER
- 3–4 EL FRISCHER KORIANDER
- NATURJOGHURT
- ENTKERNTE, GEHACKTE GRÜNE CHILISCHOTEN

Einen Esslöffel Öl in einem großen Topf erhitzen und das Fleisch darin portionsweise scharf anbraten. Anschließend in einer Schüssel beiseitestellen.

Einen weiteren Esslöffel Öl erhitzen und die Auberginenstücke darin in zwei Portionen ebenfalls anbraten und in die Schüssel geben. Die Hitze reduzieren und die Zwiebeln in etwas Öl etwa 15 Minuten sehr weich braten. Den Knoblauch, das Salz und die Currypaste einrühren und das Ganze noch einige Minuten köcheln lassen.

Das Lamm und die Auberginenstücke zusammen mit den Dosentomaten und der Zimtstange in den Topf geben. Eine der leeren Tomatendosen mit Wasser füllen und das Ganze damit aufgießen. Das Curry aufkochen und anschließend halb zugedeckt bei mittlerer Hitze etwa eineinhalb Stunden köcheln lassen. Das Öl, das sich dabei an der Oberfläche absetzt, sorgfältig abschöpfen.

Kurz vor dem Servieren den Spinat unterheben. Sobald dieser zusammengefallen ist, den Koriander hinzufügen, das Curry in Schüsseln füllen, mit etwas Joghurt und Chili garnieren und sofort servieren.

Marokkanische GEMÜSE-Tajine

Ein weiteres köstliches – und erstaunlich einfach zuzubereitendes – Gericht für Ihre zehn besten Freunde. Einige der Zutaten müssen Sie vor Antritt Ihrer Fahrt besorgen, aber es sind nur solche, die man ohnehin immer brauchen kann. Ras-el-Hanout und Harissa-Paste (beide werden in kleinen Tüten, Tuben oder Töpfchen verkauft) passen immer gut zu Couscous und Fleisch- oder Fischeintöpfen. Zu diesem Gericht sollten Sie Couscous servieren (500 Gramm in 750 Milliliter kochendem Wasser einweichen und vier Esslöffel Olivenöl dazugeben). Braten Sie den Couscous zum Schluss kurz mit etwas geschmolzener Butter und gerösteten Mandelstücken in einer Pfanne.

FÜR 10 PORTIONEN

- OLIVENÖL
- 3 GEHACKTE ZWIEBELN
- 4 FEIN GEHACKTE KNOBLAUCHZEHEN
- 5 TL RAS-EL-HANOUT-GEWÜRZMISCHUNG
- 1 GROSSER, GESCHÄLTER UND IN MUNDGERECHTE STÜCKE GESCHNITTENER BUTTERNUSS-KÜRBIS (ODER EIN ÄHNLICHES GEMÜSE)
- 4 GROSSE, GESCHÄLTE UND IN MUNDGERECHTE STÜCKE GESCHNITTENE PASTINAKEN
- 2 IN MUNDGERECHTE STÜCKE GESCHNITTENE AUBERGINEN
- 2–3 GROSSZÜGIGE PRISEN SAFRANFÄDEN
- 3 DOSEN (À 400 G) GEHACKTE TOMATEN
- SAFT VON 1 ZITRONE
- 2 EL HONIG
- 4 GESTRICHENE TL HARISSA-PASTE
- 1 TL SALZ
- 5 IN MUNDGERECHTE STÜCKE GESCHNITTENE ZUCCHINI
- 100 G WEICHE, GROB GEHACKTE DATTELN OHNE STEINE
- 4 SEHR KLEIN GESCHNITTENE, EINGELEGTE ZITRONEN (MAROKKANISCHE SPEZIALITÄT – IN SPEZIALGESCHÄFTEN ERHÄLTLICH) ODER ABGERIEBENE SCHALE VON 2 ZITRONEN
- 5 EL GEHACKTER KORIANDER
- 2 EL GEHACKTE MINZE

Einen Schuss Öl in einem sehr großen Topf erhitzen und die Zwiebeln darin bei geringer Hitze zehn Minuten braten. Den Knoblauch und die Ras-el-Hanout-Gewürzmischung unterrühren. Den Kürbis, die Pastinaken, die Auberginen und etwas Öl in den Topf geben. Das Ganze gut verrühren und zugedeckt etwa zehn Minuten köcheln lassen.

Die Safranfäden, die Tomaten, den Zitronensaft, den Honig, die Harissa-Paste und das Salz dazugeben. Das Ganze aufkochen und zugedeckt 25–30 Minuten köcheln lassen, bis das Gemüse weich ist. Nach der Hälfte der Zeit die Zucchini, die Datteln und 250 Milliliter Wasser hinzufügen. In Schüsseln geben und mit der eingelegten Zitrone, dem Koriander und der Minze bestreuen. Sofort servieren.

EMPI

SonnTagMorgen

Der Morgen danach ...

Der heutige Tag wird zum Tag der Tage! Nach einem fantastischen Samstagabend muss es heute schon etwas Besonderes sein, um den Vortag zu toppen. Ein ungewöhnlicher Sport vielleicht, ein bisschen Aufregung, ein Adrenalinkick. Warum auch nicht? Wappnen Sie sich für das Abenteuer und probieren Sie einmal etwas Neues aus.

EIN ABENTEURER-FRÜHSTÜCK

Bei uns zu Hause erinnern wir uns noch gern an den „Tag der Tage". Wir schätzen uns glücklich, eine solche Erfahrung gemacht zu haben. Alles begann mit einer Probesegelstunde auf den Tamar Lakes im Norden Cornwalls. Segeln wollten wir alle schon lange einmal lernen – vielleicht war es ja der Beginn eines noch viel größeren Traumes. Die Zeit wird es zeigen.

Es war ein wunderschöner Sommertag und ein leichter Wind wehte. Obwohl ich mit meiner Jolle dreimal kenterte (einmal absichtlich), erhielten wir am Ende unsere Zertifikate und liefen anschließend zum Strand. Noch in unseren Neoprenanzügen schwammen wir erst einmal eine Runde. Dann kehrten wir zum Mittagessen, einem Bier und einem Nickerchen zu unserem Bulli zurück. Inzwischen war der Wind abgeflaut und ich ging surfen, während Joanne Zeitung las. Zu guter Letzt grillten wir abends am Strand und schauten im Pub vorbei. Es war fantastisch! Ich muss noch immer lächeln, wenn ich an diesen Tag denke.

Jeder sollte wenigstens einmal einen solchen Tag erleben. Das ist gar nicht so schwierig, vor allem, wenn Sie mit Ihrem Bulli unterwegs sind. Sie können überall hinfahren und tun, was immer Sie möchten. Suchen Sie sich einfach etwas heraus, das interessant klingt, und fahren Sie los. Kosten Sie die neue Erfahrung voll und ganz aus.

Also, was steht heute auf dem Programm? Wo möchten Sie hinfahren? Was wollten Sie schon immer ausprobieren? Was bringt Sie noch nach Monaten und Jahren zum Lächeln? Was begeistert Sie?

Machen Sie es!

Zunächst brauchen Sie aber noch ein herzhaftes Frühstück – ein echtes Abenteurer-Frühstück.

TOAST

Ich kann mich für viele Dinge begeistern, aber Toast gehört zu den Dingen, die meine Leidenschaft ganz uneingeschränkt verdienen. Ich bekomme niemals genug davon. Es gab sogar einmal eine Zeit – nein, ich war kein Student – in der ich mich fast ausschließlich von Toast ernährte. Es gibt so viele Toastarten, wie es Brotsorten gibt, und diese eröffnen einem Toast-Addict wie mir ungeahnte Möglichkeiten. Vom Belag ganz zu schweigen.

Mein Favorit ist gesalzene Butter und Marmite auf herzhaftem Vollkorntoast. Oder doch eher Erdnussbutter auf dick geschnittenem Weißbrot? Himbeerkonfitüre und Sahne auf Bauernbrot? Wer kann das schon so genau sagen? Sie schmecken alle gleich köstlich und können zu jeder Tages- und Nachtzeit verspeist werden. Lassen Sie sich bloß nichts anderes einreden!

TOASTMETHODEN IM VW CAMPER

AUF DEM KOCHER: In jedem Geschäft für Campingzubehör bekommen Sie Toaster, die man mit Campingkochern benutzen kann. Sie fassen vier Scheiben auf einmal und funktionieren ganz gut, allerdings muss man daran denken, den Toast zu wenden, um beide Seiten zu bräunen. Sie müssen außerdem darauf achten, den Toaster abkühlen zu lassen, bevor Sie ihn wieder vom Kocher nehmen – schließlich sind diese Campingtoaster darauf ausgelegt, sehr heiß zu werden. Sagen Sie nicht, ich hätte Sie nicht gewarnt.

UNTER DEM GRILL: Das ist fast zu einfach, oder? Legen Sie die Toastbrotscheiben unter den Grill im Ofen und wenden Sie sie rechtzeitig. Diese Methode funktioniert natürlich nur, wenn Ihr Camper mit einem Grill ausgestattet ist.

IN DER PFANNE: Das passt schon eher zum Camping. Bestreichen Sie das Brot dünn mit Butter und braten Sie es in einer Pfanne auf dem Campingkocher (bei sehr starker Hitze) oder aber über dem offenen Feuer. Es schmeckt so ähnlich wie richtig gebratenes Brot, ist aber nicht ganz so fettig.

ÜBER DEM FEUER: Diese Methode bietet sich an, wenn Sie in der Wildnis sind. Sie brauchen allerdings eine Röstgabel, damit Sie sich nicht die Finger verbrennen. Diese können Sie problemlos basteln. Nehmen Sie einfach eine normale Metallgabel und befestigen Sie diese (am besten mit Draht) an einem Stück Treibholz. Nun müssen Sie das Toastbrot nur noch über das Feuer halten. Es könnte etwas rauchig werden oder ins Feuer fallen, also seien Sie vorsichtig.

Zweihändiges
FRÜHSTÜCKS-BANJO

Was für ein toller Name – das muss einfach großartig schmecken. Nun, das tut es auch, allerdings kann das Ganze etwas schmuddelig werden – daher das Banjo im Namen (siehe Seite 60, Exploding Egg Banjo) und die Tatsache, dass Sie beide Hände zum Essen benötigen. Dies ist die beste Methode, ein „vollwertiges" englisches Frühstück zu genießen, ohne hinterher den ganzen Abwasch bewältigen zu müssen, denn zubereitet wird es in einer Pfanne. Warum wollen Sie Ihre Zeit an der Spüle verbringen, wenn Sie draußen viel mehr Spaß haben können?

Wie immer würde ich, sofern möglich, luftgetrockneten Speck von Schweinen aus der Region sowie Eier von freilaufenden Hühnern verwenden. Eine in Scheiben geschnittene Fleischtomate macht das Frühstück etwas frischer und gesünder (na ja …).

FÜR 2 PORTIONEN

- 2 STREIFEN LUFTGETROCKNETER SPECK
- 2 GROSSE CHAMPIGNONS
- OLIVENÖL
- 1 FLEISCHTOMATE
- 2 FREILANDEIER
- 2 FRISCHE BAGELS
- FRISCH GEMAHLENER SCHWARZER PFEFFER
- MAYONNAISE ZUM SERVIEREN

Den Speck und die Pilze in etwas Olivenöl nach Geschmack einige Minuten braten.

Währenddessen die Tomate in Scheiben schneiden. Den Speck und die Pilze aus der Pfanne nehmen und die Eier im restlichen Öl braten. In der Zwischenzeit die Bagels aufschneiden und kurz unter dem Grill toasten.

Zum Servieren die Bagels erst mit Speck und Pilzen, dann mit Ei und schließlich mit einer Tomatenscheibe belegen. Etwas frisch gemahlenen schwarzen Pfeffer und einen Klecks Mayonnaise darübergeben. Die zweite Bagelhälfte obenauf legen. Dazu frisch gepressten Orangensaft und eine schöne Tasse Tee servieren. Achten Sie darauf, dass nicht das ganze Eigelb auf dem Schlafanzug landet!

HAFERBREI mit Zimt und ROSINEN

Wildes Campen in den schottischen Highlands? Kein Problem! Dieser leckere Haferbrei wird Sie morgens aus dem Bett scheuchen. Am besten schmeckt er an kühlen Herbst- oder Wintertagen.

FÜR 4 PORTIONEN

- 200 G HAFERFLOCKEN
- 2 TL ZIMT
- ½ BECHER ROSINEN
- 1 L MILCH (PLUS ETWAS ZUSÄTZLICH ZUM SERVIEREN)
- BRAUNER ZUCKER

Die Haferflocken mit dem Zimt und den Rosinen in einen Topf geben. Die Milch einrühren und aufkochen. Sobald der Haferbrei blubbert, die Hitze reduzieren und das Ganze vier bis fünf Minuten köcheln lassen, bis es eine dicke und cremige Konsistenz hat.

Auf Schüsseln verteilen, etwas Milch darübergießen und großzügig mit braunem Zucker bestreuen.

Frisches Obst zum FRÜHSTÜCK

Wer isst nicht gern frisches Obst zum Frühstück? Anstatt wieder die alten Favoriten auf den Tisch zu bringen, sollten Sie einmal etwas anderes ausprobieren. Wie wäre es mit frischen Kräutern? Basilikum und Minze passen hier besonders gut.

FÜR 4 PORTIONEN

150 ML ORANGEN- ODER APFELSAFT

1 GROSSZÜGIGER EL FEIN GEHACKTES BASILIKUM ODER FEIN GEHACKTE MINZE

JOGHURT UND HONIG ZUM SERVIEREN

IM SOMMER

2 HANDVOLL HALBIERTE ERDBEEREN

3 HANDVOLL HIMBEEREN

3 HANDVOLL BLAUBEEREN

2 ENTSTEINTE, IN SCHEIBEN GESCHNITTENE PFIRSICHE ODER 4 APRIKOSEN

IM WINTER

1 GESCHÄLTE, IN SCHEIBEN GESCHNITTENE, PINKE ODER GELBE PAMPELMUSE

2 GESCHÄLTE, IN SCHEIBEN GESCHNITTENE ORANGEN

1 GESCHÄLTE, IN SCHEIBEN GESCHNITTENE LIMETTE

2 GESCHÄLTE, IN SCHEIBEN GESCHNITTENE KIWIS

1 ENTKERNTE, GESCHÄLTE UND IN SCHEIBEN GESCHNITTENE KLEINE MANGO ODER PAPAYA

Das Obst mit dem Saft (und ggf. mit dem Basilikum oder der Minze) mischen. In Schüsseln verteilen und den Joghurt sowie den Honig darübergeben.

PFANNKUCHEN zum Frühstück

Haben Sie Hunger? Dann sind diese Pfannkuchen genau das Richtige. Sie sind in wenigen Minuten zubereitet und schmecken am besten direkt aus der Pfanne.

ERGIBT ETWA 10 STÜCK

100 G MEHL
1 PRISE SALZ
2 GROSSE, LEICHT VERQUIRLTE EIER
275 ML MILCH
50 G GESCHMOLZENE (UND WIEDER LEICHT ABGEKÜHLTE) BUTTER (PLUS ETWAS BUTTER ZUM BRATEN)
ZUCKER UND ZITRONE ZUM SERVIEREN

Das Mehl mit dem Salz in eine Schüssel sieben. In die Mitte eine Kuhle drücken und die Eier hineingeben. Nun die Milch und die Butter dazugießen und das Ganze mit einem Schneebesen kräftig verrühren. Der entstandene Teig sollte die Konsistenz von fetter Sahne haben.

Ein Stück Butter in einer Pfanne schmelzen. Die Pfanne dabei schwenken, sodass sich die Butter verteilt. Idealerweise sollte die Pfanne einen Durchmesser von nicht mehr als 18 Zentimetern haben (oder Sie backen weniger, dafür aber größere Pfannkuchen).

Drei Esslöffel Teig in die heiße Pfanne geben. Diese wieder schwenken, damit sich der Teig verteilt und den gesamten Boden bedeckt. Etwa eine Minute braten, dann wenden und die andere Seite braten. Mit dem restlichen Teig ebenso verfahren, bis dieser aufgebraucht ist (ggf. etwas Butter dazugeben). Zum Servieren die Pfannkuchen mit Zucker bestreuen und etwas Zitronensaft darüber träufeln. Anschließend zusammenrollen oder -falten und genießen. Probieren Sie die Pfannkuchen auch mit …

… etwas Honig und frisch gepresstem Orangensaft
… einer Prise Zimt, einem Schuss Ahornsirup (oder Zuckerrübensirup) und Blaubeeren
… einem Löffel Haselnusscreme (z. B. Nutella) und gerösteten, gehackten Pekannüssen
… einem Löffel Sauerrahm und ein bis zwei Löffeln gehacktem, knusprigem Speck und Mais

AUF ZUM SURFEN

Der Lebensstil der Surfer ist nahezu untrennbar mit dem der VW-Camper-Kultur verbunden. Die Aussicht auf das Surfen liefert sowohl ein Ziel als auch eine Bestimmung. Wenn Sie nur noch Wellen im Kopf haben, wollen Sie an den Strand – Sie haben einen Grund, Gas zu geben. Sobald sich die Bedingungen und damit der Wellengang ändern, packen Sie einfach Ihre Sachen und ziehen weiter. Ob Surfer wohl das Freiwillige Ökologische Jahr erfunden haben? Gut möglich. Für uns Normalsterbliche, die wir uns mit Ausflügen an Feiertagen und in den Ferien zufriedengeben müssen, ist das Surfen ein guter Anlass, am Morgen aufzustehen. Und im Camper können wir vor Ort ganz bequem leben.

Von allen Sportarten, die ich im Laufe der Jahre ausprobiert habe, ist Surfen mit großem Abstand mein Lieblingssport. Es ist einfach absolut unvergleichlich. Wellenreiten hat etwas geradezu Magisches an sich. Vielleicht liegt es daran, sich vollkommen im Einklang mit der Natur zu befinden und die gewaltige Kraft des Meeres unmittelbar zu spüren. Möglicherweise geht es aber auch um die Flucht aus dem Alltag, um die Coolness, um das Leben im Hier und Jetzt. Für mich persönlich geht es um nichts weiter, als einfach nur unglaublich viel Spaß zu haben. Was immer es für Sie persönlich bedeutet – wenn Sie einmal erfolgreich auf einer Welle geritten sind, gibt es kein Zurück mehr. Niemals. Glauben Sie mir, wenn ich Ihnen sage, dass Surfen das ganze Leben eines Menschen verändern kann.

SURFAUSRÜSTUNG

Um Surfen zu lernen, benötigen Sie nicht viel – ein Surfbrett und einen Neoprenanzug, einige Übungsstunden und viel Zeit, Ihren Stil zu perfektionieren. Je weiter Sie voranschreiten, desto mehr Ausrüstungsgegenstände kommen natürlich hinzu, z. B. Stiefel, Handschuhe und eine Kappe zum Surfen im Winter, eine Tasche für Ihr Surfbrett, vernünftige Shorts, gute Flipflops, eine ganz neue Garderobe und sehr viel Geld für Benzin (und eventuelle Flüge zu den besten Surfgebieten der Welt).

Lassen Sie uns aber erst einmal mit den Grundlagen beginnen:

- **Surfbretter gibt es in vielen verschiedenen Größen und Formen und irgendwo da draußen ist das Brett, das perfekt zu Ihnen und Ihren Fähigkeiten passt.**
- **Wollen Sie im Retrostil surfen, sollten Sie ein Longboard oder ein Malibu wählen. Sie sind 2,70–3,00 Meter lang und gut für Anfänger geeignet.**
- **Shortboards sind schwieriger zu handhaben, dafür aber wendiger, wenn Sie erst einmal sicher darauf stehen.**
- **Mini-Mal-Surfboards sind eine gute Zwischenlösung. Sie sind 2,10–2,50 Meter lang und bieten Ihnen die Vorzüge beider Bretter.**
- **Moderne Neoprenanzüge sind wärmer und beweglicher als ältere Modelle, d. h., Sie können das ganze Jahr darin surfen.**
- **Wählen Sie Ihren Neoprenanzug passend zur Jahreszeit, in der Sie surfen wollen. Möchten Sie das ganze Jahr über surfen, kaufen Sie den wärmsten, den Sie sich leisten können.**
- **In Surfshops werden Sie beim Kauf Ihrer Ausrüstung gut beraten – wenn Sie sich erst einmal an die wir-sind-die-Coolsten-überhaupt-Art der Mitarbeiter gewöhnt haben. Lassen Sie sich davon nicht abschrecken – auch die coolsten Surfer haben irgendwann einmal klein angefangen.**

Stewart

DIE GRUNDLAGEN DES SURFENS

Wellenreiten lernen kann eine recht frustrierende Angelegenheit sein. Die Bedingungen im Meer ändern sich ständig, und die Wellen, die Sie suchen, gibt es nicht immer. Vielleicht macht aber genau das die Anziehungskraft aus: Man verbringt mehr Zeit mit dem Hoffen als mit dem eigentlichen Surfen.

In Großbritannien wendet man sich am besten an eine Schule der British Surfing Association. Dort kann man für erstaunlich wenig Geld surfen lernen und es geht garantiert viel schneller, als wenn man sich ein Surfbrett mieten und selbst herumexperimentieren würde.

Die Seite http://www.spotnetz.de/index.php/Surfschulen liefert eine Liste mit Surfschulen in Deutschland und auf http://www.waveculture.de/index.php?id=227 finden Sie die besten Surfspots.

UNTER SURFERN BESTEHEN

Sie möchten dazugehören? Befolgen Sie einige einfache Regeln und Sie sollten keine Probleme bekommen.

- Die „Surfersprache“ (Wörter wie „Dude“ als Anrede oder Ähnliches) gibt es nur im Film, also passen Sie auf, dass Sie sich nicht lächerlich machen.
- Seien Sie freundlich. Surfer reagieren, wie die meisten anständigen Menschen, auf Freundlichkeit entsprechend positiv.
- Lernen Sie die Regeln. Das Chaos hat System. Lernen Sie es zu verstehen und schon passen Sie rein.
- Das Meer gehört niemandem, also bleiben Sie respektvoll. Denken Sie daran, dass auch den Einheimischen der Strand nicht gehört, auch wenn sich manche so verhalten.
- Besorgen Sie sich Ihre Ausrüstung entsprechend Ihrer Fähigkeiten und der Wellen, auf denen Sie surfen möchten. Auf diese Weise lernen Sie schneller. Gehen Sie einfach einmal in den örtlichen Surfshop.

DIE WISSENSCHAFT DES SURFENS

Muss das wirklich sein? Ja, tut mir leid, es muss sein. Sie müssen verstehen lernen, was im Meer vor sich geht und wie Wellen entstehen. Sobald Sie das einmal verinnerlicht haben, wird es Ihnen viel leichter fallen, vorauszusehen, was passieren kann.

Wellen entstehen durch Wind. Je stärker und länger der Wind weht, desto größer werden die Wellen. Für die besten Wellen sorgen Stürme weit draußen auf dem Meer. Man nennt sie „tiefe Dünung". Die Wellen müssen weitere Strecken zurücklegen und je weiter sie über das Meer reisen, desto besser werden sie. Je länger die Windlauflänge – das Gebiet, über das der Wind weht – desto schöner sind die Wellen zum Surfen.

Die besten Bedingungen herrschen, wenn der Wind „offshore" (gegen die Welle gerichtet) weht, da er die Wellenoberfläche glättet.

STRÖMUNGEN ÜBERLEBEN

Die meisten Menschen kommen an der Küste in Gefahr, wenn sie in eine Strömung geraten. Bei Wellengang oder hohem Tidenhub strömen oft große Wassermassen in Richtung Strand. Natürlich müssen sie auch wieder zurückweichen und dabei entstehen Strömungen.

Strömungen und Soge kann man meist daran erkennen, dass die Wasseroberfläche dort sehr unruhig ist und eher einem Fluss als dem Meer gleicht. Brandungsrückströmungen, die direkt hinaus ins Meer fließen, sind am gefährlichsten, denn sie verlocken einen dazu, auf geradem Weg wieder an den Strand schwimmen zu wollen, wenn man in sie hineingerät. Es erscheint einem als der logischste Ausweg – aber man schwimmt ewig, ohne je den Strand zu erreichen. Viel sinnvoller ist es, im rechten Winkel aus der Strömung heraus zu schwimmen und sich von dort aus dem Strand zu nähern. Beim Surfen können Sie Strömungen dazu nutzen, hinter die Brecher zu gelangen, aber nur, wenn Sie wirklich wissen, was Sie tun.

UNFREUNDLICHE GESELLEN IM WASSER

In den Küstengewässern Großbritanniens gibt es durchaus Haie, aber Sie werden sie nur sehr selten zu Gesicht bekommen. Sie leben im tiefen Wasser und schwimmen nicht an die Strände auf der Suche nach leichter Beute. Falls Sie also davon hören, dass Touristen vor Cornwall einen weißen Hai gesichtet haben wollen, war das (vermutlich) nur ein frommer Wunsch. Mit Glück entdecken Sie einen Riesenhai (siehe Seite 69–71), aber dieser Meeresriese ernährt sich ausschließlich von Plankton und ist vollkommen friedlich.

Wahrscheinlicher ist es, auf ein Petermännchen zu treten. Diese kleinen Fische besitzen giftige Stacheln, deren Stich äußerst schmerzhaft sein kann. Im Sommer sind Petermännchen bei Ebbe oft im Schlamm eingegraben. Sind Sie gestochen worden, müssen Sie der Legende nach auf die Einstichstelle pinkeln (oder einen Freund darum bitten), da Urin dabei hilft, das Gift zu neutralisieren. Funktioniert das wirklich? Ich musste es zum Glück noch nie ausprobieren. Ich surfe seit 25 Jahren und bin nie gestochen worden – es gibt also keinen Grund, das Wasser zu fürchten.

WO KANN MAN SURFEN?

In Großbritannien gibt es einige großartige Surfreviere. Im Grunde finden Sie überall, wo es eine Küste mit Wellen gibt, Surfer im Wasser.

Auf der nächsten Seite sehen Sie meinen persönlichen Führer zu den besten Surfstränden in England und Irland. Weitere Informationen finden Sie im Internet oder in einem der vielen Surfreiseführer auf dem Markt. Die besten sind die Stormrider Guides.

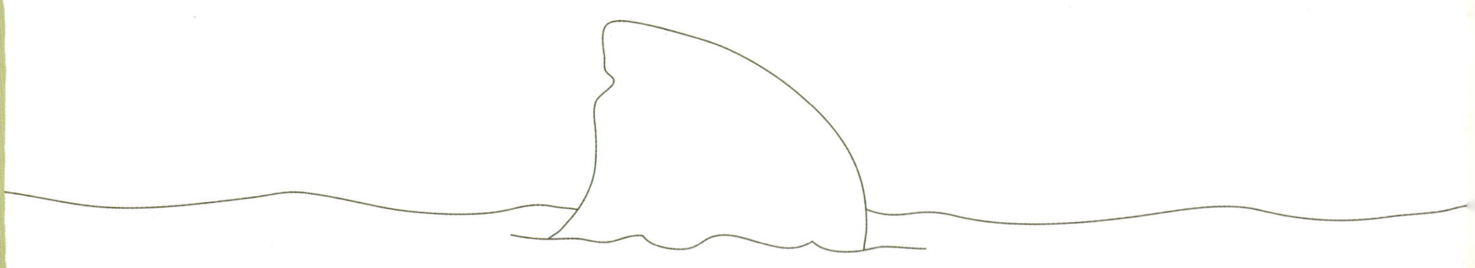

1. **Isle of Wight.** An guten Tagen – stets ein Klassiker.

2. **Bournemouth.** Hier wurde ein künstliches Riff angelegt, um die Dünung, die in den Ärmelkanal drückt, bestmöglich auszunutzen.

3. **Sennen Cove.** Toller Strand, sauberes Wasser, starker Wellengang.

4. **Gwithian.** Beliebter Surfspot nahe Hayle. Riesiger Strand mit vielen Möglichkeiten.

5. **Newquay.** Verschiedene Wellen für Surfer jeder Art. Viele Surfshops.

6. **Polzeath.** Klassische, kornische Strandbrecher.

7. **Gegend um Bude.** Gute Wellen für Surfer aller Art. Heimat der Big Blue Surf School.

8. **Croyde/Saunton/Woolacombe.** Nächstgelegene Surfgelegenheit für Londoner. Immer überlaufen.

9. **The Gower.** Swanseas Tummelplatz für Surfer.

10. **Pembrokeshire.** Sauberes Wasser und großartige Wellen. Toller Platz für VW-Bus-Camper.

11. **Hell's Mouth.** Gute Wellen und lebhafte Surfkultur. Nächstgelegene Surfgelegenheit für Leute aus Manchester und Liverpool.

12. **Äußere Hebriden.** Geheimtipp für die Entdecker unter Ihnen. Perfektes Gebiet für den Urlaub im Campingbus.

13. **Nord-Schottland.** Weltklasse Wellen, aber eiskalt. Mir gefällt es ausgesprochen gut, aber es liegt nicht jedem.

14. **Tynemouth.** Hier habe ich die nettesten Surfer getroffen, die ich jemals kennengelernt habe.

15. **Teesside.** Erstklassige Riffe, fantastische Strände und Landzungen. Spaß ohne Ende.

16. **Yorkshire.** Kaltes Wasser, gute Wellen, abgehärtete Einheimische.

17. **Nord-Norfolk.** Manchmal ist es hier toll. Man benötigt allerdings starken Nordwind.

IRLAND

18. **Die Halbinsel Dingle.** Hier gibt es tolle Wellen … und einen halbzahmen Delfin. Bietet sich für einen Ausflug mit dem Camper an.

19. **Lahinch.** Echte Männer reiten hier Riesenwellen. Anfänger bleiben besser am Strand.

20. **Die Bucht von Donegal und Sligo.** Wahnsinn! Das Hawaii des Nordens. Weltbekannt.

SPRINGEN, RENNEN, DRACHENFLIEGEN, RUTSCHEN, FLIEGEN, KLETTERN, PADDELN

Natürlich geht es nicht immer nur um das Surfen. Sie können noch viele andere spannende Sachen machen. Extremsportarten stehen heute allgemein hoch im Kurs – und das ist gut so. Alles, was den Puls beschleunigt und einem vermittelt, so richtig lebendig zu sein, lohnt sich auszuprobieren. Stubenhocker haben da nichts zu suchen. Wie wäre es z. B. damit:

COASTEERING (west-wales)

Coasteering (Küstenerforschung) wurde von den Surfern Pembrokeshires erfunden, die sich an wellenlosen Sommertagen langweilten. Sie begannen, die Küste zu erforschen, entwickelten dabei diesen völlig verrückten Freizeitspaß und gaben ihm einen Namen. Dabei geht es darum, die Küstenlinie entlang zu springen, zu klettern und zu schwimmen. Großartig! Es bietet sich übrigens auch hervorragend als Übung zur Teambildung an. Überall an den Küsten bieten Abenteuerzentren inzwischen Coasteering-Tage an, aber Pembrokeshire bleibt auf ewig die Seele dieser tollen Freizeitgestaltung. Weitere Details erfahren Sie unter www.tyf.com.

SKIMBOARDING (Südküste, Paignton)

Rennen, fallen lassen, rutschen. Die Zeiten, als wir auf Sperrholzplatten durch die Brandung gerutscht sind, sind lange vorbei. Heutzutage ist Skimboarding eine echte Sportart. Es eignet sich besonders gut für lange, flache Strände, mehr Spaß macht es aber an steil abfallenden Sandstränden mit starker Brandung. Wenn Sie es erst einmal gemeistert haben, rutschen Sie quasi raus aufs Wasser und surfen zurück. Die meisten machen dabei noch einige unfreiwillige Kunststücke. Sie dürfen sich auf reichlich Sand in Ihrer Badehose oder in Ihrem Badeanzug „freuen". Weitere Inspirationen finden Sie unter www.sandskater.com.

WAKEBOARDING (Nord-Wales, Abersoch)

Sollten Sie ein großes, schnelles Boot besitzen und in einem Gebiet mit ruhigem Wasser sein, werden Sie jede Menge Spaß am Schleppseil haben. Wakeboarding ist die Krönung des Ganzen. In letzter Zeit ist diese Sportart förmlich explodiert. Erwarten Sie aber nicht David Niven (britischer Schauspieler), der Sie elegant durch die Bucht zieht – sondern Slides, Shove-its und Ollies ... und wenn Sie Anfänger sind, einige kräftige Bauchklatscher! Besonders gut geeignet sind Flussmündungen, Seen, Flüsse und andere offene Gewässer. In Großbritannien ist Wakestock im Norden von Wales das Allergrößte für Wakeboarder (www.wakestock.co.uk).

PADDELN (Canolfan Tryweryn, National Whitewater Centre)

Es ist ziemlich lange her, dass ich das letzte Mal in einem Kanu gesessen habe. Zum Glück gab es seitdem eine Menge Fortschritte. Heute kann man mit jeder erdenklichen Art von Wasserfahrzeug nahezu überall lospaddeln. Vom Kanadier bis zum Wildwasserkajak – alles ist möglich. Fangen Sie erst einmal mit den einfachen Sachen an und arbeiten Sie sich dann zu den wirklich spannenden Routen vor. Im National Whitewater Centre im Norden von Wales lernen Sie alles, was Sie wissen müssen (www.ukrafting.co.uk).

KLETTERN (Cairngorms, Schottland, Peak District, Lake District)

Alles, was Sie benötigen, sind Berge oder Klippen und Ihr Bulli bringt Sie in die perfekte Startposition. Ich bin nicht wirklich schwindelfrei, deshalb beeindrucken mich Menschen, die sich der Gnade der Berge unterwerfen, immer wieder. Um wirklich etwas davon zu haben, muss man stark, beweglich und mutig sein. Ein guter Anfang – so wurde mir zumindest gesagt – sind Kletterhallen. Wenn Sie erst einmal gelernt haben, mit der Ausrüstung umzugehen, kann es im Freien losgehen. Sie sollten allerdings wirklich wissen, was Sie tun und sich der Risiken bewusst sein. Eine gute Quelle ist z. B. www.thebmc.co.uk für Großbritannien (und die Seite des Deutschen Alpenvereins http://www.alpenverein.de/ für Deutschland).

ITE SURFING (Tiree, Schottland, Brandon Bay, Irland)

as sieht recht kompliziert aus. Ein sehr großer Drachen und ein ziemlich kleines Brett? Ich habe es selbst nie ausprobiert, aber viele Leute haben Spaß daran. Kitesurfen kann man so ziemlich überall betreiben. Da man nicht einmal Wellen braucht, ist es ideal für geschütztere Gebiete mit recht starkem Wind, aber ohne nennenswerte Dünung. Setzen Sie sich doch am besten mit der British Kite Surfing Association (www.britishkitesurfingassociation.co.uk) in Verbindung. Die besten Bedingungen findet man auf Tiree oder in Irland in Brandon Bay.

KITEBOARDING UND -BUGGYING (Westward Ho! Devon)

Es ist so ähnlich wie Kitesurfen, aber mit Rädern. Auch das habe ich nie probiert, aber aus sicherer Entfernung gehe ich davon aus, dass es mehr weh tut, wenn man einen Fehler macht. Eine starke Windböe und schon klatscht man gegen den Wagen des Eisverkäufers. Nun ja, wenn man es erst einmal richtig kann, sieht das natürlich anders aus. Auf jeden Fall sollte man sich professionelle Anleitung holen und den Jungs und Mädchen, die es richtig können, Respekt zollen. Westward Ho! (ja, der Ort heißt wirklich so), hat sich zu einem echten Favoriten der Könner entwickelt.

DIE ZEIT TOTSCHLAGEN

Vielleicht liegen Ihnen riskante Sportarten ja nicht so sehr. Oder vielleicht hatten Sie den einen oder anderen Mojito zu viel letzte Nacht. Kein Problem. Brühen Sie sich eine schöne Tasse Tee auf und geben Sie sich einer viel entspannteren Tätigkeit hin. Schließlich ist es Sonntagmorgen und Sie campen – ein Paradies für Faulenzer.

Hier sind einige Vorschläge, wie Sie Ihre Zeit verschwenden könnten:

STEINPYRAMIDEN BAUEN

Andy Goldsworthy (einer der wichtigsten Vertreter der Naturkunst) wird oft als „Vater" des Steinpyramidenbaus bezeichnet. Diese Aktivität scheint unter Menschen, die zu viel Freizeit haben, immer beliebter zu werden.

Vermutlich bereut er inzwischen den Tag, an dem er zum ersten Mal einige Steine übereinander gestapelt hat, wo heute doch Banausen wie ich überall meinen, es ihm nachmachen zu müssen. Andererseits beweist das auch, welchen Einfluss er tatsächlich erlangt hat – nicht umsonst gilt Nachahmung als höchste Form der Schmeichelei. Außerdem macht es einfach Spaß, auch wenn es nicht so einfach ist, wie es auf den ersten Blick aussieht. Wir alle lieben schöne Gegenstände und eine Steinpyramide, fotografiert vor einer beeindruckenden Landschaft, kann schon etwas ganz Besonderes sein.

Probieren Sie es einmal aus. Suchen Sie sich einige flache Steine unterschiedlicher Größe und stapeln Sie diese übereinander, beginnend mit dem größten. Schon haben Sie Ihre eigene „Skulptur" im Andy-Goldsworthy-Stil. Na, wie hoch kommen Sie?

EINEN SONNENSCHUTZ AUS TREIBHOLZ BAUEN

An manchen Stränden wird so viel Treibholz angespült, dass man daraus direkt eine Geschäftsidee machen könnte, z. B. Bilderrahmen für Touristen basteln. An anderen Stränden hat man bereits Glück, wenn man wenigstens ein Stück zum Schnitzen findet. Sollten Sie sich an einem Strand mit reichlich Treibholz befinden, wie wäre es dann einmal damit, sich einen eigenen Sonnenschutz aus Holz zu bauen? Das ist im Grunde ganz einfach. Sie benötigen nur fünf lange, relativ gerade Holzstücke und mehrere kleinere Hölzer. Alternativ können Sie auch Farnkraut oder langes Gras zum Decken verwenden – es ist ganz Ihnen überlassen.

Suchen Sie zuerst zwei etwa gleich lange „Pfosten" (1,00–1,25 Meter) sowie ein weiteres ebenso langes Stück als Querbalken. Binden Sie die drei Teile mit einem alten Fischernetz oder mit Seilen, die Sie am Strand finden, zusammen (bzw. falls Sie sehr ambitioniert sind, verwenden Sie lange Grashalme).

Graben Sie die Pfosten im Sand ein, aber achten Sie darauf, den Unterstand so auszurichten, dass er auch tatsächlich Schatten spendet.

Zwei weitere lange Holzstücke verwenden Sie nun zum Abstützen nach hinten, sodass eine Art Tor entsteht. Legen Sie nun die kürzeren Hölzer auf die sich nach hinten neigenden Stützen, sodass Sie einen Rahmen für das Deckmaterial haben. Binden Sie das Ganze wieder mit einem Seil oder mit Angelschnur fest. Nun können Sie das Dach mit allem möglichen Material decken, z. B. mit Farnkraut, langen Grashalmen oder was Sie sonst noch finden. Natürlich können Sie auch eine Plane, eine Tischdecke oder ein Laken verwenden, aber denken Sie daran, sie wieder mit nach Hause zu nehmen. Wer möchte, kann den Sonnenschutz auch komplett aus Treibholz bauen, wie es hier auf dem Bild zu sehen ist. Haben Sie nur natürliches Baumaterial verwendet, lassen Sie den Unterstand ruhig stehen – der nächste Strandbesucher freut sich und am Ende kümmert sich die Natur um den Rest.

Stöcke schnitzen

Falls Sie an Ihr Schweizer Taschenmesser und einen Liegestuhl gedacht haben, habe ich die perfekte Beschäftigung für Sie – sofern Ihnen gerade nicht nach Wandern zumute ist. Wie wäre es einmal mit Schnitzen? Zum einen bereitet es Sie auf größere Abenteuer vor (falls Sie sich später an einem Zauberstab versuchen wollen), zum anderen gibt es Ihnen eine großartige Ausrede, im Grunde genommen praktisch nichts zu tun. Sobald Sie das Schnitzen gemeistert haben, steht Ihnen ein Doktortitel der Universität „Ich-tue-absolut-nichts-und-sehe-dabei-schwer-beschäftigt-aus“ zu.

Mit Holz zu arbeiten ist eine sehr befriedigende Angelegenheit. Selbst heute, nach Jahren der Evolution und Generationen von Videospiel-Konsolen, suchen wir immer noch nach Beschäftigungen. Fangen Sie mit etwas Einfachem wie einem Spazierstock an. Mit einem scharfen Messer kann man z. B. hübsche Muster in die Rinde schnitzen. Oder wie wäre es mit einem Speer zum Fische fangen, oder mit Pfeilen für Ihren handgefertigten Bogen oder einen rustikalen Schlüsselring? Ehe Sie sich versehen, verkaufen Sie selbst gemachte Schnitzereien am Straßenstand ... oder vielleicht besser nicht.

Bauen Sie im Wald eine Seilschaukel

Falls Sie irgendwo ein Stück Seil herumliegen sehen, sollten Sie es unbedingt in Ihren Campingbus packen. Man weiß nie, wofür man es später gebrauchen könnte, z. B. für den Bau einer Seilschaukel. Alles, was Sie dafür benötigen, ist ein Baum mit einem relativ waagerechten Ast, ein Seil und einige Stunden Zeit.

Die besten Seilschaukeln hängen über abschüssigem Gelände oder über einem Fluss bzw. einem See. Wenn Sie sich abstoßen, schwindet der Boden unter Ihren Füßen und Sie haben das Gefühl, über einem Abgrund zu schwingen. Die coolste Schaukel, die wir jemals gebaut haben, bestand aus einer alten Boje, die wir am Strand fanden. Wir nahmen sie mit in den Wald und sind den ganzen Nachmittag darauf geschaukelt. Das war ein Spaß!

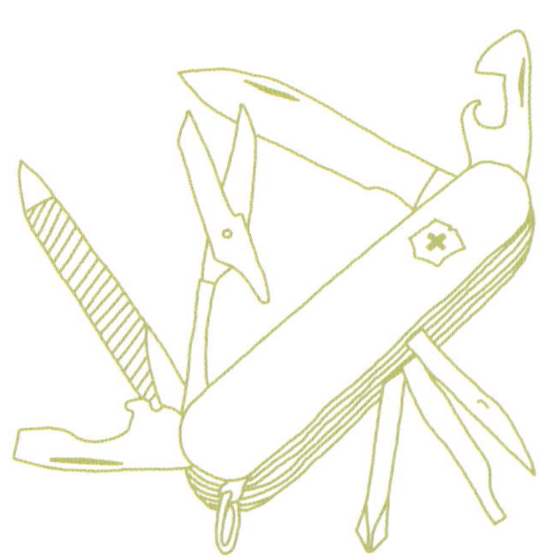

SONNTAGMITTAG

Zeit für Familie und Freunde

Selbst wenn Sie sich mitten im Nirgendwo befinden, sollte das Mittagessen am Sonntag trotzdem etwas Besonderes sein. Es ist eine Zeit, sich mit der Familie und mit Freunden an einen großen Tisch zu setzen, sich die Ereignisse der Woche zu erzählen, eine leckere, selbst gekochte Mahlzeit zu verspeisen und sich einfach ein wenig Mühe zu geben. Das sollten Sie sich auch in der Wildnis nicht entgehen lassen.

IHR SONNTAGSSTAAT

Gut, vermutlich wird es Ihnen nicht gelingen, ein komplettes Sonntagsmenü mit allem Drum und Dran auf den Tisch zu zaubern, allerdings es gibt es viele Dinge, die ebenso toll sind, und die Sie durchaus beim Campen bewerkstelligen können. Falls Sie einen Schmortopf dabei haben, probieren Sie doch einmal den Rinderbraten im Dutch Oven (siehe Seite 146–147). Vielleicht werfen Sie auch den Grill an und genießen ein köstliches Steak mit Salat. Oder aber, Sie versuchen sich an unseren großartigen Sonntagsrezepten.

Wofür auch immer Sie sich entscheiden – das Sonntagsessen sollte nicht gewöhnlich sein. Schmücken Sie den Camper, stellen Sie das Bier im Fluss kalt, laden Sie Ihre nächsten Nachbarn ein und vergessen Sie nicht Ihren Sonntagsstaat.

SELBST GEERNTETES OBST UND GEMÜSE

Wem das Sammeln von Wildpflanzen doch etwas zu weit geht, für den ist das Ernten von Obst und Gemüse eine gute Alternative. Ab dem späten Frühling und zu Beginn des Sommers bekommt man bereits eine ganze Menge frisch vom Feld. Es geht weit über Erdbeeren hinaus – Himbeeren, Brombeeren, Stachelbeeren, Johannisbeeren, Erbsen, Bohnen u. v. m. Auf einigen Höfen, wie unserem heimischen, dem Ashford Inn in Nord-Devon, werden die Erdbeeren z. B. in Hochbeeten angepflanzt, sodass man sich zum Ernten nicht einmal mehr bücken muss. Sie sind so süß und köstlich, dass man nur selten mit einem einzigen Körbchen nach Hause geht.

Wie bei vielen klugen Ideen profitieren alle Beteiligten vom Konzept des Selbstpflückens. Für die Bauern bedeutet es, sich nicht zwangsläufig mit den großen Supermarktketten einlassen zu müssen, sie erhalten Spitzenpreise für ihre Produkte und müssen sich dazu nicht um die Ernte und die Verpackung kümmern. Zudem geht es den meisten Menschen wahrscheinlich so wie uns – sie sind von der Erfahrung an sich so begeistert, dass sie viel mehr pflücken, als sie eigentlich benötigen. An diesem Punkt lernt man dann, Marmelade zu kochen.

Als „Einkaufsmöglichkeit" bietet es auch im Vergleich zum Gang in den Supermarkt viele Vorteile: Die Produkte sind so frisch wie nur möglich, man weiß genau, wo sie herkommen, es wird kein Verpackungsmaterial verschwendet, Transportwege entfallen nahezu komplett und man unterstützt die regionalen Kleinbauern. Dazu kommt dann noch das Erlebnis an sich. An einem schönen Sommertag zu fröhlichem Vogelgezwitscher Erdbeeren zu pflücken ist ein wirklich schönes Ereignis. Wer kann dem widersprechen?

Denken Sie aber daran, rechtzeitig Schlagsahne, griechischen Joghurt oder Schokolade zu besorgen. Nachher stellen Sie den Wagen dann einfach irgendwo ab und vernaschen Ihre Beute!

SCHOKOLADEN-Erdbeeren

Einer unserer absoluten Favoriten! Unsere Kinder lieben es, denn ausnahmsweise dürfen sie so viel Schokolade essen, wie sie mögen (wenigstens nehmen sie gleichzeitig auch etwas Obst zu sich).

Brechen Sie eine Tafel Schokolade in kleine Stücke und geben Sie sie in einen Becher. Stellen Sie den Becher in einen Topf mit heißem Wasser. So entsteht ein einfaches Wasserbad, in dem die Schokolade sanft schmelzen kann, ohne anzubrennen. Die Schokolade darf allerdings nicht mit dem Wasser in Berührung kommen. Sobald sie geschmolzen ist, halten Sie die Erdbeeren am Stiel fest und tauchen Sie die Früchte hinein. Legen Sie die Schokoladen-Erdbeeren auf einen Teller und stellen Sie diesen in den Kühlschrank, damit die Schokolade fest wird – 20 Minuten sollten ausreichen. Köstlich!

ERDBEEREN mit SAHNE

Ich weiß, dass Sie hierfür unsere Hilfe eigentlich gar nicht benötigen. Trotzdem wollte ich Ihnen einige unserer Tricks verraten, mit denen die Sahne noch leckerer schmeckt. Geben Sie einige Esslöffel Schlagsahne in eine Schüssel und rühren Sie fünf bis sechs Tropfen Vanilleextrakt ein. Geben Sie die frisch gepflückten Erdbeeren in eine Schüssel und bestäuben Sie sie mit Puderzucker. Gießen Sie anschließend die Sahne darüber. So schmeckt der Sommer! Sollten Sie gerade auf Ihr Gewicht achten – nun ja, dann müssen Sie heute ein Auge zudrücken.

Selbst gepflückter SOMMER

Ganz egal, welche Sorte Beeren Sie pflücken und wo immer diese herkommen – von der Hecke am Wegesrand oder von einem örtlichen Bauernhof – Beeren sollte man stets so frisch wie möglich genießen.

Brombeeren schmecken eigentlich am besten, wenn man sie beim Wandern im Vorbeigehen pflückt. Sie passen aber auch zu frischem, leicht gesüßtem, warmem Apfelkompott.

Mit Erdbeeren kann man gut experimentieren. Probieren Sie doch einmal halbierte Erdbeeren mit etwas Balsamico-Essig und, falls Sie ganz mutig sind, einem Hauch schwarzem Pfeffer. Köstlich schmecken sie aber auch mit Zucker und etwas Zitronenabrieb (und ggf. mit zerrupftem Basilikum).

Himbeeren, Taybeeren (schottische Kreuzung aus Brombeere und Himbeere) und Loganbeeren (amerikanische Kreuzung aus Brombeere und Himbeere) vertragen sich prima mit etwas Orangenabrieb, Zucker und fein gerupfter Minze. Geben Sie rote Johannisbeeren und reife, entsteinte und halbierte Kirschen hinzu und Sie erhalten eine köstliche Zwischenmahlzeit.

Zu allen Beerenarten passen Crème fraîche, Crème double, griechischer Joghurt und zerbröselte Baisers. Frisch gepflückte Beeren mit etwas Honig und griechischem Joghurt ergeben übrigens auch ein köstliches Frühstück.

ADRESSEN ZUM OBSTERNTEN

SHARCOTT FARM, EXMOOR

Der erste Blaubeerhof zum Selbstpflücken in Exmoor öffnete 2009 seine Pforten. Die Saison geht allerdings nur von August bis September, sodass man sich ein wenig beeilen muss, um dieses wundervolle Obst zu pflücken. Schauen Sie doch einmal vorbei, wenn Sie in der Gegend sind.

www.exmoorblueberries.co.uk

COPAS FARMS, BUCKS

Mit 600 Hektar sind diese zwei Höfe die besten der Gegend – zumindest behaupten sie das. Es gibt zwei Höfe, in Cookham und Iver in Bucks. Ein Paradies für Selbstpflücker. Die gesamte Wachstumsperiode über gibt es dort köstliches Obst und Gemüse aller Art.

www.copasfarms.co.uk

TIPTREE FARM, ESSEX

Es lohnt sich, dorthin zu fahren. Die Tiptree Farm ist einer der ältesten Höfe zum Selbsternten, zudem wird dort der Anbau uralter Obstsorten gefördert. In Tiptree wird auch eigene Konfitüre und sauer eingelegtes Gemüse produziert.

www.tiptree.com

VALE OF CAMELOT GROWERS, SOMERSET

Ab Mitte Mai erhält man dort Hängepflanzen und andere Gewächse. Die Obstsaison beginnt mit Erdbeeren und Stachelbeeren und im Juli folgen Himbeeren. Alles wird auf ganz natürliche Weise und ohne jegliche Treibhäuser angebaut.

www.valeofcamelotgrowers.co.uk

WIVETON HALL, NORD-NORFOLK

Hier bekommt man Beerenfrüchte sowie Spargel und Artischocken. Im wundervollen Café kehren neben den Obstpflückern oft Wanderer vom Küstenweg ein. Gönnen Sie sich die köstlichen Scones mit Erdbeerkonfitüre zum Tee.

www.wivetonhall.co.uk

COOK'S YARD FARM, OST-SUSSEX

Hier kam man auf eine ganz neue Idee: aus „selbst pflücken" wurde „vom eigenen Baum selbst pflücken". Mieten Sie einen Kirschbaum und genießen Sie dann die Früchte Ihrer Arbeit (naja, eigentlich haben der Baum und die Mitarbeiter des Hofes die meiste Arbeit geleistet), bevor die Vögel sich darüber hermachen. Im Jahr 2009 pflückte der durchschnittliche Mieter 15 Kilogramm Kirschen. Davon kann man eine Menge Kuchen backen. Es ist eine wirklich großartige Idee!

www.rentacherrytree.co.uk

TULLY'S FARM, WEST-SUSSEX

Hier wird einem, außer Obst zu ernten, noch vieles mehr geboten. Man kann sogar Bauern-Golf spielen, was allerdings ziemlich verrückt klingt. Im Sommer lädt dann ein riesiges Maislabyrinth zum Verlaufen ein.

www.tullysfarm.com

PETERLEY MANOR FARM, BUCKS

Ein weiterer toller Hof mit einem großartigen Hofladen, einer Baumschule und Gemüse jeder Art. Hier können Sie sogar Ihren eigenen Weihnachtsbaum schlagen (vermutlich werden die Bäume aber für Sie ausgesucht).

www.peterleymanorfarm.co.uk

KENYON HALL FARM, WARRINGTON, CHESHIRE

Falls Sie im Frühsommer dorthin fahren, werden Sie mit frischem englischem Spargel belohnt. Zudem gibt es reichlich saisonales Obst und Gemüse. Und im Oktober können Sie dann Ihren eigenen Halloween-Kürbis aussuchen. Buuuuuuuh!

www.kenyonhall.co.uk

Falls sich keiner dieser Höfe in der Nähe Ihres Reiseziels befindet, schauen Sie doch einmal unter **www.pickyourown.info** nach. Dort finden Sie eine praktische Karte sowie eine Auflistung vieler Höfe in Großbritannien.

SPASS FÜR DIE KLEINEN

ZEIT, STRANDKRABBEN ZU FANGEN

Sollten Sie zur Flut gerade etwas Zeit haben, müssen Sie unbedingt Strandkrabben fangen gehen. Es ist gar nicht so leicht, macht aber allen viel Spaß. Im schlimmsten Fall verbringen Sie eine Stunde nur damit, auf einem Felsen oder dem Dock zu hocken, ins trübe Wasser zu starren und zu hoffen, dass etwas anbeißt. Das ist nicht unbedingt die unangenehmste Art, eine Pause einzulegen, oder? Ich kenne ein paar Menschen, die einmal einige Stunden auf diese Weise verbringen sollten. Ein langweiliger Nachmittag kann mit dieser Beschäftigung zu einem wahren Vergnügen werden. Strandkrabben fangen ist ebenso traditionell wie Fish & Chips, aber wesentlich gesünder.

Ich würde mich allerdings nicht darauf verlassen, dass bei dem Fang ein ganzes Mittagessen herausspringen könnte. Strandkrabben zu fangen dient einzig der Unterhaltung, denn Sie werden nur sehr selten ein essbares Exemplar fangen, das groß genug für den Topf ist. Falls Sie aber Strandkrabben erwischen, die braun sind und deren Panzer einen Durchmesser von mehr als 14 Zentimetern haben – Glück gehabt!

Um erfolgreich zu jagen, sollten Sie die traditionellen Krabbenschnüre mit den fiesen kleinen Haken meiden. Sie brauchen sich auch nicht stundenlang damit abzumühen, einige unschuldige kleine Napfschnecken als Köder von den Felsen zu kratzen. Heutzutage ist Strandkrabbenfangen eine weniger grausame Angelegenheit und macht deshalb viel mehr Spaß (Vegetarier werden dem vermutlich widersprechen), weil man rohen, leicht gammeligen Speck als Köder verwendet. Sollten Sie Fan eines klassischen Bulli-Frühstücks sein, haben Sie bestimmt ohnehin schon Speckreste in Ihrem Kühlschrank. Den Strandkrabben wird es schmecken.

KRABBENSCHNÜRE BASTELN

Einen ganzen Tag mit dem Angeln von Strandkrabben zu verbringen, kann eine sehr preisgünstige Unterhaltungsform sein. Alles, was es Sie kostet, ist eine Packung Speck, insbesondere, wenn Sie Ihre eigenen Krabbenschnüre basteln. Sie benötigen etwa zehn Meter Schnur oder Angelschnur, eine Plastikflasche, einen dieser kleinen Nylonbeutel, in die man Waschmitteltabs legt, sowie irgendeine Art von Gewicht. Dazu eignet sich z. B. ein größerer Kieselstein, der schwer genug ist, dass der Beutel zu Boden sinkt. Binden Sie den Beutel an das Ende der Schnur und legen Sie das Gewicht hinein. Nun binden Sie das andere Ende der Schnur an die Flasche. Wickeln Sie die Schnur um die Flasche und schon kann es losgehen. Der Köder (in kleine Stücke geschnittener Speck) kommt direkt in den Beutel. Nun wird es spannend. Suchen Sie sich einen Felsen oder ein Dock, unter dem das Wasser ausreichend tief ist. Der beste Zeitpunkt ist während der Flut und bei hereinkommender Flut. Werfen Sie den Beutel ins Wasser und geben Sie ihm so viel Seil, bis er auf dem Grund liegt. Nun heißt es abwarten.

Waschbeutel eignen sich gut, weil die Scheren der Strandkrabben sich in dem Nylongespinst verhaken. Wenn Sie den Beutel nach einigen Minuten aus dem Wasser holen, halten sich die gierigen kleinen Krustentiere in der Regel lange genug fest, um sie in den Eimer zu befördern.

Diese Methode ist sehr erfolgreich und manchmal ziehen Sie damit gleich zwei oder drei Strandkrabben aus dem Wasser. Das Schönste daran ist aber, dass die Tiere nicht verletzt werden, und am Ende legt man sie einfach wieder zurück ins Wasser. Jetzt kann sich der nächste Krabbenfänger amüsieren.

PFLEGE VON STRANDKRABBEN

Strandkrabben zu fangen macht Spaß und sollte so sanft wie möglich geschehen. Da Sie die Tierchen nicht essen wollen, sollten Sie sie gut behandeln. Falls Sie nicht vorhaben, sie sofort wieder ins Meer zu werfen, heben Sie sie in einem Eimer mit ausreichend frischem Meerwasser auf. Es sollten sich auch nicht zu viele auf einmal in dem Eimer befinden, sonst leiden sie unter Stress. Legen Sie sich bloß nicht mit einer Strandkrabbe an – schließlich hat sie kräftige Scheren!

WO KANN MAN STRANDKRABBEN FANGEN

Strandkrabben fängt man in Großbritannien wahrscheinlich von jedem Dock am Meer aus. Schlammiger Untergrund ist immer hilfreich, daher liegen viele der guten Fanggebiete an Flussmündungen. Sie können es aber ruhig überall versuchen – vom Dock aus, von den Felsen oder auch in Gezeitentümpeln. Achten Sie dabei nur auf die Flut, damit Ihnen der Rückweg nicht abgeschnitten wird. Die Sicherheit geht immer vor!

Gerüchten zufolge sind die hereinströmende Flut oder die Flut selbst die besten Zeiten, um sie zu erwischen, da die Tiere dann aus ihren Verstecken hervorkommen, um sich die Leckerbissen zu schnappen, die von der Flut herangetragen werden.

STRANDKRABBENFANGEN ALS WETTBEWERB

Zu bestimmten Zeiten rangeln überall in Großbritannien Krabbenfänger um die besten Plätze auf den Docks, um an Strandkrabbenfang-Wettbewerben teilzunehmen. Die Regeln sind immer unterschiedlich. Preise gibt es für die meisten gefangenen Strandkrabben.

Hier finden Sie einige Wettbewerbe:

- Walberswick, Norfolk. Hier werden alljährlich im Juli die British Open Championships abgehalten. Scheint also ein gutes Gebiet zu sein.
- Appledore, Nord-Devon. Ein hübsches Dorf mit einem perfekten Strandkrabbendock (nur bei Flut). Wettbewerbe finden im August statt.
- Herne Bay, Kent. Wettbewerb vom Herne Bay Pier aus während des Herne Bay Festivals.
- Wivenhoe, Essex. Wettbewerb am Dock im September.
- Flushing, Cornwall. Wettbewerbe finden oft während der Flushing Regatta statt.
- Swanage, Dorset. Strandkrabbenfang-Wettbewerbe als Nebenattraktion beim alljährlichen Swanage Carnival.

ERWARTEN SIE VIELE …

Gemeine Strandkrabben. Diese grünen und braunen Krabben kommen sehr häufig vor. Während der Häutung werfen sie ihre harten Panzer ab und sind in dieser Phase als Ködertiere sehr nützlich. Vor allem Barsche sind angeblich ganz wild darauf. Bei mir funktioniert das aber irgendwie nicht.

Blau-lila Schwimmkrabben. Ihre Beine und Körper sind von weichen, dicken Haaren bedeckt. Auf der Unterseite ist ihr Panzer bläulich. Im Schnitt haben ihre Panzer einen Durchmesser von acht Zentimetern. Sie sind essbar, auch wenn sie in Großbritannien eher selten verzehrt werden.

UND WENIGER …

Seespinnen. Sie leben die meiste Zeit weiter draußen im Meer, kommen im Sommer aber zur Paarung an die Küsten. Da haben Sie vielleicht einmal Glück und finden eine in Ihrem Beutel. Sollte das der Fall sein (und sie ist auch noch groß genug), müssen Sie sie mitnehmen und kochen. Seespinnen sind köstlich.

Taschenkrebse. Das sind die Krabben, die häufig auf Postkarten abgebildet sind. Taschenkrebse können ziemlich groß werden. Sie schmecken großartig, ihr Panzer muss aber mindestens einen Durchmesser von 14 Zentimetern haben.

GEGRILLTER HALLOUMI mit zerdrückten Erbsen, MINZE und RUCOLA

Falls Sie sich noch nicht an selbst gepflückten Beeren satt gegessen haben, wird es Zeit, sich eine leckere Vorspeise für das Mittagessen am Sonntag auszusuchen. Dieses Rezept ist frisch, minzig und reicht gerade aus, den Gaumen für das Hauptgericht anzuwärmen. Unsere Kinder, Maggie und Charlie, lieben Halloumi (oder Quietschkäse, wie sie ihn nennen), denn er macht so viel Spaß, wie es für Käse möglich ist – ja, sogar mehr als Käsefondue.

Halloumi kann unter dem Backofengrill, draußen auf dem Grill oder in der Grillpfanne zubereitet werden. Falls Sie den Käse noch nie probiert haben, sollten Sie das heute nachholen.

FÜR 4 PORTIONEN ALS VORSPEISE

- 6 HANDVOLL GEKOCHTE, ABGETROPFTE ERBSEN (FRISCH ODER TIEFGEFROREN)
- 3 EL FEIN GESCHNITTENE MINZE
- EINIGE SPRITZER ZITRONENSAFT
- OLIVENÖL
- 4–6 SCHEIBEN (ETWA 250 G) HALLOUMI
- 4 HANDVOLL RUCOLA
- SALZ UND PFEFFER
- 1 HALBE ZITRONE

Die Grillpfanne vorheizen. Die Erbsen in einen Topf geben und mit einem Kartoffelstampfer oder einer Gabel leicht zerdrücken. Sanft erwärmen und die Minze sowie zwei großzügige Spritzer Zitronensaft unterrühren. Mit Salz und Pfeffer abschmecken. Die Grillpfanne mit Olivenöl beträufeln und den Halloumi darin bei starker Hitze auf jeder Seite ein bis zwei Minuten braten, bis er leicht gebräunt ist.

Den Rucola in etwas Olivenöl und Zitronensaft schwenken und mit etwas Salz und Pfeffer würzen. Auf jeden Teller eine Handvoll Rucola geben, die Erbsen darüber verteilen und eine Scheibe Hallumi darauflegen. Den restlichen Rucola ggf. darüberstreuen. Die Zitronenhälfte in Spalten schneiden und dazu reichen.

Spargel AUF DREI ARTEN

Die kurze Spargelsaison sollte man bestmöglich ausnutzen. In Deutschland beginnt sie je nach Wetterlage Anfang/Mitte April und endet traditionell am 24. Juni.

FÜR 4 PORTIONEN ALS VORSPEISE

24 SPARGELSTANGEN

Den Spargel schälen und die holzigen Enden abschneiden. Die Stangen anschließend drei bis vier Minuten in kochendem Wasser dünsten, bis sie gerade weich sind (Spargel kann man auch grillen). Das Wasser abgießen und den Spargel heiß oder kalt mit einer der folgenden Saucen genießen.

SPARGEL mit SOJA, HONIG und Sesam

2 EL SOJASAUCE

2 EL FLÜSSIGER HONIG

1 EL SESAMSAMEN

1 SPRITZER ZITRONEN- ODER LIMETTENSAFT

Den gegarten Spargel mit Sojasauce, Honig, Sesam und Zitronensaft in einen Topf geben und eine Minute erhitzen. Kurz schwenken und in eine flache Schale geben. Dazu Brot servieren.

Spargel mit CHILI, ZITRONE und Olivenöl

SAFT VON 1 KLEINEN ZITRONE

½–1 ENTKERNTE, SEHR FEIN GEHACKTE ROTE CHILISCHOTE

2 EL OLIVENÖL

1 PRISE MEERSALZ

Die Zutaten in einer kleinen Schüssel mischen. Den gegarten Spargel auf einen Teller legen, die Sauce darübergeben und das Ganze mit etwas Meersalz bestreuen.

Knuspriger SPECK und MANDELN

4 STREIFEN KLEIN GESCHNITTENER FRÜHSTÜCKSSPECK
2 EL GEHACKTE MANDELN (ODER PINIENKERNE BZW. HASELNÜSSE)
4 EL OLIVENÖL
2 GROSSZÜGIGE PRISEN PIMENTÓN (OPTIONAL)

Den Speck sehr knusprig braten. Währenddessen die Mandeln dazugeben und einige Zeit mit braten. Anschließend vollständig abkühlen lassen. Das Olivenöl mit dem Pimentón mischen. Den gegarten Spargel auf einem Teller anrichten, den Speck und die Nüsse darüberstreuen und das Ganze mit der Olivenöl-Pimentón-Mischung beträufeln. Sofort servieren.

Jeder mag Fingerfood, eine leckere Kleinigkeit vor dem Hauptgericht. Servieren Sie gegrillte Pita-Streifen, Radieschen, Sellerie, Gurke, Frühkartoffeln (gekocht), Fenchelstücke, Chips oder Grissini.

CAMPINGBUS-Hummus mit PINIENKERNEN

Gut, es ist vielleicht nicht absolut authentisch, schmeckt aber trotzdem fantastisch. Falls Sie die Zutaten an Ihrem Campingplatz nicht bekommen, schummeln Sie einfach. Kaufen Sie fertigen Hummus und geben Sie dann etwas hochwertiges Olivenöl und geröstete Pinienkerne darauf.

FÜR 6–8 PORTIONEN

- 1 DOSE (400 G) ABGESPÜLTE, ABGETROPFTE KICHERERBSEN
- 1 GEPRESSTE KNOBLAUCHZEHE
- SAFT VON ½ ZITRONE (EVENTUELL ETWAS MEHR)
- 1 TL KREUZKÜMMELPULVER
- 1 GROSSZÜGIGE PRISE GETROCKNETE, ZERSTOSSENE CHILIFLOCKEN
- 4 EL OLIVENÖL (ZUSÄTZLICH ETWAS ÖL ZUM BETRÄUFELN)
- 3 EL TAHINI-PASTE
- ½ TL SALZ
- 1 EL PINIENKERNE

Die Kichererbsen mit dem Knoblauch, dem Zitronensaft, den Gewürzen, dem Olivenöl, der Tahini-Paste und dem Salz in eine Schüssel geben. Das Ganze sorgfältig verrühren und anschließend mit einem Kartoffelstampfer zu einem dicken Püree verarbeiten. Das dauert etwa fünf Minuten (eine etwas gröbere Konsistenz ist gewünscht).

Einen Esslöffel kaltes Wasser unterrühren (ggf. noch etwas Wasser dazugeben, falls die Konsistenz des Hummus zu dick ist). Nach Bedarf abschmecken und eventuell weiteren Zitronensaft und etwas Salz hinzufügen – Hummus sollte besonders gut gewürzt sein.

Zum Schluss die Pinienkerne in einer Pfanne goldbraun rösten. Zum Servieren den Hummus mit etwas Olivenöl beträufeln und die Pinienkerne darüberstreuen.

Würziger Joghurtdip mit SPINAT und SULTANINEN

FÜR 4–6 PORTIONEN

- 8 EL NATURJOGHURT
- 1 GEPRESSTE KNOBLAUCHZEHE
- 1 TL MITTELSCHARFE CURRYPASTE
- 1 PRISE SALZ
- 2 EL GEHACKTER, JUNGER BLATTSPINAT
- 1 TL GEHACKTE MINZE (OPTIONAL)
- 1 EL SULTANINEN

Den Joghurt, den Knoblauch, die Currypaste und das Salz in einer Schüssel verrühren. Den Spinat, die Minze (optional) und die Sultaninen unterheben.

Hasta la Salsa

Diese Salsa sollte nicht zu früh zubereitet werden, da sie schnell wässrig wird. Sie können aber auch improvisieren. Kaufen Sie fertige Salsa und rühren Sie die entkernte, gehackte Chilischote, den Koriander, die Limettenschale und den -saft unter.

FÜR 4–6 PORTIONEN

- 3 FEIN GEHACKTE, REIFE TOMATEN
- ½ ENTKERNTE, FEIN GEHACKTE ROTE CHILISCHOTE
- 2–3 EL FEIN GEHACKTER KORIANDER
- ABGERIEBENE SCHALE UND SAFT VON 1 LIMETTE
- 1 TL ZUCKER
- 1 PRISE SALZ

Alle Zutaten in einer Schüssel verrühren und vor dem Servieren 15 Minuten ruhen lassen, damit sich die Aromen entfalten.

Der „Boyfriend"-KARTOFFELSALAT

Es war einmal zu einer Zeit, als Joanne und ich uns noch nicht kannten, und sie eine Camping- und Hosteltour durch Kalifornien unternahm. Das Rezept hat sie von dieser Reise mitgebracht. Ein uramerikanischer Bursche namens Brad brachte ihr bei, wie man den Kartoffelsalat zubereitet, und bei uns zu Hause ist er nur als „Boyfriend"-Kartoffelsalat bekannt. Er ist schnell und einfach zuzubereiten und verbreitet eine entspannte, kalifornische „Die-Sonne-scheint-das-ganze-Jahr-Atmosphäre". So wie Brad. Nicht, dass ich eifersüchtig wäre oder so …

Für ein besonders rauchiges Aroma können Sie Speck hinzufügen. Der Salat passt prima als Beilage zu gegrilltem Fleisch und grünem Salat.

FÜR 4 PORTIONEN

2 GROSSZÜGIGE HANDVOLL KLEINE FRÜHKARTOFFELN
4 MITTELGROSSE FREILANDEIER
2–3 EL CRÈME FRAÎCHE
3 FEIN GEHACKTE FRÜHLINGSZWIEBELN
1 EL GEHACKTER DILL (OPTIONAL)
SALZ UND PFEFFER

Die Kartoffeln je nach Größe halbieren oder vierteln und etwa zehn Minuten in Salzwasser kochen, bis sie weich sind. Abgießen und einige Minuten abkühlen lassen.

In der Zwischenzeit die Eier in einem zweiten Topf sieben bis acht Minuten hart kochen. Das Eigelb darf noch weich, aber nicht flüssig sein.

Die Eier in einer Schüssel mit kaltem Wasser abkühlen lassen, anschließend schälen und vierteln. Die Kartoffeln, die Eier, die Crème fraîche, die Frühlingszwiebeln und den Dill (optional) in einer großen Schüssel mischen und mit Salz und Pfeffer abschmecken. Noch leicht warm servieren.

HÄHNCHEN (oder Kaninchen) mit ESTRAGON, Zitrone und Knoblauch

Falls Sie draußen essen und Ihre Vorspeise grillen, können Sie dieses Gericht im VW Bus vorbereiten und dann in einem Topf über der Glut warmhalten, während Sie die Vorspeise genießen. Zu diesem frischen, pikanten Gericht passt der Sammler-Salat (siehe Seite 265) besonders gut. Sollten Sie keine Zeit zum Sammeln haben, servieren Sie stattdessen einen grünen Salat. Kaninchen verleiht dem Gericht eine „wilde" Note.

FÜR 4 PORTIONEN

- OLIVENÖL
- 1 STÜCK BUTTER (ZUSÄTZLICH 1 EL)
- 8 (EVENTUELL HALBIERTE) SCHALOTTEN
- 4 HÄHNCHENKEULEN ODER TEILE VOM KANINCHEN
- 2 KLEINE GLÄSER WEISSWEIN
- 300 ML HÜHNERBRÜHE
- SALZ UND PFEFFER
- 12 HALBIERTE KIRSCHTOMATEN
- 3 EL GEHACKTER ESTRAGON
- 2 FEIN GEHACKTE KNOBLAUCHZEHEN
- FEIN ABGERIEBENE SCHALE VON 1 ZITRONE

Einen großzügigen Schuss Öl mit der Butter in einer großen Pfanne erhitzen. Die Schalotten darin bei starker Hitze bräunen, anschließend herausnehmen und auf einem Teller beiseitestellen. Die Hähnchenkeulen bzw. die Kaninchenteile nebeneinander (ggf. in zwei Portionen) von beiden Seiten goldbraun anbraten (ggf. noch etwas Öl oder Butter hinzufügen). Die Schalotten zurück in die Pfanne geben.

Das Ganze mit dem Wein aufgießen, zum Kochen bringen und den auf die Hälfte einkochen lassen. Die Brühe hinzufügen und alles erneut aufkochen. Anschließend die Hitze reduzieren, die restliche Butter dazugeben und mit Salz und Pfeffer abschmecken. Ohne Deckel 20–25 Minuten köcheln lassen, sodass die Flüssigkeit weiter reduziert wird, während das Fleisch gart. Fünf Minuten vor Ende der Garzeit die Kirschtomaten und den Estragon in den Topf geben. Noch einmal abschmecken und nach Bedarf noch etwas Salz und Pfeffer hinzufügen.

Den Knoblauch und die Zitronenschale mischen und darübergeben. Sofort servieren.

Gebratenes Gemüse mit MOZZARELLA, Kichererbsen und vielen KRÄUTERN

Ein leckeres Hauptgericht. Falls Sie den Grill anheizen wollen, können Sie das Gemüse auch grillen – zudem ist gegrillter Halloumi eine tolle Alternative zum Mozzarella. Genießen Sie das Ganze warm oder bei Raumtemperatur. Ohne Käse bietet es sich als Beilage für 6 Portionen an, z. B. zu Würstchen oder gegrilltem Fleisch bzw. Fisch.

FÜR 4 PORTIONEN

4 ZUCCHINI
1 GROSSE AUBERGINE
2 ROTE PAPRIKASCHOTEN
3 EL GEHACKTE MINZE
4 EL ZERRUPFTES BASILIKUM
4 EL OLIVENÖL (ZUSÄTZLICH ETWAS ZUM BETRÄUFELN)
1 DICKE, GEPRESSTE KNOBLAUCHZEHE
1 DOSE (410 G) ABGETROPFTE KICHERERBSEN
MEERSALZFLOCKEN
ZERSTOSSENE, GETROCKNETE CHILIFLOCKEN ZUM BESTREUEN
2 KUGELN (JE 125 G) MOZZARELLA

Die Zucchini und die Aubergine putzen und längs in Scheiben schneiden, die Zucchini sollten vier bis fünf, die Aubergine acht bis zehn Scheiben ergeben. Die Paprikaschoten entkernen und in Streifen schneiden. Die Grillpfanne vorheizen.

Die Minze, das Basilikum, das Olivenöl, den Knoblauch, die Kichererbsen und ein bis zwei großzügige Prisen zerstoßene Meersalzflocken in einer mittelgroßen Schüssel mischen.

Die Grillpfanne mit Öl einpinseln und das Gemüse darin auf jeder Seite zwei bis drei Minuten braten, bis es leicht gebräunt und weich ist. Anschließend auf einem Teller beiseitestellen.

Die Hälfte der Kichererbsen auf eine Servierplatte geben und das Gemüse darauf verteilen (lassen Sie den Künstler in Ihnen heraus!). Etwas Olivenöl darüberträufeln und mit Meersalz und Chiliflocken bestreuen (Achtung, die Chiliflocken können sehr scharf sein – lieber vorsichtig anfangen und nach Bedarf etwas mehr dazugeben). Die restlichen Kichererbsen rund um das Gemüse verteilen.

Den Mozzarella klein schneiden oder zerrupfen und auf dem Gemüse anrichten. Noch einmal mit etwas Olivenöl beträufeln und einige Chiliflocken darüberstreuen.

WÜRSTCHEN mit Bohnen, TOMATEN und ROSMARIN

Dieser herzhafte Eintopf schmeckt besonders gut im Herbst, wenn die Tage kühler werden. Da wird es einem gleich wieder schön warm. Der Eintopf schmeckt ohne Beilagen sehr gut, aber falls Sie möchten, können Sie auch einen grünen Salat oder grünes Gemüse dazu servieren. Besonders gut passt auch Knoblauchbaguette. Anstelle der Bohnen können Sie vorgekochte, grüne Linsen aus der Dose verwenden.

FÜR 4 PORTIONEN

ÖL
8 DICKE, GUT GEWÜRZTE WÜRSTCHEN VOM SCHWEIN
2 EL BUTTER
3 IN DÜNNE SCHEIBEN GESCHNITTENE ZWIEBELN
2 IN DÜNNE SCHEIBEN GESCHNITTENE KNOBLAUCHZEHEN
2 EL FEIN GEHACKTER ROSMARIN
1 TL ZUCKER
SALZ UND PFEFFER
1 DOSE (410 G) ABGETROPFTE CANNELLINI- ODER LIMABOHNEN
1 DOSE (400 G) GEHACKTE TOMATEN
2 EL TOMATENMARK (OPTIONAL)
250 ML HÜHNER- ODER RINDERBRÜHE
1 GEHÄUFTER EL KÖRNIGER SENF

Einen Schuss Öl in einem mittelgroßen bis großen, flachen Topf erhitzen. Die Würstchen darin goldbraun anbraten. Auf einen Teller legen und beiseitestellen.

Die Butter in den Topf geben. Sobald sie geschmolzen ist, die Zwiebeln, den Knoblauch, den Rosmarin, den Zucker, etwas Salz und Pfeffer hinzufügen und bei mittlerer Hitze etwa 15 Minuten weich garen, dabei gelegentlich umrühren.

Die Würstchen, die Bohnen, die Tomaten, das Tomatenmark (optional), die Brühe und den Senf dazugeben und zum Kochen bringen. Anschließend bei mittlerer Hitze 15 Minuten köcheln lassen. Vor dem Servieren noch einmal abschmecken.

Sommerliches DESSERT

Rote und schwarze Johannisbeeren verleihen Desserts eine äußerst fruchtige Note, aber mit Brombeeren, Blaubeeren, Loganbeeren und Kirschen schmecken sie ebenso gut. Garnieren Sie das Ganze, wenn Sie Lust haben, mit einigen weiteren Beeren.

FÜR 4 PORTIONEN

- 75 G ROTE JOHANNISBEEREN (STIELE ENTFERNT)
- 75 G SCHWARZE JOHANNISBEEREN (STIELE ENTFERNT)
- 200 G HIMBEEREN
- 3 EL ZUCKER
- 1 TL FEIN GEHACKTE MINZE
- 4 DÜNNE SCHEIBEN WEISSBROT
- SCHLAGSAHNE

Die Beeren, den Zucker und vier Esslöffel Wasser in einen mittelgroßen Topf geben und das Ganze unter Rühren aufkochen, bis der Zucker aufgelöst ist. Die Temperatur reduzieren und zwei bis drei Minuten halb zugedeckt köcheln lassen, bis sie ihren Saft freisetzen. Die Beeren dürfen aber nicht zu weich werden! Nun die Minze unterrühren und alles leicht abkühlen lassen.

Die Rinde vom Brot entfernen und die Scheiben in kleine Stücke schneiden. Den Boden von je vier Bechern oder kleinen Gläsern mit einigen Brotstücken bedecken und jeweils zwei Esslöffel Obst darübergeben. Eine weitere Brotschicht aufschichten und zuletzt die restlichen Beeren auf die Gläser verteilen. Das Brot soll den Obstsaft aufsaugen, lassen Sie die Desserts deshalb erst abkühlen und stellen Sie sie dann einige Stunden kalt. Zum Servieren auf jedes Glas einen Klecks Sahne geben.

Einfacher OBST-Crumble

Ich liebe Crumble! Sie können sich wahrscheinlich vorstellen, wie begeistert ich war, als Sarah dieses Rezept vorschlug. Ein Crumble im VW Bus? Ohne Ofen? Tolle Idee!

Dieses Dessert schmeckt auch mit Zwetschgen köstlich, gemischt mit einige Heidel- oder Holunderbeeren (verwenden Sie viel Zucker!), Brombeeren und Äpfeln, oder mit Aprikosen und Pfirsichen im Sommer. Falls es mal schnell gehen muss, bestreuen Sie das Obst einfach mit Knuspermüsli (siehe Seite 25), anstatt die Streusel selbst zuzubereiten. Dazu passen ein Löffel Naturjoghurt oder – wenn es draußen schon ein bisschen kühler ist – warme Vanillesauce.

FÜR 2 DESSERTLIEBHABER (ODER FÜR 4 KLEINE GLÄSER)

* 300 G ENTSTEINTE, GEVIERTELTE PFLAUMEN
ABGERIEBENE SCHALE UND SAFT VON ½ ORANGE
2 EL ZUCKER

FÜR DIE STREUSEL

1 EL BUTTER
1 EL ZUCKER
4 EL HAFERFLOCKEN

ZUM SERVIEREN

NATURJOGHURT ODER VANILLESAUCE (OPTIONAL)

Die Pflaumen, die Orangenschale und den -saft mit dem Zucker in einen mittelgroßen Topf geben, aufkochen und dann bei reduzierter Hitze acht bis zehn Minuten weich kochen. Das Obst in zwei große bzw. vier kleine Becher füllen. Den Topf spülen und abtrocknen (oder für den nächsten Schritt eine Pfanne verwenden).

Für die Streusel die Butter im Topf schmelzen. Den Zucker und die Haferflocken dazugeben und unter gelegentlichem Rühren fünf bis sieben Minuten rösten. Anschließend zwei bis drei Minuten auf einem Teller abkühlen lassen, damit die Streusel knusprig werden.

Auf dem Obst verteilen und sofort servieren.

Köstliches Zeug!

SONNTAG-
NACMITTAG

Die Seele baumeln lassen

Sonntagnachmittag ist ein weiterer wichtiger Meilenstein des Wochenendes. Jetzt werden die Liegestühle herausgeholt und die Kinder bauen Drachen und lassen sie fliegen. Alle anderen schalten einen Gang zurück. Für die Väter ist es zu dieser Zeit üblich, jegliches Chaos zu ignorieren und sich hinter ihrer Tageszeitung zu verstecken. Ein guter Freund von mir, ein sehr erfahrener Camping-Bus-Camper, hat diese Kunst perfektioniert. Die Welt könnte untergehen – nichts hält ihn vom zeremoniellen Studium der Sportergebnisse ab.

BIS ZUM LETZTEN MOMENT GENIESSEN

Und warum sollte er sich auch Gedanken machen? Alle haben ihren Spaß. Zudem hält das Wochenende auch um diese Zeit noch einige Freuden bereit. Der Teekessel wird ein letztes Mal aufgesetzt und man unternimmt einen finalen Waldspaziergang, bevor es Zeit wird, die Sachen zu packen und die Heimreise anzutreten.

Ich, der ich nie still sitzen kann, werde dabei allerdings immer nervös. Lasst uns einen Damm bauen, Puuh-Stöckchen (Spiel, bei dem zwei oder mehr Spieler gleichzeitig Stöcke in einen Fluss werfen. Der Spieler, dessen Stock durch die Strömung als erstes die vorher festgelegte Ziellinie überquert, gewinnt.) oder Conkers (Spiel, bei dem zwei Spieler mit an Fäden befestigten Kastanien abwechselnd versuchen, die Kastanie des Gegenspielers zu treffen und zu zerstören.) spielen! Ich denke, es hat damit zu tun, dass ich mich weigere zu akzeptieren, dass das Wochenende schon wieder vorbei ist. Ich habe immer ein bisschen Angst, dass mich nach einem fantastischen Wochenende im Bulli zu Hause die große Leere überkommt, oder der Gedanke, am nächsten Morgen wieder zur Arbeit gehen zu müssen.

Gut, man soll es ja nicht gleich übertreiben, oder? Der VW Bus braucht auch einmal eine Pause. Es hat keinen Zweck, ihn zu treten. Ich habe ja noch nicht einmal den Ölstand überprüft und außerdem muss ich noch eine Hängematte bauen. Fische müssen gefangen und Brombeeren gesammelt werden. Was kann an der Arbeit an sich schon so wichtig sein?

Bleiben wir einen Tag länger!

ABER ZUERST LASSEN WIR EINEN DRACHEN STEIGEN!

Gibt es einen besseren Zeitvertreib an einem Sonntagnachmittag, als einen Drachen zu bauen? Mein Opa hat mir beigebracht, wie es funktioniert. Es gab eine ganze Sammlung von Drachen, die er schon als Junge gebaut hatte. Einige davon waren über zwei Meter lang. So war mein Opa – er wollte stets wissen, wie weit oder schnell er sein konnte. Gemäß modernen Standards war das jedoch nicht sehr schnell, schließlich wurde er 1901 geboren.

Dieser Drachen sieht wie ein richtig schöner, altmodischer Drachen aus, inklusive Schwanz mit Schleifchen und einer Schnur. Er kann keine Kunststücke vollbringen oder Loopings fliegen, und er kann ganz sicher auch kein Surfbrett schleppen. Es ist ein einfacher Drachen für einen Sonntagnachmittag.

Für den Bau benötigen Sie nur ein altes Bettlaken, eine Rolle Schnur, zwei Bambusstäbe mit einer Länge von 60 Zentimetern (oder länger, Sie entscheiden, wie groß der Drachen werden soll), eine Nadel und Nähgarn.

UND SO FUNKTIONIERT ES

Schneiden Sie jeweils eine Kerbe in die Enden beider Bambusstäbe. Binden Sie die Stäbe t-förmig zusammen. Achten Sie darauf, dass sie fest miteinander verbunden sind.

Anschließend ziehen Sie ein Stück Schnur von Stabspitze zu Stabspitze, sodass ein Rahmen entsteht (dafür sind die Kerben da). Die Schnur sollte straff gespannt sein, sonst trägt die Konstruktion später das Laken nicht.

Legen Sie das „t" auf das Laken und schneiden Sie dieses entsprechend zurecht – achten Sie dabei darauf, rundherum einen fünf Zentimeter breiten Rand stehen zu lassen.

Jetzt nähen Sie das Laken so fest wie möglich an den Rahmen. So langsam sollte es wie ein richtiger Drachen aussehen.

Aus den Resten des Lakens schneiden Sie sechs Streifen, die fünf Zentimeter breit und 15 Zentimeter lang sind. Diese binden Sie mit jeweils 30 Zentimetern Abstand zueinander an eine (kürzere) Schnur. Nun hat Ihr Drachen einen Schwanz. Befestigen Sie diesen an der unteren Spitze des Drachens und die lange Schnur (zum Lenken) in der Mitte des Kreuzes. Falls Sie mögen, malen Sie Ihrem Drachen doch ein Gesicht.

Nun kann es losgehen.

Um den Drachen steigen zu lassen, sollte es recht windig sein (und Sie müssen außerdem ein bisschen rennen). Derjenige, der den Drachen steigen lässt, wickelt etwa sechs Meter Schnur ab, während eine zweite Person den Drachen hoch hält. Nun muss der Drachensteiger gegen den Wind rennen und der andere lässt im richtigen Augenblick den Drachen los (das erfordert vielleicht ein bisschen Übung, bis Sie das richtige Timing haben). Mit etwas Glück steigt der Drachen in den Himmel – dann muss man die Schnur weiter abrollen. Falls er nicht fliegt, probiert man es eben noch einmal.

EIN WALDSPAZIERGANG

Als Kind habe ich die meiste Zeit im Wald verbracht. Sobald ich aus der Schule kam, stürmte ich los und kam erst mit Einbruch der Dunkelheit zurück – schmutzig, hungrig, müde und oft genug hatte es Ärger gegeben. Was haben wir nicht alles angestellt – wir gruben Tunnel, bauten Hütten und Fahrradrampen oder suchten alte Knochen und Flaschen. Das war allerdings in den 1970ern und wir hatten nichts Besseres zu tun, denn für Mädchen und Musik waren wir noch zu jung.

Ich erinnere mich heute noch an viele hilfreiche Dinge aus dieser Zeit. Laufen meine Kinder in Brennnesseln hinein, kann ich ihnen zeigen, was sie tun müssen, damit das Brennen nachlässt. Ich bin sicher kein Experte für das Überleben in der Wildnis, aber es macht mir viel Spaß, ihnen das eine oder andere über das Leben im Wald beizubringen, bevor dieses Wissen ganz verloren geht.

- Gegen Verletzungen durch Brennnesseln hilft Ampfer, der oft gleich daneben wächst – das ist so eine Yin-Yang-Geschichte.
- Aus den Blüten der Weißen Taubnessel kann man herrlich süßen Nektar saugen.
- Moos und Flechten wachsen prinzipiell nur an der Nordseite von Bäumen. Das kann bei der Orientierung helfen, falls man sich verlaufen hat.
- Mit Seifenkraut (der Name sagt es eigentlich schon) und etwas Wasser kann man sich die Hände waschen.
- Haselsträucher, die zurückgeschnitten wurden, wachsen sehr gerade, deshalb werden sie gern als Spazierstöcke verwendet. Sie eignen sich aber auch prima, um daraus einen Bogen und Pfeile zu basteln.
- Aus trockenem (nicht grünem) Eibenholz kann man die besten Bögen bauen.
- Die haarigen Samen von Hagebutten sind ein exzellentes Juckpulver.
- Aus Mehl, Wasser und einem Stock kann man über dem Lagerfeuer ein ganz einfaches, aber sehr leckeres Brot backen.

- Zerquetscht man Holunderbeeren auf einem schicken weißen Hemd, sieht das genauso aus wie Blut, und die Mutter denkt, man wäre angeschossen worden. Sie könnte allerdings ziemlich sauer sein (wahrscheinlich, weil es nicht gerade einfach ist, die Flecken wieder herauszuwaschen).

- Junge Löwenzahnblätter kann man essen. Sie haben allerdings einen harntreibenden Effekt, daher die französische Bezeichnung „pissenlit".

- Wenn man eine Löwenzahnuhr benutzt, um zu wissen, wie viel Uhr es ist, kommt man garantiert zu spät. So oft, wie man pusten muss, damit alle Samen davonfliegen, so spät ist es.

- Aus Flatterbinsen, einem langen, dunkelgrünen Gras, das in Büscheln an morastigen Stellen wächst, kann man ein einfaches Seil herstellen. Dazu muss man es nur platt drücken, der Länge nach zerteilen und dann flechten. Es eignet sich hervorragend, um damit einen Unterschlupf zu bauen.

- Man kann Stunden damit zubringen, ein vierblättriges Kleeblatt zu suchen. Legen Sie sich einfach ins Gras und nehmen Sie jedes einzelne Kleeblatt genau unter die Lupe. Fall Sie Hunger bekommen, können Sie den Klee auch essen.

- Rosskastanien, die eine flache Oberfläche haben und als Teil eines Paares gewachsen sind, eignen sich besser zum Conkers spielen als runde Kastanien. Große Exemplare sind heiß begehrt.

- Aus Weidenzweigen, die man ein bisschen biegen sollte, um sie flexibler zu machen, kann man prima Körbe, Nistboxen und Ähnliches basteln.

- Man kann die Samenkapseln des Wegerichs (ein Unkraut, das praktisch überall wächst) abschießen, indem man die Pflanze unten am Stängel abbricht, den Stängel in einer Schlaufe bis zum unteren Rand der Blüte biegt und kräftig zieht. Der Blütenkopf springt ab und kann ganz schön weit fliegen!

- Klettenlabkraut, auch bekannt als Klebkraut, bleibt ganz hervorragend an Wollpullovern hängen. „Kleben" Sie jemandem einige Stängel an den Rücken – mal sehen, wie lange die Person braucht, um es zu bemerken.

- Pflanzen haben verschiedene Möglichkeiten, um ihre Samen zu verbreiten. Sie lassen sie in Form von „Fallschirmen", „Gleitern", „Hubschraubern" und „Propellern" fliegen. Die Samen des Bergahorns sind die besten Helikopter der Pflanzenwelt. Suchen Sie viele Samen und versuchen Sie herauszufinden, wie das Ganze funktioniert.

BAUEN SIE IHRE EIGENE HÄNGEMATTE

Zeit für ein kleines Nickerchen am Nachmittag. Aber wo? Natürlich in der selbst gebauten Hängematte. Das ist nicht schwierig, Sie benötigen jedoch einen Sinn fürs Gleichgewicht, eine Portion Humor und ein großes altes Bettlaken oder einen Bettbezug. Vielleicht gelingt es beim ersten Mal nicht perfekt, aber Übung macht bekanntlich den Meister. Hängen Sie die Matte nicht zu hoch – dann tun Sie sich wenigstens nicht weh, wenn Sie herausfallen. Wer will schon den Rest seines Urlaubs in der Notaufnahme verbringen.

Verwenden Sie entweder ein großes Bettlaken für Doppelbetten, das Sie einmal in der Mitte falten, damit es das Gewicht aushält, oder einen Bettbezug (allerdings wird der Bezug einer normalen Bettdecke vermutlich nur das Gewicht der Kinder aushalten können).

Machen Sie in jede Ecke einen großen Doppelknoten. Auf diese Weise erhält Ihre Hängematte die Grundform. Als nächstes nehmen Sie zwei Seile, deren Länge davon abhängt, wie weit die Bäume auseinanderstehen. Drei Meter Seil sollten ausreichen. Binden Sie ein Ende des Seils unterhalb eines Knotens an der kurzen Seite des Lakens fest. Wickeln Sie das Seil nun zweimal um den Baum und um einen Ast, damit es nicht herunterrutscht. Dann binden Sie das zweite Ende um den zweiten Knoten. Das Gleiche machen Sie mit dem zweiten Seil auf der anderen Seite des Lakens. Achten Sie aber darauf, dass das Laken nicht zu stark gespannt wird, da es auf jeden Fall etwas nachgeben muss. Und schon ist Ihre Hängematte fertig!

Nun können Sie sich hineinlegen, aber geben Sie mir nicht die Schuld, wenn es schiefgeht (und das wird es!) – das ist schließlich Teil des Vergnügens.

PILZSAISON

Für manche Menschen – wie z. B. meinen Nachbarn Freddy der Farmer –, ist die Pilzsaison (ungefähr von Oktober bis November) einer der Höhepunkte des Jahres. Mit seinen Hunden, Körben und Gummistiefeln zieht er dann los zu seinen geheimen Lieblingsplätzen, auf der Suche nach den heiß begehrten Steinpilzen. Mit etwas Glück findet er auch einen Schwefelporling (gegart schmeckt er nach Hühnchen) und einige Wiesenchampignons.

Freddy weiß genau, was er tut, da er schon seit Jahren Pilze sammelt. Er weiß genau, wo und wann er suchen muss, und wonach. Sein Wissen über die Natur ist wirklich bemerkenswert. Das heißt aber nicht, dass Leute wie wir nicht auch an der Pilzernte teilhaben können. Idealerweise sucht man sich dafür einen Experten wie Freddy, der einem erst einmal das Wichtigste beibringt. Anschließend rüstet man sich mit einem guten Pilzhandbuch aus. Ganz wichtig: Wenn Sie sich bei einem Pilz nicht absolut sicher sind, lassen Sie ihn besser stehen!

Im Grunde genommen gibt es keine echte Pilzsaison, denn man entdeckt die gewöhnlichen Pilze den ganzen Sommer und den Herbst über. Am leichtesten zu finden und zu identifizieren sind Steinpilze, Nelken-Schwindlinge (die oft in sogenannten Feenkreisen wachsen), Boviste und Wiesenchampignons, wobei die Letzteren leicht mit dem tödlich giftigen Knollenblätterpilz verwechselt werden. Sie müssen also vorsichtig sein! All diese Pilze kann man von Juli bis November sammeln.

FREDDYS MILCHIGE PFIFFERLINGE AUF TOAST

Freddy liebt gutes Essen. Und er liebt Pfifferlinge. Deshalb erscheint es mir nur angemessen, diesem Tribut zu zollen und Ihnen sein einfaches, aber köstliches Rezept zu verraten. Schließlich hat er mich nur über den Fundort der Pilze zum Schweigen verpflichtet. Er gart sie in einem Topf mit Butter und Knoblauch. Dann gibt er etwas Milch hinzu und lässt das Ganze bei sehr niedriger Hitze etwa 20 Minuten köcheln. Der Geruch, der dabei entsteht, ist einfach großartig! Serviert wird die Pilzmischung auf weißem Toast mit etwas gesalzener Butter. Ja, es muss weißer Toast sein. Und ja, auch die gesalzene Butter ist Pflicht. Die Petersilie hat er nur mir zuliebe darübergestreut …

WILDPILZE auf Toast

Für den begeisterten Pilzsammler gibt es keinen größeren Leckerbissen als die ersten, selbst gesammelten Pilze der Saison – ein echtes Geschenk der Natur. Sollten Sie heute kein Glück gehabt haben, können Sie das Rezept immer noch mit Champignons aus dem Supermarkt zubereiten.

FÜR 1 SAMMLER

- 1 STÜCK BUTTER
- 2 HANDVOLL MIT EINEM FEUCHTEN TUCH ABGEWISCHTE ODER MIT EINER PILZBÜRSTE GEREINIGTE WILDPILZE (Z. B. PFIFFERLINGE ODER STEINPILZE)
- 1 TL FRISCHE THYMIANBLÄTTER (OPTIONAL)
- 2 EL SAHNE
- 1 SPRITZER ZITRONENSAFT
- SALZ UND PFEFFER
- 1 GROSSE SCHEIBE SAUERTEIGBROT MIT ORDENTLICHER KRUSTE, GETOASTET ODER NATUR

Die Butter in einer Pfanne schmelzen. Die größeren Pilze halbieren oder in Scheiben schneiden. Sobald die Butter brutzelt, die Pilze und den Thymian hineingeben und sieben bis acht Minuten braten. Dabei gelegentlich in der Butter schwenken. Die Sahne und den Zitronensaft hinzufügen und mit etwas Salz und Pfeffer abschmecken. Das Ganze etwa eine Minute brutzeln lassen. Auf das Brot häufen und mit einem Lächeln verzehren.

Schwefelporling-RISOTTO

Der Schwefelporling, auch „Hühnchen des Waldes" genannt, erinnert, wie sein Name schon sagt, aufgrund seiner Konsistenz und des Geschmacks an Hühnchen. Er wächst, wie viele seiner Art, an alten Bäumen, besonders an Eichen. Am besten schmecken die jungen Pilze, die leuchtend gelb und orange sind.

Falls es Ihnen lieber ist, können Sie für dieses Rezept auch Steinpilze, braune Wiesenchampignons oder gar echtes Hühnchen verwenden. Sollten Sie sich für Hühnchen entscheiden, geben Sie, kurz bevor der Reis gar ist, einfach drei Handvoll gekochtes und klein geschnittenes Hühnchen mit etwas geriebener Zitronenschale dazu.

FÜR 4 PORTIONEN

- OLIVENÖL
- 1 FEIN GEHACKTE ZWIEBEL
- 2 FEIN GEHACKTE KNOBLAUCHZEHEN
- 255 G RISOTTO
- 1 KLEINER BECHER WEISSWEIN
- 1 L HEISSE GEMÜSEBRÜHE (IDEAL WÄRE PILZBRÜHE)
- 1 EL BUTTER (PLUS 1 ZUSÄTZLICHES STÜCK)
- 250 G GEPUTZTE, IN SEHR KLEINE STÜCKE GESCHNITTENE SCHWEFELPORLINGE
- 2 EL FRISCH GERIEBENER PARMESAN ODER PECORINO (PLUS ETWAS MEHR ZUM BESTREUEN)
- 3 EL GEHACKTE PETERSILIE ODER GEHACKTEN SCHNITTLAUCH

Zwei Esslöffel Olivenöl in einem großen Topf erhitzen. Die Zwiebel darin acht bis zehn Minuten weich garen. Einige Minuten vor Ende der Garzeit den Knoblauch dazugeben. Anschließend den Reis hinzufügen und das Ganze etwa eine Minute rühren. Mit dem Wein aufgießen, aufkochen und so lange köcheln lassen, bis der Wein fast vollkommen verdunstet ist. Die Hälfte der Brühe hineingießen und unter ständigem Rühren etwa zehn Minuten köcheln, bis die Brühe vollständig aufgenommen wurde. Mit dem Rest der Brühe aufgießen und weitere acht bis zehn Minuten köcheln, bis der Reis gar, aber noch bissfest ist.

In der Zwischenzeit einen Esslöffel Butter in einer Pfanne schmelzen und die Pilze darin sechs bis sieben Minuten braten, umrühren und so lange weiter braten, bis die Flüssigkeit verdunstet ist. Sobald der Reis gar ist, die Pilze, den Parmesan, das Stück Butter und die Kräuter unterheben und ggf. mit etwas Salz und Pfeffer abschmecken. Den restlichen Parmesan darüberstreuen und sofort servieren.

DIE HECKENERNTE

Im September sind alle unterwegs und pflücken Brombeeren von den Hecken, die die Wege säumen. Überall sieht man Menschen am Straßenrand, die auf der Suche nach den saftigsten Beeren sind. Ein Spazierstock ist hilfreich, um an höhere Zweige zu kommen oder die dornigen Äste beiseitezuschieben. Wer kann einem köstlichen Apfel-Brombeer-Kuchen schon widerstehen? Wenn das Wetter langsam ungemütlich wird und den Herbst ankündigt, kann einem ein natürlicher Zuckerschub den grauen Tag versüßen. Ziehen Sie die Gummistiefel an, packen Sie den Regenmantel ein und los geht's!

Der September ist ein großartiger Monat, um sich auf dem Land oder am Meer aufzuhalten. Das Wasser ist nun am wärmsten, die Sommergäste sind inzwischen wieder auf dem Heimweg und die Hecken an den Straßenrändern sind voll mit interessanten Dingen zum Sammeln. Die eingeschworene Gemeinde der Surfer zieht zu dieser Zeit los und verlängert den Sommer noch einmal um einige Wochen. Die kraftvollen Herbstwellen entlang der Küsten müssen ausgenutzt werden. Eine gut besuchte VW-Bus-Route führt z. B. durch Frankreich und Spanien nach Portugal oder gar bis nach Marokko. Wir haben jetzt, wo die Kinder wieder in der Schule sind, leider nur noch an den Abenden bzw. Wochenenden Zeit. Den Sonntagnachmittag verbringen wir gerne mit Waldspaziergängen, mit Wanderungen entlang der Küstenpfade oder mit Spaziergängen an den plötzlich menschenleeren Stränden. Muscheln stehen jetzt wieder weit oben auf dem Speiseplan. Das Surfen ist großartig. Alles ist schön – es ist eine Zeit des Überflusses.

Glücklicherweise ist die Brombeerernte im September ein Zeitvertreib, der niemals aussterben wird. Wir wissen alle, wie es geht und sind mit Begeisterung dabei. Wenn wir uns nur daran erinnern könnten, was alles in den Hecken wächst und essbar ist. Es ist wirklich eine ganze Menge. Führen Sie am besten immer einige verschließbare Tüten mit sich – schließlich wissen Sie nie, wann Sie etwas Interessantes finden. Auf den nächsten Seiten haben wir Ihnen einige der leichter erkennbaren Schätze aufgelistet.

HASELNÜSSE: Schlagen Sie zu, bevor es die Eichhörnchen tun! Sie können es mir glauben. Wirklich. Es ist alles eine Frage des Timings. Im September stürzen sich die pelzigen Nuss-Terroristen auf die Haselsträucher, um sich für den Winter einzurichten. Kein Wunder. Haselnüssen werden allerlei beachtliche Fähigkeiten zugesprochen, insbesondere wenn es um die Verhinderung von Herzkrankheiten oder Krebs geht. Wie alle Wildfrüchte sammelt man Haselnüsse am besten in den Wäldern, fernab von Umweltverschmutzung und schädlichen Chemikalien.

Den richtigen Zeitpunkt abzupassen, ist eine Frage der Geduld, ein Spielchen, das schon seit Jahrhunderten praktiziert wird. Warten Sie nur, bis die Nüsse reif genug sind ...

HAGEBUTTEN: Die Früchte der Wildrose sind seit Langem für ihren hohen Vitamin-C-Gehalt und ihre Antioxidantien bekannt. Sie sind sehr vielseitig und gehören zu den zahlreichen, relativ unbekannten Wundermitteln der Natur. Falls Sie also unterwegs welche entdecken, sollten Sie ruhig einige pflücken.

Ich bereite daraus Tee zu, der gesund ist und lecker schmeckt. Da Hagebutten jedoch zuerst getrocknet werden müssen, sollten Sie einige vorab pflücken und auf dem Armaturenbrett in der Sonne trocknen lassen. Ansonsten können Sie die Früchte auch mit nach Hause nehmen – die Zubereitungsmethode finden Sie auf Seite 270.

SCHLEHEN: Hat schon einmal jemand versucht, Ihnen eine davon anzudrehen, als Sie ein Kind waren, und behauptet, sie würden köstlich schmecken? Wenn Sie einmal eine dieser einen Zentimeter großen, dunkelblauen Beeren probiert hätten, wäre es Ihnen ewig in Erinnerung geblieben. Schlehen sollte man respektvoll behandeln und niemals roh essen, denn sie saugen einem praktisch jegliche Feuchtigkeit aus dem Mund (wie ein altes Küchentuch). Idealerweise pflückt man sie nach dem ersten Frost, aber falls Sie nicht solange warten wollen, können Sie die Beeren jetzt schon sammeln und über Nacht in den Gefrierschrank legen. Hauptsächlich pflückt man Schlehen, um daraus Schlehen-Gin zu machen. Dazu benötigen Sie:

500 G SCHLEHEN
200 G ZUCKER
1 L GIN

Die Schlehen anritzen und in eine große, sterile Flasche oder in ein Einweckglas geben. Den Zucker hinzufügen und das Ganze mit dem Gin aufgießen. An einem kühlen, dunklen Ort aufbewahren. Einen Monat lang jeden Tag einmal schütteln, anschließend einen weiteren Monat lang einmal pro Woche. Danach ist der Gin fertig zum Genießen.

HOLUNDERBEEREN: Eine weitere Köstlichkeit, die einfach zu erkennen und zu pflücken ist. Die ersten Beeren tauchen Ende August auf, in manchen Jahren auch früher. Lassen Sie den Vögeln aber etwas übrig!

Holunderbeeren enthalten viel Vitamin C – es lohnt sich also durchaus, sich die Zeit zu nehmen und Holundersirup zuzubereiten.

→ Die Holunderbeeren dazu in einen Edelstahltopf geben, mit Wasser bedecken und zehn Minuten kochen. Anschließend die Beeren zerstampfen und durch ein Sieb streichen, um den Saft aufzufangen. Bei 570 Milliliter Saft 450 Gramm Zucker und einige Nelken hinzugeben. Diese Mischung ebenfalls zehn Minuten kochen und nach Geschmack mit Muskatnuss würzen. Den fertigen Sirup in Flaschen oder Gläser mit Schraubverschluss abfüllen. Der Sirup hält sich etwa vier Wochen im Kühlschrank.

SONNTAGSTEE

Nachdem Sie erforscht, gepflückt, gesammelt und sich entspannt haben, wird es Zeit, einen letzten „wilden“ Tee zu genießen. Dazu sollten Sie sich noch etwas Leckeres gönnen – vielleicht haben Sie ja noch ein bisschen Rocky Road übrig? Nein? Das dachte ich mir. Nun, dann geben Sie ordentlich Sahne in den Tee und genießen Sie einen von Sarahs besten Krabbensandwiches der Welt (siehe Seite 267).

SAMMLERSALAT mit Cheddar, ÄPFELN und gerösteten NÜSSEN

In der Natur wachsen viele wilde Salatblätter, die köstlich schmecken. Lesen Sie in Ihrem Naturführer nach, ob Ihre gefundenen Schätze auch wirklich essbar sind. Ein hervorragendes Buch für Großbritannien ist Miles Irvings *The Forager Handbook* und für Deutschland *Essbare Wildpflanzen: 200 Arten bestimmen und verwenden* von Steffen G. Fleischhauer, Jürgen Guthmann und Roland Spiegelberger oder *Essen aus der Natur: Kräuter, Beeren, Pilze sammeln und verwenden* von Michael Breckwoldt.

Sie können Ihren Salat auch mit einigen essbaren Blüten aufpeppen – Gänseblümchen sehen hübsch aus, ebenso die abgezupften Blätter von Löwenzahnblüten. Auch Geißblatt eignet sich prima. Dies ist ein schöner Herbstsalat. Soll er etwas gehaltvoller werden, kochen Sie einfach einige Frühkartoffeln oder Topinamburknollen und geben Sie diese – in dicke Scheiben geschnitten – hinzu. Im Frühling können Sie den Cheddar gegen zerkrümelten Ziegenkäse austauschen.

FÜR 4 PORTIONEN

- OLIVENÖL
- 4 HANDVOLL GROB GEHACKTE HASELNÜSSE (OHNE SCHALE)
- 8 HANDVOLL KLEINE GRÜNE SALATBLÄTTER (Z. B. FELDSALAT, VOGELMIERE, KRÄHENFUSS-WEGERICH, GARTENSCHAUMKRAUT, HUNDSVEILCHEN, WEISSER GÄNSEFUSS ODER WILDER RUCOLA
- 2 IN EINZELNE BLÄTTER ZERTEILTE CHICOREE-KÖPFE
- 4 HANDVOLL GERIEBENER, ALTER CHEDDAR
- 2 KLEINE, IN DÜNNE SCHEIBEN GESCHNITTENE ÄPFEL ODER BIRNEN

FÜR DAS DRESSING

- 1 TL FLÜSSIGER HONIG
- 2 EL OLIVENÖL
- 1 EL WALNUSSÖL
- 1 EL ROT- ODER WEISSWEINESSIG
- 1 PRISE ENGLISCHES SENFPULVER (IN SPEZIALGESCHÄFTEN ERHÄLTLICH, OPTIONAL)
- MEERSALZ UND FRISCH GEMAHLENER, SCHWARZER PFEFFER

Etwas Öl in einer Pfanne erhitzen und die Nüsse darin goldbraun rösten. In der Zwischenzeit die restlichen Salatzutaten in einer großen Schüssel mischen. Für das Dressing alle Zutaten in einem Schraubglas oder einem Becher sorgfältig mischen.

Die warmen, gerösteten Nüsse zusammen mit dem Dressing über den Salat geben und das Ganze mit etwas Meersalz und frisch gemahlenem, schwarzen Pfeffer abschmecken. Sorgfältig mischen, auf vier Schüsseln verteilen und sofort servieren.

Das beste KRABBENSANDWICH der Welt

Falls Sie Glück hatten und eine Sandkrabbe fangen konnten, die tatsächlich essbar und groß genug zum Mitnehmen war, sollten Sie das Tierchen für dieses Rezept opfern. Ansonsten gehen Sie zum Fischhändler Ihres Vertrauens und besorgen Sie sich eine bereits geputzte Krabbe. Egal wie, das ist eine wirklich luxuriöse Leckerei.

FÜR 2 PORTIONEN

- WEICHE, UNGESALZENE BUTTER
- 4 GROSSE SCHEIBEN FRISCHES BROT (NACH GESCHMACK)
- 4 EL BRAUNES KREBSFLEISCH
- 4 EL WEISSES KREBSFLEISCH
- 4 EL MAYONNAISE
- 1 KLEIN GESCHNITTENER APFEL (DAS KERNGEHÄUSE ENTFERNEN)
- 1 ZITRONE
- 1 PRISE CHILI- ODER PAPRIKAPULVER (ODER FRISCH GEMAHLENER, SCHWARZER PFEFFER)
- 1 PRISE ZERSTOSSENE MEERSALZFLOCKEN
- 2 HANDVOLL RUCOLA ODER BRUNNENKRESSE

Das Brot leicht mit Butter bestreichen und zwei Scheiben mit dem braunen Krebsfleisch belegen. Das weiße Krebsfleisch mit der Mayonnaise, dem Apfel, einem Spritzer Zitronensaft, dem Chili- oder dem Paprikapulver (oder mit frisch gemahlenem, schwarzen Pfeffer) und den Meersalzflocken mischen und auf dem braunen Krebsfleisch verteilen. Den Rucola oder die Brunnenkresse darübergeben und das Ganze mit den anderen beiden Brotscheiben bedecken. In Viertel schneiden und genießen.

SCONES mit Himbeerkonfitüre und DICKER SAHNE

Was ist eine Tasse Tee am Sonntagnachmittag ohne leckere Scones? Gar nichts, wenn Sie mich fragen. Und nur, weil Sie im VW Bus unterwegs sind, ist das noch lange kein Grund, auf diese Köstlichkeit zu verzichten. Sarahs Himbeerkonfitüre schmeckt viel frischer als die herkömmliche Konfitüre, die man kaufen (oder auch selbst zubereiten) kann. Vielleicht verwenden Sie sogar Ihre selbst gepflückten Früchte?

REICHT FÜR ETWA 16 SCONES

400 G HIMBEEREN

150 G ZUCKER

1 GROSSE SCHÜSSEL SCHLAGSAHNE ZUM SERVIEREN

FÜR DIE SCONES

225 G SELBST AUFGEHENDES MEHL (GIBT ES IN DEUTSCHLAND Z. B. IM ASIA-LADEN)

1 TL BACKPULVER

2 TL ZUCKER

1 PRISE SALZ

200 ML MILCH

2 GROSSE EIER

BUTTER UND ÖL ZUM BRATEN

Für die Konfitüre die Himbeeren mit dem Zucker in einen mittelgroßen Topf bei mittlerer Hitze geben. Langsam und unter ständigem Rühren erhitzen, sodass sich der Zucker auflöst. Die Himbeeren dabei mit einem Löffel zerdrücken. Sobald die Himbeeren nach zehn bis 15 Minuten fast ganz zerfallen sind, sodass nur noch eine etwas klumpige Flüssigkeit mit kleinen Himbeerstücken übrig ist, das Ganze aufkochen.

Anschließend acht Minuten kochen lassen, dabei gelegentlich umrühren. Nach und nach dickt die Fruchtmasse ein. Den Topf vom Herd nehmen und die Konfitüre leicht abkühlen lassen – dabei wird sie weiter eindicken. In eine hitzebeständige Schüssel geben und vollständig abkühlen lassen.

Für die Scones das Mehl und das Backpulver in eine Schüssel sieben und den Zucker und das Salz unterrühren. In die Mitte eine Mulde drücken. Die Milch mit den Eiern verquirlen, das Ganze in die Mulde geben und mit einem Schneebesen verrühren. Sobald die gesamte Flüssigkeit aufgenommen wurde, sollte eine glatte, leicht angedickte Teigmischung entstanden sein.

Etwas Öl und ein Stück Butter in einer Pfanne erhitzen. Für jeden Scone einen Esslöffel Teig hineingeben (nicht mehr als vier bis fünf auf einmal). Sobald die Oberseite der Scones Blasen wirft (nach etwa zwei bis drei Minuten), sollte die Unterseite goldbraun gebraten sein. Die Scones wenden und die zweite Seite braten, bis sie goldbraun ist. Mit dem Rest des Teigs ebenso verfahren und ggf. weiteres Öl und Butter hinzufügen. Die fertigen Scones noch leicht warm mit Himbeerkonfitüre und Schlagsahne servieren.

EIN ETWAS ANDERES GEBRÄU

Wer hat behauptet, Tee müsse stets aus Teeblättern zubereitet werden? Wir waren es jedenfalls nicht. Es macht uns viel zu viel Spaß, Tee aus selbst gesammelten oder anderen ungewöhnlichen Zutaten zuzubereiten. Ich habe eine Auswahl zusammengestellt. Probieren Sie es doch auch einmal aus!

SCHAFGARBE: Findet man oft das ganze Jahr über. Sie stammt aus der gleichen Familie wie die Kamille und ist sehr einfach zu entdecken. Aus den frischen oder getrockneten Blättern kann man einen wunderbaren, wohlschmeckenden Kräutertee brühen. Geben Sie eine Handvoll frische, leicht zerdrückte Blüten in eine Teekanne, füllen Sie diese mit kochendem Wasser und lassen Sie den Tee eine Weile ziehen. Kamillenblüten können auf die gleiche Weise zubereitet werden. Sie blühen allerdings nur während der Sommermonate.

ACKERMINZE: Minze gibt es in verschiedenen Arten, je nach Standort. Ziehen Sie ggf. Ihren Sammelführer zurate. Aus Ackerminze kann man einen wunderbar erfrischenden Kräutertee zubereiten. Gehen Sie wie bei der Zubereitung von Schafgarbentee vor. Nach Geschmack mit etwas Honig süßen. Die Blätter eignen sich übrigens auch hervorragend für frische Sommersalate.

HAGEBUTTEN: Man findet sie ab dem Spätsommer. Sie müssen vor der Verwendung getrocknet werden. Sammeln Sie einen Beutel voll Hagebutten. Anschließend breiten Sie Ihre Ausbeute zum Trocknen aus, bis die Früchte leicht verschrumpelt aussehen. Das dauert etwa eine Woche, auf einem sonnigen Fensterbrett vielleicht etwas weniger. Danach halbieren Sie die Hagebutten und entfernen die haarigen Samen im Inneren, da sie einen recht starken Juckreiz auslösen können. Berühren Sie sie daher so wenig wie möglich mit bloßen Händen. Die leeren Hälften lassen Sie dann noch einmal etwa eine Woche vollständig austrocknen.

Für den Tee geben Sie einen Esslöffel Hagebutten in einen Becher mit kochendem Wasser. Lassen Sie ihn 15 bis 20 Minuten ziehen. Hagebutten haben einen sehr hohen Vitamin-C-Gehalt, deshalb sollten Sie keinen Alubecher verwenden.

INGWERWURZEL: Ein daumenlanges Stück schälen und in Scheiben schneiden. In jeden Becher einige Scheiben legen, einen Spritzer Zitronensaft hinzufügen und mit kochendem Wasser auffüllen. Vor dem Trinken einige Minuten ziehen lassen.

ZITRONENGRAS: Für jeden Becher einige Stücke klein schneiden. Mit kochendem Wasser übergießen und einige Minuten ziehen lassen. Dieser Tee schmeckt köstlich, wenn man etwas Ingwer oder auch einen Rosmarinzweig hinzugibt.

ZEIT ZUM AUFBRUCH

Falls es Ihnen wirklich nicht möglich ist, noch etwas länger zu bleiben (oder vielleicht brauchen Sie ja auch nur eine gute Ausrede, siehe Seite 274), müssen Sie sich jetzt der Tatsache stellen, dass es Zeit ist, Ihre Habseligkeiten einzupacken. Dies ist der Zeitpunkt, zu dem die meisten Camper verwirrt auf dem Feld herumstehen, umgeben von ihren sieben Sachen, sich am Kopf kratzen und sich fragen, wie um Himmels Willen sie das ganze Zeug bloß wieder verstauen sollen.

Am besten geht man ganz methodisch vor. Ich schicke den Rest der Truppe am liebsten fort, damit sie mir nicht im Weg herumstehen. Auf diese Weise kann ich auch nur über mich selbst verärgert sein, wenn ich alles zum fünften Mal ein- und wieder auspacke, bis alles ordentlich verstaut ist.

Zunächst sollten Sie sich um Ihre ganzen Recyclingsachen kümmern. Vielleicht finden Sie das unterwegs ziemlich lästig, es ist im Urlaub aber mindestens genauso wichtig, wie zu Hause. Auf den meisten ordentlichen Campingplätzen werden Sie Recyclingmöglichkeiten finden, die Sie nutzen sollten. Als Nächstes verschenken Sie alle frischen Lebensmittel, die Sie nicht mitnehmen möchten. Es wäre Verschwendung, sie vergammeln zu lassen.

Kümmern Sie sich anschließend um den Abwasch. Ich weiß, ich weiß, die Versuchung ist groß, das später zu Hause erledigen zu wollen, aber glauben Sie mir, Sie werden froh sein, es hinter sich gebracht zu haben. Wenn Sie den Bus so packen, als würden Sie wieder in den Urlaub fahren wollen, müssen Sie bei der nächsten Fahrt weniger vorbereiten.

Zu guter Letzt sollten Sie noch einmal alles kontrollieren. Sehen Sie sich sorgfältig auf dem Campingplatz um. Vermutlich wird Ihnen dabei auffallen, dass Sie noch am Strom angeschlossen sind. Oder Sie stoßen sich an einem vergessenen Hering den großen Zeh. Außerdem können Sie so auch noch das letzte bisschen Müll aufsammeln. Verlassen Sie den Campingplatz so, wie Sie ihn vorgefunden haben.

Kommen Sie gerne wieder

NVO 367L

594 UXK

NDF 247F

BINKY
53
YMA 782J

YTA
203E

RivieraDubs
DUBS @ THE BEACH

FNN 800C

NYR 984L

SMW 212G

NAB 915D

PUD 467L

VW-BUS-GESETZE

Fußball wäre ohne Regeln kein Fußball, oder? Warum sollte es also beim Leben im VW Bus anders sein? Vielleicht ist es nicht wichtig genug, um einen richtigen Verhaltenskodex oder ein Manifest zu rechtfertigen – dennoch muss es Regeln geben, sonst würden wir alle im Chaos versinken. Da es keine offizielle Liste gibt, habe ich eine eigene aufgestellt. Sie spiegelt natürlich meine eigenen Wertvorstellungen wider, daher basiert vieles auf blinden Vorurteilen und der Tatsache, dass ich einen T3 besitze. Sie ist jedoch dazu gedacht, uns allen zu helfen, harmonisch miteinander zu leben. Lassen Sie mich wissen, wie Sie damit zurechtkommen.

Ein Team, vereint durch die Liebe zum Leben im Bulli. Und nun alle zusammen …

- ★ Wer zuerst aufsteht, setzt den Teekessel auf. Ohne Ausnahme.
- ★ Einer wach, alle wach.
- ★ Wer zuletzt im Meer ist, ist ein Weichei.
- ★ Es ist in Ordnung, neueren Bullis zuzuwinken.
- ★ Immer zurückwinken.
- ★ Sie werden einige Zeit mit dem Pannenhelfer Ihrer Wahl verbringen. Gewöhnen Sie sich daran.
- ★ Überprüfen Sie den Ölstand. Dann prüfen Sie ihn noch einmal. Und noch einmal. Sie verstehen, was ich meine, oder?
- ★ Sollte die Öl- oder die Batteriewarnlampe aufleuchten, SOFORT anhalten.
- ★ Keine Dachbox. Unter keinen Umständen.
- ★ Keine Wohnmobile.
- ★ Denken Sie an die Gummistiefel.
- ★ Packen Sie den Bus selbst, wenn Sie alles wiederfinden wollen.
- ★ Nehmen Sie Ihren Müll mit nach Hause.
- ★ Sie können nicht campen gehen, ohne einmal Hamburger zu grillen. Details siehe Seite 162.
- ★ Ziehen Sie los und amüsieren Sie sich.

WIR VERMISSEN EUCH

Hatten Sie ein schönes Wochenende? Vielleicht möchten Sie noch einen Tag länger bleiben. Warum wollen Sie sich abhetzen, um pünktlich zu Hause zu sein? Die Sonne scheint, die Welt ist schön … wer braucht schon einen Job?

Hier sind die zehn besten Ausreden, warum man montags nicht zur Arbeit erscheinen kann:

- Mein VW Bus hat eine Panne und ich bin 500 Kilometer weit weg. Ich warte noch auf die Ersatzteile, die aus Brasilien eingeflogen werden müssen. Ich komme dann nächste Woche/nächsten Monat zurück.
- Der Wind hat gedreht. Ich brauche wohl länger nach Hause, als erwartet.
- Wir sitzen auf einer Insel fest. Das Wetter ist umgeschlagen und die Fähre setzt erst in vier Tagen wieder über. Ich bin nächsten Montag zurück.
- Ich stehe am Ende des Regenbogens. Es ist wirklich schön hier – ich glaube, ich bleibe noch eine Weile.
- Ich habe 100 Kisten Whisky an einem abgelegenen Strand gefunden und ich warte noch auf den amtlichen Strandgutverwalter, der mir einen Bergungsbogen zum Ausfüllen bringt. Da ist bestimmt auch eine Kiste für Sie drin.
- Meine Kinder haben mich im Sand eingegraben. Bitte rufen Sie die Küstenwache – die Flut steigt schnell!
- Ich komme zurück, sobald der Stier uns wieder von seinem Feld lässt.
- Wir packen alles zusammen und ziehen nach Rügen, in die Eifel, nach Juist …
- Ich habe jemanden kennengelernt.
- Ich habe einen neuen Job im Surfshop. Betrachten Sie dies als meine Kündigung.

CAKEBOY
OCR
83E
GB

NÜTZLICHES

VW-BUS-VERMIETUNG (GROSSBRITANNIEN UND IRLAND)

SÜDOSTEN

East Coast Campers
Canvey Island, Essex
www.eastcoastcampers.co.uk

Snail Trail Ltd
Bedfordshire
www.snailtrail.co.uk

Vanilla Splits Ltd
West Sussex
www.vanillasplits.com

Go Campers
Kent
www.gocampers.co.uk

SÜDEN

Comfy Campers
Cheltenham, Gloucs.
www.comfycampers.co.uk

Isle of Wight Camper Van Holidays
Shanklin
www.isleofwightcampers.co.uk

SÜDWESTEN

O'Connors Campers
Okehampton, Devon
www.oconnorscampers.co.uk

Classic Camper Van Hire
www.classiccampervanhire.co.uk

South West Camper Hire
Exeter, Devon
www.southwestcamperhire.com

MIDLANDS

Camper 4 Hire
Leicestershire
www.camper4hire.co.uk

Outer Motive
Warwick
www.outermotive.co.uk

NORDEN

Liberty Campers
West Yorkshire
www.libertycampers.co.uk

Lakeland Campers
Cumbria
www.lakelandcampers.co.uk

SCHOTTLAND

Happy Highland Campers
Dingwall, Highlands
www.happyhighlandcampers.co.uk

IRLAND

Lazydays
Wicklow
www.lazydays.ie

VW-BUS-VERMIETUNG (INTERNETSEITEN FÜR DEUTSCHLAND)

Camper Verleih
http://www.camper-verleih.de

EcoCamper
http://www.ecocamper.de/index.php

Vanarama
http://www.vanarama.de

hanggtime
http://www.hanggtime.de/bulli-vermietung

VW-Bulli.de
http://www.vw-bulli.de/en/lifestyle/bulli-vermietung.html

vwbusmieten.de
http://www.vwbusmieten.de

MECHANIK & WARTUNG (GROSSBRITANNIEN UND IRLAND)

Haben Sie einen Notfall?

SÜDOSTEN

Jack's Garage
London W 10
0044 20 7243 8926
www.jacksgarage.co.uk

Tony Hines Autos
Wallington, Surrey
0044 20 8647 8329

Westside Motors
Woodford Green, Essex
0044 20 8505 5215
www.westsidemotors.co.uk

VDub Campers Ltd
West Sussex
0044 7929 366429

SÜDEN
VW Camper Company Limited
Oxfordshire
0044 1295 812266
www.vwcamperco.com

VW City Portsmouth
Hampshire
0044 2392 293345
www.vwcity.co.uk

VW Camper Expert
Dorset
0044 7801 548128

SÜDWESTEN
South West Classic VWs
South Molton, Devon
0044 1769 573020
www.southwestvws.com

MAD Workshop
Avon
0044 1179 352200

NORDEN
Volkstech
Morecambe, Lancs.
0044 1524 843383
www.volkstech.net

Wolfsburg VW
Chorley, Lancashire
0044 1254 830432
www.wolfsburgvw.com

IRLAND
Ireland Air-Cooled Centre
Armagh
00353 2 837 998188 oder
00353 2 837 548072

Cosy Classics
Dublin
00353 1 4418759
www.cosyclassics.ie

MECHANIK & WARTUNG (DEUTSCHLAND)

Wagenteile
Autoteile für alle Heckmotor-VW
Albert-Einstein-Straße 20, 30974 Wennigsen
Tel.: 05103/927450
www.wagenteile.com

Veteranen-Service
Bernd P. Gerhards
Hauptstraße 18, 41352 Korschenbroich
Tel.: 02182/59225
www.veteranen-service.de

Volkswagen-Audi Classic Parts Center
Weser-Ems Vertriebsgesellschaft mbH
Theodor-Heuss-Str. 28 b, 38436 Wolfsburg
Tel.: 05361/308577-11 o. -22
www.vw-classicparts.de

VW Bus Shop
Günzl Classic Parts
Am Sportfeld 3, 64347 Griesheim
Tel.: 06155/608310
www.vwbusshop.de

ERSATZTEILE & CO. (INTERNETSEITEN FÜR DEUTSCHLAND)

Dieter Schmidt-Lorenz
(Hamburg)
www.vw-teile.com

Bully Mamèro
(Buchholz in der Nordheide)
www.birkmamero.de

vw-bus.com (Oberkrämer)
http://www.vw-bus.com

Bus-Scheune (Hennigsdorf)
http://www.bus-scheune.de/index.php

Volkswagen Automobile
(Chemnitz)
http://www.volkswagen-automobile-chemnitz.de/service/teile-und-zubehoer.html

Bullihaus (Schlüchtern)
www.bullihaus.de

Volkswagen Classic Parts
(Wolfsburg)
www.vw-classicparts.de

Mach deinen Bus glücklich
(Meerbusch)
www.bus-ok.de

T3 Winkler (Herne)
www.vw-winkler.de

VW Entfallteiledienst
(Bonn)
www.vw-entfallteiledienst.de

VW Busshop (Griesheim)
www.vwbusshop.de

Käfer & Co (Zweibrücken)
www.kaefer-co.de

Veteranendienst (Karlsruhe)
www.veteranendienst.de

Ralfs VW-Teile (Türkenfeld)
www.ralfs-vw-teile.de

Meier's Bus Schmiede
(Bibertal)
www.busschmiede.de

SK Aircooled Parts
(Postbauer-Heng)
www.bulli-t1-teile.de

Mister John's Volksshop
(Velden/Vils)
www.mister-johns-volksshop.de

CAMPINGPLÄTZE (GROSSBRITANNIEN UND IRLAND)

Es ist unmöglich, alle Campingplätze, die es gibt, aufzulisten. Hier finden Sie einige Plätze, auf denen wir campen waren und die uns gut gefallen haben, bzw. die unsere Freunde empfehlen.

SÜDEN

Hurley Riverside Park
Hurley, Oxfordshire
0044 1628 824493
www.hurleyriversidepark.co.uk

Greenway Farm Caravan and Camping Park
Forest of Dean, Gloucestershire
0044 1594 544877
www.greenwayfarm.org

SÜDWESTEN

Batcombe Vale Campsite
Somerset
0044 1749 831207
www.batcombevale.co.uk

Stoke Barton Farm
Hartland Quay, North Devon
0044 1237 441238
www.westcountry-camping.co.uk

River Dart Country Park Ashburton, South Devon
0044 1364 652511
www.riverdart.co.uk

Treen Farm Campsite
Treen, Cornwall
0044 1736 810273
www.treenfarmcampsite.co.uk

Ayr Holiday Park
St Ives, Cornwall
www.ayrholidaypark.co.uk

Bryder Farm Campside
Bude, Cornwall
0044 1288 355382

NORDEN

Eskdale Camping and Caravanning Club Site
Cumbria
0044 1946 723253
www.campingandcaravanningclub.co.uk

Knight Stainforth Hall Camping and Caravanning Park
Settle, North Yorkshire
0044 1729 822200
www.knightstainforth.co.uk

The Quiet Site
Cumbria
0044 7768 727016
www.thequietsite.co.uk

WALES

Nant-y-Big Beachside Holidays
Porth Ceiriad, North Wales
0044 1758 712686
www.nantybig.co.uk

SCHOTTLAND

Camusdarach Campsite
Nr Arisaig, Highlands
0044 1687 450221
www.road-to-the-isles.org.uk/camusdarach-campsite.html

IRLAND

Wave Crest Campsite
Caherdaniel, Co. Kerry
www.wavecrestcamping.com

INTERNETSEITEN FÜR DEUTSCHLAND

Camping Urlaub
http://www.camping-urlaub.de

Camping in Deutschland
http://www.camping-in-deutschland.de/deutschland/miet-wohnwagen

Campen.de
http://www.campen.de

Camping weltweit
http://www.ferienundwohnen.de/mieten/Camping

VW SHOWS & EVENTS

Es gibt unglaublich viele VW Shows und Events in Großbritannien, mit denen Sie das ganze Wochenende – jedes Wochenende – verbringen können. Hier ist eine Auswahl:

FEBRUAR

Dub Freeze
Bingley Hall, Staffordshire
www.dubfreeze.co.uk

MÄRZ

Volksworld Show
Esher, Surrey
www.volksworld.com

MAI

Stonor Park
Henley-on-Thames, Oxfordshire
www.essexveedubbers.org.uk

Volks Fling
Biggar, Schottland
www.volksfling.co.uk

All Types VW Show
Bodelwyddan Castle, Wales
www.alltypesvwshow.co.uk

Run to the Sun
Newquay, Cornwall
www.runtothesun.co.uk

Van Jamboree
Newark, Nottinghamshire
www.vanjamboree.co.uk

Van West
Nr Yeovil, Somerset
www.vanwest.net

JUNI

The Bus Stop Over
Wymeswold, Leicestershire
www.thebusstopover.com

Bristol Volksfest
Wraxall, Somerset
www.bristolvolksfest.co.uk

JULI

London Volksfest
Harlow, Essex
www.vwaction.co.uk

Dubstock
Madley, Hertfordshire
www.dubstock.co.uk

AUGUST

Dubs at the beach
Paignton, Devon

Cornwall VWOC Jamboree
Stithians, Cornwall
www.cvwoc.co.uk

Gathering Off The Hill (GOTH)
Croston, Lancashire
www.volkswigan.co.uk

Run to the hills
Derbyshire
www.runtothehills.org.uk

VW Northwest
Nr Knutsford, Cheshire
www.vwnw.co.uk

Volksfest Wales
Port Talbot, South Wales
www.volksfestwales.org.uk

SEPTEMBER

Vanfest
Malvern, Worcestershire
www.vanfest.org

VW Action
Santa Pod Raceway,
Wellingborough, Northants.
www.vwaction.co.uk

OKTOBER

Brighton Breeze Split Screen Van Club Cruise to Brighton
www.ssvc.org.uk

North Devon VW Club Final Fling
Woolacombe, Devon
www.northdevonvwclub.co.uk

Scottish Volkswagen Owners Festival
Bathgate, Scotland
www.svwof.co.uk

NOVEMBER

Busfreeze
Staffordshire
www.busfreeze.co.uk

FESTIVALS

Sind Sie auf der Suche nach dem richtigen Festival? Es gibt unzählige Möglichkeiten für jeden Geschmack. Hier haben wir nur einige der ungewöhnlicheren Festivals aufgelistet. Falls Sie weitere Details benötigen, wenden Sie sich vertrauensvoll an Google.

SÜDOSTEN

Wood, Wallingford, *Mai*
Bei diesem familienfreundlichen, „ökotastischen" Akustik-Musikfestival sind Musik und Natur vereint. Basteln Sie verschiedene Dinge, lernen Sie alles, was Sie noch nicht über Holz wussten, hören Sie tolle Musik und genießen Sie die Zeit. Ein Paradies für Schnitzer!

Cambridge Folk Festival, Cherry Hinton Hall, *Juli*
Noch mehr Volksmusik. Jedes Jahr nehmen über 10.000 Menschen daran teil. Eine bunte Mischung verschiedener Volksliedmusiker in einer entspannten, familienfreundlichen Atmosphäre.

SÜDWESTEN

Gold Coast Oceanfest, Croyde, *Juli*
Dieses Festival gefällt uns besonders gut, weil es so nett ist und ein echtes Gewissen hat: Neben Strand- und Wassersportarten gibt es großartige Musik zu hören – mit einer freundlichen ökologischen Botschaft. Falls Sie Ihre Zeit gerne an Stränden verbringen, sollten Sie dieses Festival nicht verpassen.

Sunrise Celebration, Shepton Mallet, *Juni*
Sunrise Celebration ist ein Musikfestival, das sich einem ethisch vertretbaren Leben und der Nachhaltigkeit verschrieben hat. Musik, ein solarbetriebenes Kino, Heiler, Öko-Mode, Kinderspielbereich und pädagogisch wertvolle Aktivitäten. Kommen Sie doch einmal vorbei.

MIDLANDS

Ledbury Poetry Festival, *Juli*
Die größte Feier in Großbritannien zu Ehren der Poeten unter uns. „Jazz-Poesie" hört sich faszinierend, aber auch ziemlich verrückt an. Sie sind begeistert? Na dann setzen Sie schnell die Baskenmütze auf und ab nach Ledbury!

Bloodstock Open Air, Walton-upon-Trent, *August*
Für die echten Rocker oder Metal-Fans. 9.000 Headbanger feiern hier den Hardcore-Rock. Grandios!

NORDEN

Kendal Calling, Penrith, *Juli*
Schnee? In Cumbria? Mitten im Sommer? Nun, es ist möglich – aber nur beim Kendal Calling. Dort findet man einen Strand aus Schnee, kann Schlittenfahren, es gibt eine Schneebar und viele andere tolle Sachen. Ach ja, einige Indie-Bands spielen auch noch und für die Kinder gibt es ebenfalls viel zu entdecken.

Solfest, Cumbria, *August*
Familienfreundliches Festival mit toller Atmosphäre. Sie sollten sehr früh ankommen, sonst müssen Sie womöglich am Hang parken. Uns ist das egal. Es ist eine Riesenparty und eine ausgefallene Kleidung ist Pflicht. Außerdem gibt es viele tolle Aktivitäten für Kinder. Unsere waren begeistert und Ihre werden es auch sein.

Whitby Folk Week, *August*
Das größte traditionelle Volkslieder-Festival in Großbritannien, mit den besten Fish & Chips der nördlichen Erdhalbkugel (so heißt es zumindest). Echte Volksmusik, live, eine ganze Woche lang.

WALES

Wakestock, Abersoch, *Juli*
Wakestock ist einer der wichtigsten Termine im Wakeboarding-Kalender. Jeder, der sich in der Szene einen Namen gemacht hat, ist dort anzutreffen. Zudem läuft erstklassige Musik. Einfach super!

Green Man Festival, Brecon Beacons, *August*
Ein beliebtes Festival in fantastischer Umgebung. Literatur, Film, Comedy und Freudenfeuer, die die ganze Nacht hindurch brennen – all das ist Teil dieses einzigartigen Festivals.

SCHOTTLAND

Rockness, Dores, *Juni*
Wer weiß schon so genau, ob sich in der Nähe des Festivals womöglich ein Monster aufhält ... Auf alle Fälle lohnt es sich, einen Blick zu riskieren!

Wickerman Festival, Dumfries und Galloway, *Juni*
Ein Mini-Glastonbury mit einer vielseitigen Musikauswahl und familienfreundlichem Spaß. Am Samstag um Mitternacht wird eine zehn Meter hohe Figur aus Weidenzweigen angezündet. Juhuuuuu!

IRLAND

Cat Laughs Festival, Kilkenny, *Juni*
Bei diesem Festival dreht sich alles um das Lachen und die Kunst des Comedy. Viel Improvisation, viel sinnfreier Spaß.

REZEPTE-REGISTER

DANKSAGUNG

VON MARTIN …

Es ist geschafft! Es gibt eine ganze Menge, wofür ich dankbar bin. Jeder sollte mindestens einmal im Leben ein Wochenende im VW Camper unterwegs gewesen sein. Folgenden Menschen möchte ich danken, die mir die tolle Erfahrung ermöglichten und verschönerten:

Elizabeth Hallett, Redakteurin und Gläubige.
Sarah, Feinschmeckerin mit unfehlbar köstlichen Einfällen. Genial.
Joanne, meine langmütige Göttergattin, die klaglos mitgefahren ist.
Maggie und Charlie, die Kröten, dafür, dass sie uns zum Lachen gebracht haben.
Damian Horner, ein Mann, der wie ich Abenteuer auf engem Raum liebt. Seine Tipps kamen stets zur rechten Zeit.
Martin und Cath, die stets an uns glaubten, mir ihre Kinder liehen und ihren VW Bus polierten. Nach all den Jahren sind sie immer noch gut drauf.
Thomas und Jack, der neuen Generation der VW-Bus-Helden.
John Kinton und Phil Taylor, die mich mit der schwerfälligen Würde ihrer wunderbaren Westfalia-Oldies sehr bewegt haben. Echte Fotomodelle.
Ian Marchant von South West Classic VWs für seine technischen Ratschläge und sein Fachwissen.
Richard Woods von Just Kampers für den Verleih großartiger Campingausrüstung.
Simon und Joel Cooper, den erstklassigen Krabbenfischer.
Abi, Nico, Alfie, Rosie und Nick, den original WSTs, dafür, dass sie es wirklich getan haben. Danke für die Inspiration.
Sean McKay, seltsamer Esser und großartiger Freund, dessen berühmt-berüchtigt abgefahrener Geschmack einfach erwähnt werden muss. Bitte zwinge mich aber nie wieder dazu, Gemeine Entenmuscheln zu essen, egal, wie lecker du sie findest.
Stefan und Georgia für einen fantastischen Tag am Strand und für das Napfschneckenessen.
The Devon and Cornwall Constabulary für die schlechte Nachricht, dass man in Flipflops nicht fahren darf. Cheers.
Jedem mit einem merkwürdigen Sandwichrezept. Ihr liegt einfach falsch.
Sean Corin vom Northam Burrows Country Park und Torridge District Council für die Erlaubnis, die Straße zur alten Schutthalde zur Aufnahme des Covers zu nutzen. Was für eine Schutthalde, oder?

Justin Seedhouse vom National Trust dafür, dass er uns Zugang zum schönsten Strand der Welt verschafft hat.

Paul und Christine Smale dafür, dass sie uns, ob unabsichtlich oder nicht, bei einigen Pints ihr Wissen vermittelt haben. Und ja, es war ein Edelkrebs.

Cai, der uns den Bude Surf Report (auch als „der tägliche Lacher" bekannt) gegeben hat, und für die Mitteilungen, wann es sich lohnt und wann nicht.

The Adventure Babies für ihre Musik und ihre Freundschaft.

Jason von Danbury Motor Caravans.

Jamie Harper, der neue Copy Monkey, für die Recherche der Festivals.

Zoe, Sam und Pete von O'Connors Campers.

Mary Maxwell vom DfT.

Andy Clarke von www.ukmotorhomes.net.

Emma Bridgewater für das Ausleihen von Bechern, Tellern und Schüsseln.

Allen bei Saltyard Books – Al, Bill, Bryony, Camilla, Claire, James, Jason, Katie, Katy, Sarah …

und **Frank Blundell,** der Seifenstücke halbierte, Drachen baute, Bilder malte, Gedichte schrieb und uns auf seine eigene ruhige Art den richtigen Weg wies.

Und zu guter Letzt **Schwester Kate, Charlotte, Charlie, Jamie, Sam** und allen Mitarbeitern von Station 34, die uns Maggie zurückgaben, als wir bereits alle Hoffnung aufgegeben hatten.

… UND VON SARAH

Vielen Dank an meine Familie und Freunde, die sich durch meine Rezepte probiert und mir dann ihre ehrliche, heiß begehrte Meinung dazu abgegeben haben.

FOTOGRAFIE

Die meisten Fotos in diesem Buch wurden von Martin Dorey aufgenommen.
Die Lebensmittel- und Coverfotos stammen von Dan Jones.
Weitere Fotos stellten Dave Keightley (howaboutdave.com), Nico Chapman (www.nicochapman.blogspot.com), Martin Knight, Joanne Dorey, TYF Adventures (www.tyf.com), O'Connors Campers (www.oconnorscampers.co.uk), Guy Harrop (www.guyharrop.com) und Simon Mitchell (www.corduroylines.co.uk) zur Verfügung.

HEEL Verlag GmbH
Gut Pottscheidt
53639 Königswinter
Tel.: 0 22 23 92 30-0
Fax: 0 22 23 92 30-13
E-Mail: info@heel-verlag.de
www.heel-verlag.de

First published in Great Britain in 2010 by Saltyard Books
An imprint of Hodder & Stoughton
An Hachette UK company
www.saltyardbooks.co.uk

Originaltitel: *The Camper Van Cookbook. Life on 4 wheels, Cooking on 2 rings*
Original-ISBN: 978-1-444-70389-4

Redaktion: Jo Hill
Layout: Craig Burgess

Fotografien Seite:
2, 24, 26, 30, 58, 74, 111, 115, 119, 123, 141, 143, 149, 169, 170, 174, 184, 191, 233, 236, 241, 242, 264, 266, 269, 285 © Dan Jones 2010
208 und 209 © Dave Keightley 2010
199 (oben) und 205 © Nico Chapman 2010
251 und 252 © Martin Knight 2010
212 und 215 © TYF Adventures 2010
276 © O'Connors Campers 2010
20 und 39 © Guy Harrop 2010
214 und 215 © Simon Mitchell 2010

Deutsche Ausgabe:
Übersetzung: Jaqueline Dubois
Satz: Claudia Renierkens, renierkens kommunikations-design, Köln
Lektorat: Katrin Beisel
Coverdesign: Stefan Witterhold, HEEL Verlag GmbH, Königswinter

Printed in Italy

ISBN 978-3-86852-817-6